mc

Thomas Tilli

Fuzzy-Logik

Grundlagen, Anwendungen, Hard- und Software

Mit 138 Abbildungen und 13 Tabellen

FRANZIS

Die Deutsche Bibliothek - CIP-Einheitsaufnahme

Tilli, Thomas:
Fuzzy-Logik : Grundlagen, Anwendungen, Hard- und Software
/ Thomas Tilli. - München : Franzis, 1991
(mc)
ISBN 3-7723-4321-X

Satz: Franzis-Verlag (Autor)
Druck: Kösel, Kempten

Printed in Germany - Imprimé en Allemagne.

ISBN 3-7723-4321-X

Vorwort

Fuzzy-Logik - kurios wie der Name ist auch die Tatsache, daß sie erst jetzt - 25 Jahre nach ihrer Entwicklung durch Professor Lofti A. Zadeh - als Renner gilt. *Fuzzy* - das Wörterbuch übersetzt diesen Ausdruck mit "undeutlich", " verschwommen", oder " fusselig", "flammig". *Fuzzy-Logik* ist jedoch gar nicht ungenau, wie dieser seltsam klingende Ausdruck vielleicht suggeriert.

Lofti A. Zadeh hat seine Fuzzy Sets eingeführt, um nicht exakte und unvollständige Datensätze, wie sie in der realen Welt oft auftreten, z.B Sprache, Bilder, subjektive Beschreibungen, mathematisch zu beschreiben und zu verarbeiten. Im Gegensatz zur klassischen Logik, die nur zwei scharfe Zustände aufweist - Ja oder Nein, Wahr oder Falsch, 0 oder 1 - kennt die Fuzzy-Logik eine Zugehörigkeitsfunktion, die innerhalb des Wertebereichs 0 und 1 beliebige Werte annehmen kann und die Stärke der Zugehörigkeit eines Objektes zu einer bestimmten Menge beschreibt.

Seit 1965 - als L.A. Zadeh die Fuzzy-Set-Theorie begründete - sind mehr als 5000 Veröffentlichungen zu diesem Thema erschienen. Neben ihrem Einfluß auf andere Teilgebiete der Mathematik, wie Algebra, Analysis, Logik, Maßtheorie u. a. hat die Fuzzy-Set-Theorie Eingang gefunden in die Mustererkennung, in die Entscheidungstheorie, in die mathematische Optimierung, in die Ingenieurwissenschaften und in die Medizin.

Trotz der beeindruckenden Anzahl meist theoretischer Arbeiten in Amerika, Europa und Fernost, fristete die Fuzzy-Set-Theorie in den letzten 25 Jahren weitgehend ein Schattendasein, mehr noch, sie erntete aufgrund ihrer Namensgebung vielfach Gelächter. Zum Teil wurde auch von Theoretikern in Amerika und in Europa argumentiert, daß herkömmliche mathematische Ansätze, wie die Wahrscheinlichkeitstheorie, dasselbe oder mehr leisten könnten.

Die fernöstliche Welt, allen voran die Japaner, kannte solche Vorbehalte nicht - die unscharfe, vielschichtige Beschreibung logischer Zusammenhänge durch die Fuzzy-Logik besitzt eine große Affinität zur fernöstlichen Philosophie und Religion (umgekehrt bereitet unser Denken auf Basis zweiwertiger Logik Asiaten einige Schwierigkeiten). Außerdem stieß die Fuzzy-Logik in Japan vor allem bei Ingenieuren auf großes Interesse. Daher wurde in Japan seit Anfang der 80er Jahre viel Arbeit investiert, um die Fuzzy-Logik praktisch einzusetzen. Mittlerweile haben die Japaner eine Reihe von Anwendungen im Industriebereich realisiert und gehen nun mit großem Aufwand daran, Fuzzy-Logik für Konsumgüter einzusetzen. Darüber hinaus haben 1989 48 der größten japanischen Konzerne zusammen mit dem MITI das International Fuzzy Engineering Research Institute (LIFE) gegründet, um Grundlagenforschung und Systementwurf auf der Basis von Fuzzy-Logik und Neuronalen Netzen zu erforschen. Ein Ziel dabei ist auch die Entwicklung analoger "Fuzzy- Chips" zur Realisierung von "Fuzzy-Computern".

Ein Grund für die vielfach zögerliche Umsetzung in Europa und Amerika ist sicherlich die geringe Vertrautheit von potentiellen Anwendern mit den Konzepten der Fuzzy-Set-Theorie. Es gibt zwar sehr viel Literatur über Fuzzy-Set-Theorie, die meisten Veröffentlichungen sind jedoch hochspezialisierte, sehr stark mathematisch orientierte Veröffentlichungen in Fuzzy-Zeitschriften und Sammelbänden. Außerdem existieren einige Lehrbücher zur Fuzzy-Set-Theorie, wie die einführenden Werke von Prof. Zimmermann. Nach Einschätzung des Autors fehlt jedoch ein praxisorientiertes Buch, das alle wesentlichen Themen der Fuzzy-Logik behandelt, ohne eine allzu mathematische Darstellung zu verwenden, und praktische Umsetzungsmöglichkeiten anhand von funktionsfähigen Programmen aufzeigt. Dieses Buch versucht diese Lücke zu schließen und Studenten, Praktikern, Wissenschaftlern aller Fachrichtung eine Einführung in die Fuzzy-Set-Theorie zu geben.

An dieser Stelle möchte ich es nicht versäumen, einigen Personen meinen Dank auszusprechen. Zuallererst möchte ich meiner Frau Helga und meiner kleinen Tochter Jennifer für ihre Unterstützung beim Verfassen dieses Buches danken. Außerdem gilt mein Dank Prof. H.-J. Zimmermann, der mich mit den Ideen und Konzepten der Fuzzy-Set-Theorie vertraut machte. Mein Dank gilt außerdem den vielen Personen, die mir bei der Erstellung dieses Buches wertvolle Hilfe zuteil werden ließen.

Thomas A. W. Tilli im Juli 1991

Ein Fuzzy-gesteuertes Auto
Die RWTH Aachen hat ein Rennwagen-Modell entwickelt, das selbständig Hindernissen ausweichen kann. Wenn es ins Schleudern gerät, manövriert es sich selbständig mit Hilfe der Fuzzy-Steuerung aus diesem instabilen Zustand heraus.

Ein Palm-Top-Computer
Der Palmtop PTC 500 hat auf einer Handfläche Platz und wiegt nur knapp 1 kg. Er braucht keine Tastatur, stattdessen besitzt er eine Sensor- und Anzeigefläche, auf der man die Daten handschriftlich mit einem elektronischen Stift eingibt. Der Computer erkennt das Geschriebene durch die Fuzzy-Logik-Technologie.
(Quelle: Sony)

Links: Ein Fuzzy-Staubsauger von Hitachi
Er erkennt die Beschaffenheit des Fußbodens und die Menge des Schmutzes. Eine Fuzzy-Steuerung optimiert mit diesen Daten die Saugleistung.
(Quelle: Dr. Thomas Wolf, Erlangen)

Rechts: Eine Waschmaschine mit Fuzzy-Chip von Panasonic
Sie wählt selbständig das optimale Waschprogramm aus 600 möglichen Varianten aus. Das Fuzzy-System ermittelt mit Sensoren die Wäschemenge, die Art und den Grad der Verschmutzung und den Typ des Waschmittels und steuert den Wasserstand , die Waschmittelmenge, die Waschzeit und die Waschzyklen.
(Quelle: Dr. Thomas Wolf, Erlangen)

Inhaltsverzeichnis

Teil 1: Unscharfe Mathematik

Teil 2: Anwendungen der Fuzzy-Set-Theorie

1 Fuzzy-Sets - Definitionen und Representation

1.1 Basisdefinitionen

Fuzzy-Sets oder auch unscharfe Mengen - dieser Begriff ist zwangsläufig von zentraler Bedeutung in der Fuzzy-Set-Theorie und erfordert daher auch eine Definition.

Dazu zuerst einige Bemerkungen zu klassischen scharfen Mengen. Eine scharfe Menge kann z.B. dadurch beschrieben werden, daß alle Elemente, die zu der Menge gehören, einfach aufgelistet werden, wie dies z.B. in Pascal mittels eines Sets geschieht:

```
type heiß = (30, 31, 32, 33, 34, 35) {°C}
```

Eine andere Möglichkeit, eine scharfe Menge darzustellen ist, die Elemente durch eine charakteristische Funktion zu definieren, wobei eine Eins Zugehörigkeit und eine Null Nichtzugehörigkeit bedeutet. In Turbo-Pascal könnte dies z.B. so formuliert werden:

```
type temperatur = array[0..40] of  0..1; {Temperaturbereich 0..40°C}

var heiß : temperatur;
    i : Integer;

begin
    for i:= 0 to 40 do heiß[i]:= 0;
    for i:= 30 to 35 do heiß[i]:=1;
end.
```

Grafisch läßt sich das wie in Bild 1.1 darstellen. Die Zugehörigkeit wird durch die charakteristische Funktion oder auch Zugehörigkeitsfunktion definiert, die üblicherweise mit μ bezeichnet wird.

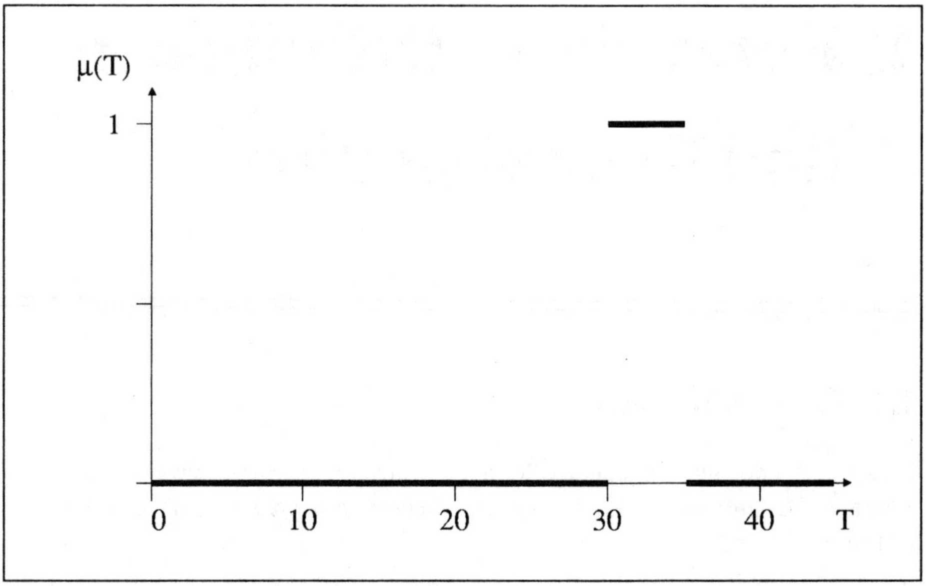

Bild 1.1: Scharfe Menge "Heiß"

Sie ahnen vielleicht jetzt schon, wie aus dieser scharfen Menge eine unscharfe Menge wird: Als Werte für die Zugehörigkeitsfunktion werden nicht nur Null oder Eins, sondern beliebige Werte zwischen Null und Eins zugelassen. Damit ist es dann möglich, den Übergang zwischen 'Gehört dazu' und 'Gehört nicht dazu' 'aufzuweichen'. Bild 1.2 zeigt dies für unser Beispiel.

Unser Pascal-Programmfragment modifizieren wir entsprechend, d.h. wir ersetzen die Type-Definition

```
type temperatur = array[0..40] of  0..1; {Temperaturbereich 0..40°C}
```

durch

```
type temperatur = array[0..40] of  real; {Temperaturbereich 0..40°C},
```

so daß die Zugehörigkeitswerte jetzt Floating-Point-Größen sind, die jeden Wert zwischen Null und Eins annehmen können. Unser Programmfragment sieht jetzt so aus:

```
temperatur = array[0..40] of  real; {Temperaturbereich 0..40°C}
var heiß : temperatur;
    i : Integer;

begin
    for i:= 0 to 40 do heiß[i]:= 0;
    heiß[26]:=0.2;
    heiß[27]:=0.4;
```

```
    heiß[28]:=0.6;
    heiß[29]:=0.8;
    heiß[30]:=1.0;
    heiß[31]:=1.0;
    heiß[32]:=1.0;
    heiß[33]:=1.0;
    heiß[34]:=1.0;
    heiß[35]:=1.0;
    heiß[36]:=0.8;
    heiß[37]:=0.6;
    heiß[38]:=0.4;
    heiß[39]:=0.2;
end.
```

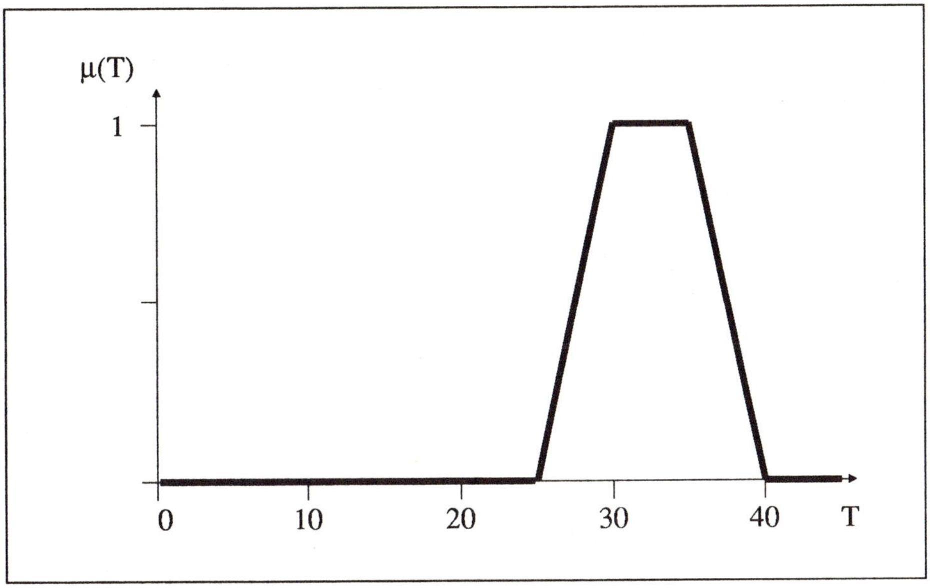

Bild 1.2: Unscharfe Menge "Heiß"

Mathematisch läßt sich ein Fuzzy-Set beschreiben als eine geordnete Menge von Paaren:

$$\mathbf{A} = \{(\mathbf{x}, \mu_A(\mathbf{x}) \mid \mathbf{x} \in \mathbf{X}\}$$

wobei $\mu_A(x)$ die Zugehörigkeitsfunktion (oder auch Grad der Zugehörigkeit) von x in A genannt wird, die die Menge X auf den Zugehörigkeitsraum M abbildet. Der Bereich der Zugehörigkeitsfunktion ist eine Untermenge der reellen Zahlen mit einer endlichen Obergrenze und der Untergrenze Null. Wenn die Obergrenze wie bei unserem Beispiel gleich Eins ist, heißt das Fuzzy-Set normal. Im folgenden wollen wir annehmen, daß die Fuzzy-Sets normalisiert sind.

Unser Fuzzy-Set "heiß" läßt sich mathematisch also wie folgt schreiben:

A = {(26, 0.2), (27, 0.4), (28, 0.6), (29, 0.8), (30, 1.0), (31, 1.0), (32, 1.0), (33, 1.0), (34, 1.0), (35, 1.0), (36, 0.8), (37, 0.6), (38, 0.4), (39, 0.2)}

Neben dieser Schreibweise ist noch folgende gebräuchlich:

$$A = \mu_A(x_1)/x_1 + \mu_A(x_2)/x_2 + ... = \Sigma\, \mu A(x_i)/x_i \quad i = 1..n$$

also für unser Fuzzy-Set "heiß":

$$A = 0.2/26 + 0.4/27 + 0.6/28 + ...$$

Es folgen nun einige Definitionen. Der Support S(A) eines Fuzzy-Sets ist die Menge der x-Werte mit $\mu_A(x) > 0$. Bei unserem Beispiel ist der Support:

S(A) = {26, 27, 28, 29, 30, 31, 32, 33, 34, 35, 36, 37, 38, 39}

Eine allgemeinere und nützlichere Definition ist die Definition des α-Level-Sets. Die Menge von Elementen, die zu dem Fuzzy-Set A mit mindestens der Zugehörigkeit α gehören wird α-Level-Set genannt:

$$A_\alpha = \{x \in X \mid \mu_A(x) \geq \alpha\}$$

$$A_{\alpha'} = \{x \in X \mid \mu_A(x) > \alpha\}$$

wird strenges α-Level-Set genannt. Für unser Beispiel ergeben sich folgende α-Level-Sets:

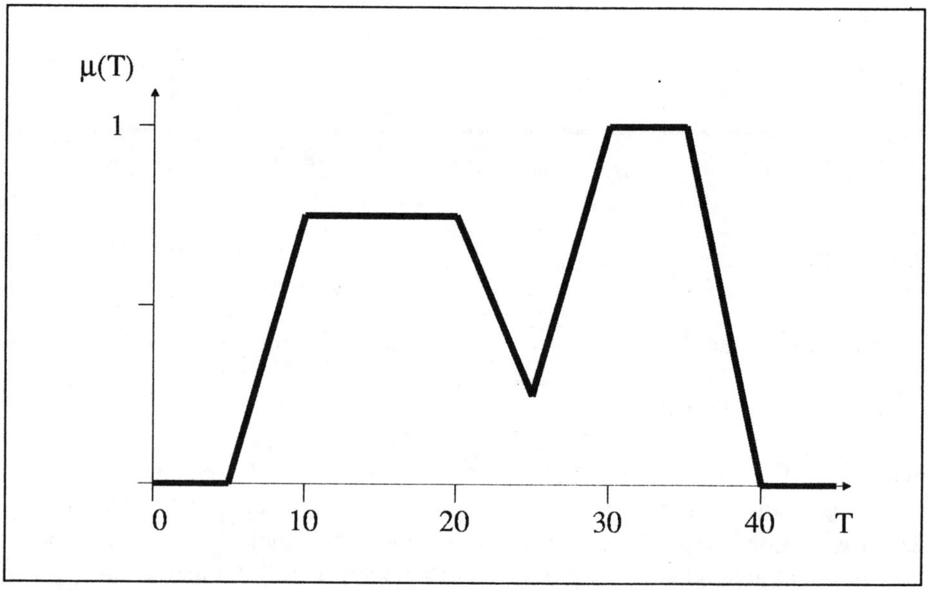

Bild 1.3: Nichtkonvexes Fuzzy-Set

$A_{0,2}$ = **{26, 27, 28, 29, 30, 31, 32, 33, 34, 35, 36, 37, 38, 39}**
$A_{0,4}$ = **{27, 28, 29, 30, 31, 32, 33, 34, 35, 36, 37, 38}**
$A_{0,6}$ = **{28, 29, 30, 31, 32, 33, 34, 35, 36, 37}**
$A_{0,8}$ = **{29, 30, 31, 32, 33, 34, 35, 36}**
$A_{1,0}$ = **{30, 31, 32, 33, 34, 35}**

Eine weitere wichtige Eigenschaft von Fuzzy-Sets ist die Konvexität. Unser bisheriges Beispiel war konvex. Bild 1.3 zeigt ein nichtkonvexes Fuzzy-Set.

1.2 Repräsentation von Fuzzy-Sets in einem Computer

Bei der bisherigen Darstellung wurden Fuzzy-Sets als eine geordnete Menge von Paaren dargestellt. Eine naheliegende Implementation in Pascal ist die Darstellung als ein Feld, das als Bereich den Bereich der x-Werte umfaßt und als Werte die jeweils zu einem x-Wert gehörenden Zugehörigkeitswerte $\mu(x)$ enthält, wobei jedoch im Gegensatz zur mathematischen Darstellung auch Werte mit $\mu(x)= 0.0$ abgespeichert werden. Eine alternative Darstellungsform, die weniger Speicherplatz erfordert, ist die Darstellung eines Fuzzy-Sets durch eine Funktion. Ein bestimmtes Fuzzy-Set wird dann durch Funktionsparameter festgelegt. Diese beiden Darstellungsformen sollen im folgenden beschrieben werden und in Form von Turbo-Pascal-Programmen implementiert werden.

Dazu ist es notwendig, sich zunächst einmal Gedanken zu machen, in welcher Form Fuzzy-Sets und ihre Operationen, die noch besprochen werden sollen, in Turbo-Pascal implementiert werden sollen. In Turbo-Pascal 5.5 bzw. 6.0 gibt es die Möglichkeit der herkömmlichen prozeduralen Programmierung und der objektorientierten Programmierung. Ein besonders sinnvoller Ansatz ist es, Fuzzy-Sets als Objekte aufzufassen, da auf diese Weise eine besonders übersichtliche und natürliche Darstellung erreicht wird. (Leser, die mit der objektorientierten Programmierung nicht vertraut sind, sollten die entsprechenden Kapitel in den Turbo-Pascal-Handbüchern studieren, da hier nicht der Platz ist, objektorientierte Programmierung **und** Fuzzy-Set-Theorie zu behandeln).

Dazu wird eine Klasse Fuzzy-Set definiert, die außer dem Namen und den Bereichsgrenzen auch alle noch zu erarbeitenden Operatoren definiert. Weitere Methoden, die uns interessieren, sind eine Methode, die uns zu einem bestimmten x-Wert den Zugehörigkeitsgrad zum Fuzzy-Set zurücksendet, sowie Methoden, die uns eine grafische Ausgabe des Fuzzy-Sets auf dem Bildschirm ermöglichen. Da bei der Klasse Fuzzy-Set keine bestimmte Repräsentation eines Fuzzy-Sets (als Feld oder Funktion) festgelegt wird, müssen die meisten Methoden als **virtual** definiert werden, da sie erst bei den verschiedenen Unterklassen der Klasse Fuzzy-Set ausführbaren Code enthalten. Unsere Klasse Fuzzy-Set sieht damit wie folgt aus. Die folgenden Programmtexte finden Sie auf der Diskette im Verzeichnis Kap1.

```
unit Fuzzy;

interface
uses graph;

const  steps=100;
       links=30;
       rechts=16;
       oben=20;
       unten=14;

type fuzzyset= object
                  name : string;
                  xmin,xmax:real;
                  x0,y0,width,height,
                  rahmencolor,fuzzycolor:integer;
                  procedure setname(n:string);
                  function  getname:string;
                  constructor setX(min,max:real);
                  destructor done;virtual;
                  function get_xmin:real;
                  function get_xmax:real;
                  procedure setdisplaydat(xl,yu,w,h,rcol,fcol:integer);
                  procedure subclassmustimplement;
                  procedure display;virtual;
                  procedure rahmen;
                  function u(x:real):real ;virtual;
               end;

implementation

destructor fuzzyset.done;
begin
end.

procedure fuzzyset.setdisplaydat(xl,yu,w,h,rcol,fcol:integer);
begin
   x0:=xl;
   y0:=getmaxy-yu;
   height:=h;
   width:=w;
   rahmencolor:=rcol;
   fuzzycolor:=fcol;
end;

procedure fuzzyset.rahmen;
var str5:string[5];
   i:integer;
```

```
    x,y:integer;
begin
    setcolor(rahmencolor);
    outtextxy(x0+width div 2,y0-height+8,name);
    rectangle(x0,y0,x0+width,y0-height);
    line(x0+links-2,y0-unten,x0+width-rechts,y0-unten);
    line(x0+links,y0-unten+2,x0+links,y0-height+oben);
    for i:=1 to 5 do
    begin
        y:=round(y0-(i*1.0*(height-oben)/5.0));
        line(x0+links-2,y,x0+links+2,y);

    end;
    outtextxy(x0+2,y0-height-4+oben,'1.0');
    outtextxy(x0+2,y0-4-unten,'0.0');
    for i:=1 to 10 do
    begin
        x:=round(x0+links+i*1.0*(width-rechts-links)/10.0);
        line(x,y0-unten-2,x,y0-unten+2);
    end;
    str(xmin:5:2,str5);
    outtextxy(x0+links-16,y0-unten+4,str5);
    str(xmax:5:2,str5);
    outtextxy(x0+width-rechts-24,y0-unten+4,str5);
end;

procedure fuzzyset.display;
var i,x1,x2,y1,y2:integer;
    x,dx:real;
    h,w:integer;

begin
    setcolor(fuzzycolor);
    dx:=xmax-xmin;
    h:=height-oben-unten;
    w:=width-links-rechts;
    x1:=x0+links;
    x:=xmin;
    y1:=y0-unten-round(h*u(x));
    for i:=1 to steps do
    begin
        x:=i*dx/steps;
        x2:=x0+links+round(x*w/dx);
        y2:=y0-unten-round(h*u(x+xmin));
        line(x1,y1,x2,y2);
        x1:=x2;
        y1:=y2;
    end;
end;

procedure fuzzyset.setname(n:string);
begin
    name:=n;
end;
```

```
function fuzzyset.getname:string;
begin
   getname:=name;
end;

constructor fuzzyset.setX(min,max:real);
begin
   xmin:=min;
   xmax:=max;
   {Defaultwerte für x0, y0, width, height, framecolor und fuzzycolor
    setzen}
   x0:=1;
   y0:=getmaxy-1;
   width:=getmaxx-2;
   height:=getmaxy-2;
   rahmencolor:=white;
   fuzzycolor:=white;
end;

function fuzzyset.get_xmin:real;
begin
   get_xmin:=xmin;
end;

function fuzzyset.get_xmax:real;
begin
   get_xmax:=xmax;
end;

procedure fuzzyset.subclassmustimplement;
begin
   writeln('Unterklasse muss Methode implementieren');
   halt;
end;

function fuzzyset.u(x:real):real;
begin
   subclassmustimplement;
end;

end.
```

Die meisten Methoden der Klasse **fuzzyset** dürften wohl selbsterklärend sein. Mit dem Konstruktor **setX** wird ein Objekt der Klasse **fuzzyset** initialisiert, was wegen des Vorhandenseins von virtuellen Methoden zwingend erforderlich ist. Der Konstruktor erwartet als Parameter die Angabe von xmin und xmax. Diese beiden Parameter legen den Wertebereich von x fest - diese Angabe ist für jedes beliebige Fuzzy-Set erforderlich. Der Konstruktor initialisiert außerdem die Variablen **x0**, **y0**, **width**, **height**, **rahmencolor**, **fuzzycolor** mit Defaultwerten (= der ganze Bildschirm wird für die Darstellung verwendet, **x0**, **y0** legen die linke untere Ecke fest, **width** ist die Breite und **height** die Höhe des Fensters). Diese

Werte können mit der Methode **setdisplaydat** überschrieben werden. Mit den Methoden **get_xmin** und **get_xmax** können diese Angaben von einem Fuzzy-Set erfragt werden. Das Methodenpaar **setname** und **getname** erlaubt es dem Fuzzy-Set einen Namen zu geben, bzw. ihn zu erfragen. Die Anzeige eines Fuzzy-Sets erfolgt mit der Methode **display**, die Darstellung des Rahmens mit Beschriftung und Achsen mit der Methode **rahmen**. Die Methode **u** liefert für einen bestimmten x-Wert den entsprechenden Zugehörigkeitswert. Da die Klasse **fuzzyset** keine bestimmte Repräsentation verwendet, kann diese Methode keinen sinnvollen Wert zurückliefern, dies können erst die noch zu definierenden Unterklassen der Klasse **fuzzyset**. Daher ruft die Methode **u** die Methode **subclassmustimplement** auf, die eine Fehlermeldung liefert, falls einem Objekt der Klasse **fuzzyset** die Nachricht **u** geschickt wird. Die Unterklassen müssen daher die Methode **u** überschreiben.

Die bisherige Klassendefinition enthält noch keine Operatoren. Dies wird im Kapitel 1.3 und 1.4 nachgeholt. Nachfolgend werden zunächst vier Unterklassen der Klasse **fuzzyset** behandelt, die ein Fuzzy-Set auf unterschiedliche Weise repräsentieren: als Dreick (Klasse **fuzzy_dreieck**), als Trapez (Klasse **fuzzy_trapez**), in LR_Darstellung (Klasse **fuzzy_LR**) und als diskrete Wertepaare (Klasse **fuzzy_array**). Bild 1.4 zeigt die Klassenhierarchie dieser Klassen, die wir zum Leben erwecken wollen.

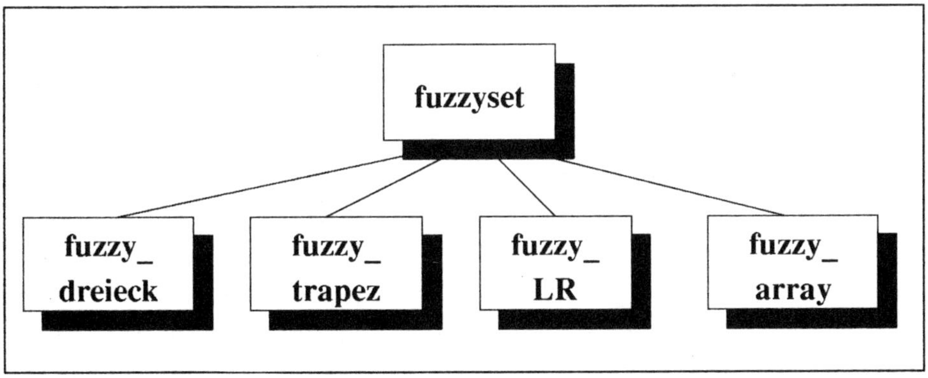

Bild 1.4: Klassenhierarchie der Fuzzy-Set-Klassen

1.2.1 Parametrische Darstellung

Bei der parametrischen Darstellung von Fuzzy-Sets werden Funktionen benutzt. Ein aktuelles Fuzzy-Set wird durch die Wahl von Parametern der darstellenden Funktion festgelegt. Die parametrische Darstellung hat den Vorteil, daß sie sehr

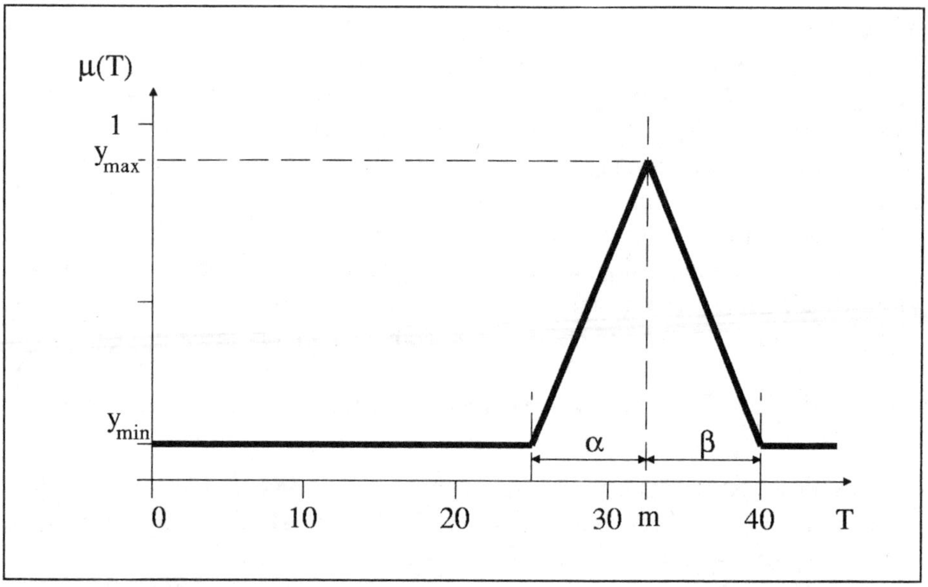

Bild 1.5: Dreieckiges Fuzzy-Set

wenig Speicherplatz erfordert, da nur die Parameter gespeichert werden müssen. Ein weiterer Vorteil ist, daß eine beliebig feine Auflösung möglich ist, da zu einem beliebigen x-Wert der Wert der Zugehörigkeitsfunktion berechnet werden kann.

Die einfachste Art der Darstellung sind dreiecksförmige Fuzzy-Sets (Bild 1.5). Es ist durch den Zahlensatz $\{m, \alpha, \beta, y_{min}, y_{max}\}$ vollständig definiert. Die Angabe von m legt den x-Wert fest, für den die Zugehörigkeitsfunktion Eins ist, die Angaben von α bzw. β legen den Abstand der linken bzw. rechten Ecke von m fest, y_{min} den minimalen und y_{max} den maximalen Zughörigkeitswert. Die folgende Unit definiert die Klasse **fuzzy_dreieck** als Unterklasse der Klasse **fuzzyset:**

```
unit f_drei;

interface
uses fuzzy;

type  fuzzy_dreieck =    object(fuzzyset)
                         alpha,median,beta:real;
                         ymin,ymax:real;
                         procedure setparam(m,a,b,y1,y2:real);
                         procedure getparam(var m,a,b,y1,y2:real);
                         function u(x:real):real;virtual;
                      end;

implementation
```

```
procedure fuzzy_dreieck.setparam(m,a,b,y1,y2:real);
begin
   alpha:=a;
   median:=m;
   beta:=b;
   ymin:=y1;
   ymax:=y2;
end;

procedure fuzzy_dreieck.getparam(var m,a,b,y1,y2:real);
begin
   a:=alpha;
   b:=beta;
   m:=median;
   y1:=ymin;
   y2:=ymax;
end;

function fuzzy_dreieck.u(x:real):real;
var dy,xu,xo,xm:real;
begin
   xm:=median;
   xu:=median-alpha;
   xo:=median+beta;
   dy:=ymax-ymin;
   if (x<=xu) or (x>=xo) then u:=ymin;
   if (x>xu)  and (x<=xm)  then u:=ymin+dy*(x-xu)/(xm-xu);
   if (x>xm)  and (x<xo)  then u:=ymin+dy*(xo-x)/(xo-xm);
end;

end.
```

Diese Klasse überschreibt die Methode **u** der Oberklasse und hat außerdem noch die zwei neuen Methoden **setparam** und **getparam,** um die Parameter m, α und β, ymin,ymax zu setzen bzw. zu lesen. Die Klasse selbst enthält als neue Variablen die Variablen **median, alpha, beta, ymin, ymax,** die das Fuzzyset festlegen. Die Berechnung eines Wertes der Zugehörigkeitsfunktion für einen x-Wert ist elementare Geometrie und wie ich hoffe nicht erklärungsbedürftig.

Da bei dieser Klasse die Methoden **u** und **display** keine Fehlermeldung liefern, können wir uns ein kleines Testprogramm schreiben, das uns die Deklaration eines dreiecksförmigen Fuzzy-Sets 'heiß' und dessen grafischer Darstellung auf dem Bildschirm erlaubt:

```
Program Dreitest;
uses graph,f_drei;
var heiss: fuzzy_dreieck;
    i:     integer;

procedure init;
var grdrv,grmode:integer;
```

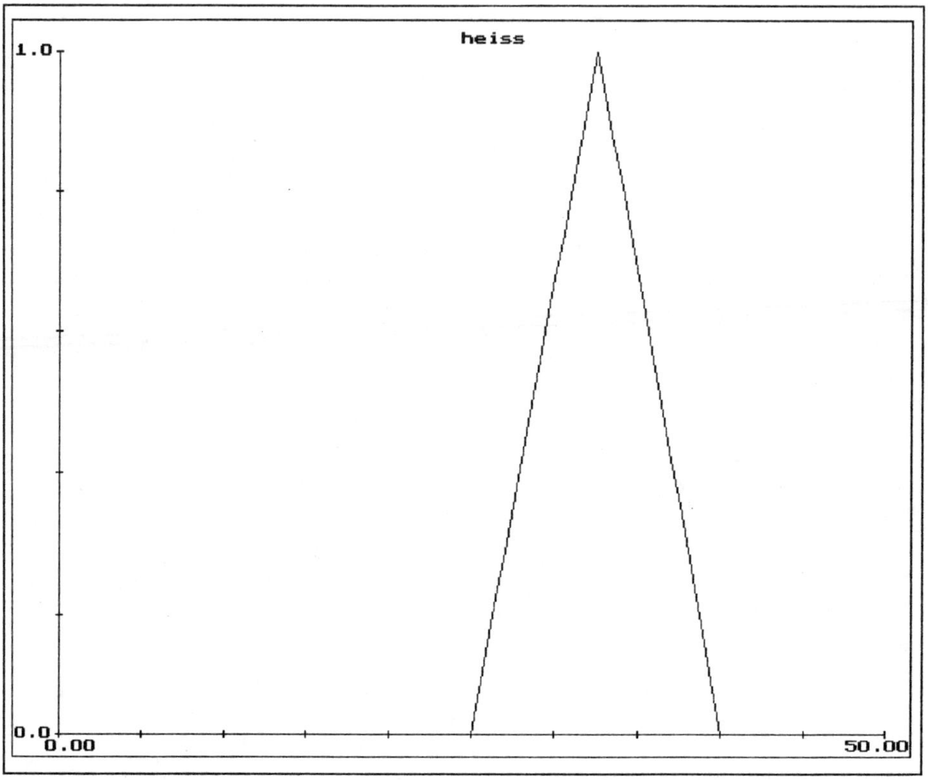

Bild 1.6: Ausgabe des Programms Dreitest

```
begin
   grdrv:=detect;
   initgraph(grdrv,grmode,'');
end;

begin
   init;
   heiss.setname('heiss');
   heiss.setx(0.0,50.0);           { Temperaturbereich 0 bis 50 °C}
   heiss.setparam(32.5, 7.5, 7.5, 0.0,1.0);
         { unser gut bekanntes Fuzzy-Set ...}
   heiss.rahmen;
   heiss.display;
   readln;
   closegraph;
end.
```

Das Fuzzy-Set in dem Testprogramm wurde so gewählt, daß es dem Fuzzy-Set 'heiß' aus dem 1. Unterkapitel möglichst nahe kommt, daher wurde als m der Wert 32,5, für α der Wert 7,5 und für β der Wert 7,5 genommen. Bild 1.6 zeigt die

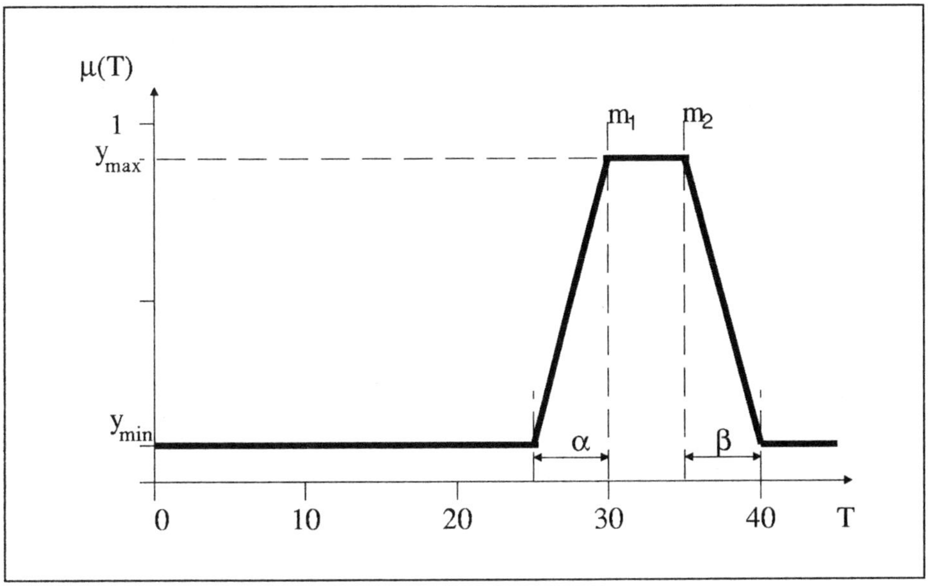

Bild 1.7: Trapezförmiges Fuzzy-Set

grafische Ausgabe des Programms. Spielen Sie ein bißchen mit dem Programm, setzen Sie die Parameter (z.B. ymin> 0, ymax < 1.0) anders, die Farben, das Ausgabefenster etc...

Als nächstes folgt die Darstellung von Fuzzy-Sets mittels Trapezen durch die Unterklasse **fuzzy_trapez**. Bild 1.7 zeigt die gewählte Darstellung. Zur Festlegung sind insgesamt sechs Parameter erforderlich: m_1, m_2, α, β, y_{min} , y_{max}, deren Bedeutung unmittelbar aus Bild 1.7 ersichtlich ist. Folgende Unit definiert die Unterklasse **fuzzy_trapez**:

```
unit f_trapez;

interface
uses fuzzy;
type  fuzzy_trapez = object(fuzzyset)
                        median1,median2,alpha,beta:real;
                        ymin,ymax:real;
                        procedure setparam(m1,m2,a,by1,y2:real);
                        procedure getparam(var m1,m2,a,by1,y2:real);
                        function u(x:real):real;virtual;
                     end;

implementation

procedure fuzzy_trapez.setparam(m1,m2,a,by1,y2:real);
begin
```

```
    median1:=m1;
    median2:=m2;
    alpha:=a;
    beta:=b;
    ymin:=y1;
    ymax:=y2;
end;

procedure fuzzy_trapez.getparam(var a,b,c,d,y1,y2:real);
begin
    a:=xa;
    b:=xb;
    c:=xc;
    d:=xd;
    y1:=ymin;
    y2:=ymax;
end;

function fuzzy_trapez.u(x:real):real;
var dy:real;
    xa,xb,xc,xd:real;
begin
    dy:=ymax-ymin;
    xa:=median1-alpha;
    xb:=median1;
    xc:=median2;
    xd:=median2+beta;
    if (x<=xa) or (x>=xd) then u:=ymin;
    if (x>=xb) and (x<=xc) then u:=ymax;
    if (x>xa)  and (x<=xb)  then u:=ymin+dy*(x-xa)/(xb-xa);
    if (x>xc)  and (x<xd)  then u:=ymin+dy*(xd-x)/(xd-xc);
end;

end.
```

Auch für diese Klasse folgt ein kleines Testprogramm:

```
Program traptest;
uses graph,f_trapez;

var heiss: fuzzy_trapez;
    i:     integer;

procedure init;
var grdrv,grmode:integer;
begin
    grdrv:=detect;
    initgraph(grdrv,grmode,'');
end;

begin
    init;
    heiss.setname('heiss');
    heiss.setx(0.0,50.0); { Temperaturbereich 0 bis 50 C}
```

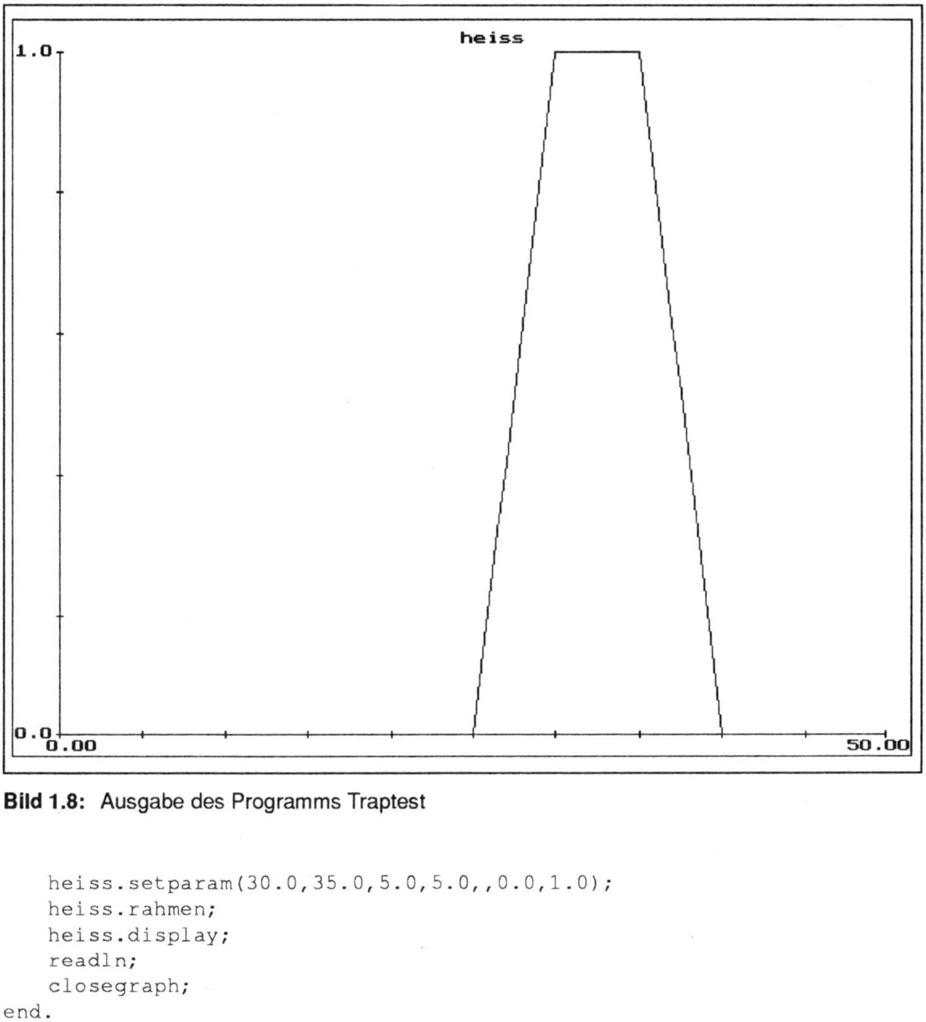

Bild 1.8: Ausgabe des Programms Traptest

```
    heiss.setparam(30.0,35.0,5.0,5.0,,0.0,1.0);
    heiss.rahmen;
    heiss.display;
    readln;
    closegraph;
end.
```

Bild 1.8 zeigt das Ergebnis der Programmasuführung. Auch hier wieder an Sie die Aufforderung zum Experimentieren.

Als nächstes wollen wird uns der Klasse der LR-Fuzzy-Sets zuwenden, die wesentlich allgemeiner als die vorhergehenden Klassen ist. Es wird sich herausstellen, daß die trapezförmigen und die dreiecksförmigen Fuzzy-Sets Spezialfälle der LR-Fuzzy-Sets sind, so daß eine Modifikation der Klassenhierarchie naheliegt, die wir im Anschluß an die LR-Fuzzy-Sets vornehmen werden. LR-Fuzzy-Sets sind den trapezförmigen Fuzzy-Sets in gewisser Weise sehr ähnlich, der wesentliche Unterschied ist, daß für die linke und die rechte Seite eines Fuzzy-

Sets nicht mehr Geraden verwendet werden, sondern beliebige Funktionen L (für die linke Seite) und R (für die rechte Seite), die folgende Eigenschaften erfüllen müssen:

F(0) = 0
F(x) < 1 für alle x > 0
F(x) > 0 für alle x < 1
F(1) = 0

Beispiele für solche Funktionen sind $F(x) = e^{-x}$, $F(x) = 1/(1+ x^2)$, $F(x) = \max(0, 1 - x^p)$. Die LR-Repräsentation eines Fuzzy-Sets erfordert außerdem die vier Parameter m_1, m_2, α und β. m_1 und m_2 haben dieselbe Bedeutung wie bei den trapezförmigen Fuzzy-Sets, α und β heißen linke und rechte Aufspreizung:

$$\mu(x) = \begin{cases} L((m_1 - x)/\alpha) & \text{für } x < m_1 \\ 1 & \text{für } m_1 \le x \le m_2 \\ R((x-m_2)/\beta) & \text{für } x > m_2 \end{cases}$$

Für die Funktion $F(x) = 1/(1 + x^2)$ ergibt sich z.B. mit m_1=30, m_2=35, a=5 und β = 2:

$$\mu(x) = \begin{cases} L((30 - x)/5) = 1/(1+((30-x)/5)^2) & \text{für } x < 30 \\ 1 & \text{für } 30 \le x \le 35 \\ R((x-35)/2) = /(1+((x-35)/2)^2) & \text{für } x > 35 \end{cases}$$

Das ganze sieht schlimmer aus, als es ist - wie Sie an der folgenden Unit sehen werden, die die Klasse **fuzzy_LR** definiert. Diese Unit definiert zunächst einen prozeduralen Typen LR für die Funktion F, damit wir einem Objekt der Klasse **fuzzy_LR** beliebige Funktionen L und R übergeben können:

```
unit f_LR;

interface
uses fuzzy;

type LR=function(x:real):real;

type  fuzzy_LR = object(fuzzyset)
                    m1,m2,alpha,beta:real;
                    ymin,ymax:real;
                    L,R:LR;
                    procedure set_lr(left,right:LR);
                    procedure setparam(a,b,c,d,y1,y2:real);
                    procedure getparam(var a,b,c,d,y1,y2:real);
                    function u(x:real):real;virtual;
                 end;

implementation

procedure fuzzy LR.set_lr(left,right:LR);
begin
```

```
    L:=left;
    R:=right;
end;

procedure fuzzy_LR.setparam(a,b,c,d,y1,y2:real;left,right:LR);
begin
    m1:=a;
    m2:=b;
    alpha:=c;
    beta:=d;
    ymin:=y1;
    ymax:=y2;
end;

procedure fuzzy_LR.getparam(var a,b,c,d,y1,y2:real);
begin
    a:=m1;
    b:=m2;
    c:=alpha;
    d:=beta;
    y1:=ymin;
    y2:=ymax;
end;

function fuzzy_LR.u(x:real):real;
var dy:real;
begin
    dy:=ymax-ymin;
    if (x>=m1) and (x2<=m2) then u:=ymax;
    if (x1<m1)  then u:=ymin+dy*L((m1-x)/alpha);
    if (x>m2) then u:=ymin+dy*R((x-m2)/beta);
end;

end.
```

Die Berechnung eines Wertes der Zugehörigkeitsfunktion sieht doch ziemlich einfach aus, da die Funktionen L und R eine ganze Menge der Arbeit übernehmen. Auch hier zur Erläuterung ein Beispiel (das Ergebnis sehen Sie in Bild 1.9):

```
Program lrtest;
uses graph,f_LR;

var f:fuzzy_LR;

procedure init;
var grdrv,grmode:integer;
begin
    grdrv:=detect;
    initgraph(grdrv,grmode,'');
end;

{$F+}
function LR(x:real):real;
begin
```

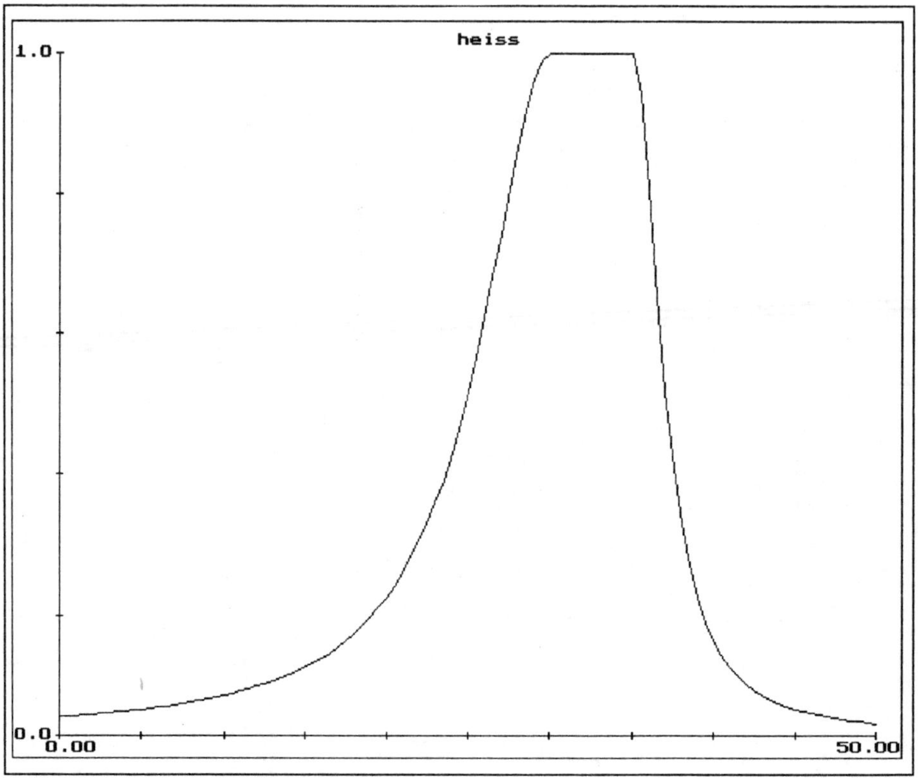

Bild 1.9: Ausgabe des Programms lrtest

```
    LR:=1/(1+sqr(x));
end;
{$F-}

begin
    init;
    f.setname('heiss');
    f.setx(0.0,50.0);
    f.set_lr(LR,LR);
    f.setparam(30.0,35.0,5.0,2.0,0.0,1.0);
    f.rahmen;
    f.display;
    readln;
    closegraph;
end.
```

Ich erwähnte weiter oben, daß trapezförmige und dreiecksförmige Fuzzy-Sets Spezialfälle der LR-Darstellung seien. Um trapezförmige Fuzzy-Sets mit den Parametern wie in Bild 1.7 zu erhalten, ist als linke und rechte Funktion L(x)=R(x)

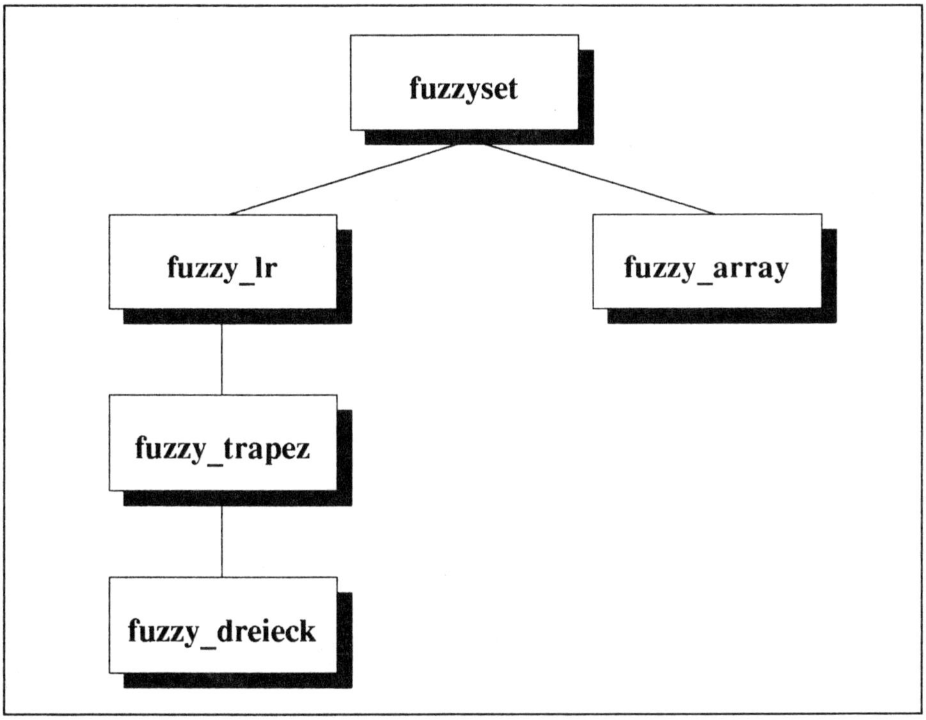

Bild 1.10: Klassenhierarchie der Fuzzy-Set-Klassen

= max(0,1-x) zu setzen, dreiecksförmige Fuzzy-Sets ergeben sich aus der so erhaltenen Darstellung durch Setzen von $m_1=m_2=m$! Daher ist es sinnvoll, die trapezförmigen Fuzzy-Sets als Unterklasse der Klasse **fuzzy_lr** und die dreiecksförmigen Fuzzy-Sets als Unterklasse der trapezförmigen zu definieren (siehe Bild 1.10). Die alten Units **f_drei** und **f_trapez** können wir somit vergessen und ersetzen sie durch neue Definitionen in der obigen **Unit f_lr** (die Ergänzungen sind fett gedruckt):

```
unit f_LR;

interface
uses fuzzy;

type LR=function(x:real):real;

type  fuzzy_LR = object(fuzzyset)
                    m1,m2,alpha,beta:real;
                    ymin,ymax:real;
                    L,R:LR;
                    procedure set_lr(left,right:LR);
                    procedure setparam(a,b,c,d,y1,y2:real);
```

```
                        procedure getparam(var a,b,c,d,y1,y2:real);
                        function u(x:real):real;virtual;
                    end;
type   fuzzy_trapez =       object(fuzzy_lr)
                            constructor setX(min,max:real);
                        end;

type   fuzzy_dreieck =      object(fuzzy_trapez)
                            procedure setparam(a,c,d,y1,y2:real);
                        end;

implementation

procedure fuzzy_LR.set_lr(left,right:LR);
begin
    L:=left;
    R:=right;
end;

procedure fuzzy_LR.setparam(a,b,c,d,y1,y2:real;left,right:LR);
begin
    m1:=a;
    m2:=b;
    alpha:=c;
    beta:=d;
    ymin:=y1;
    ymax:=y2;
end;

procedure fuzzy_LR.getparam(var a,b,c,d,y1,y2:real);
begin
    a:=m1;
    b:=m2;
    c:=alpha;
    d:=beta;
    y1:=ymin;
    y2:=ymax;
end;

function fuzzy_LR.u(x:real):real;
var dy:real;
begin
    dy:=ymax-ymin;
    if (x>=m1) and (x2<=m2) then u:=ymax;
    if (x1<m1)  then u:=ymin+dy*L((m1-x)/alpha);
    if (x>m2) then u:=ymin+dy*R((x-m2)/beta);
end;

{$F+}
function gerade(x:real):real;
begin
    if (1-x)  0.0 then gerade := (1-x) else gerade:=0.0;
end;
{$F-}
```

```
constructor fuzzy_trapez.setX(min,max:real);
begin
   fuzzyset.setx(min,max); {Bisherige Initialisierung übernehmen }
   L:=gerade; {!!}
   R:=gerade; {!!}
end;

procedure fuzzy_dreieck.setparam(a,c,d,y1,y2:real);
begin
   m1:=a;
   m2:=a;
   alpha:=c;
   beta:=d;
   ymin:=y1;
   ymax:=y2;
end;

end.
```

Sie sehen, daß die Klassen **fuzzy_trapez** und **fuzzy_dreieck** wesentlich einfacher geworden sind - dies ist der Lohn der Vererbung! Beachten Sie bitte, daß die Klasse **fuzzy_trapez** den Konstruktor redefiniert, um die spezielle Funktion **gerade** bei der Initialisierung von **fuzzy_trapez**-Objekten in jedem Objekt unterzubringen, da sonst die ganze Geschichte im Weltraum endet - Sie vergessen doch nicht die Initialisierung Ihrer Fuzzy-Sets? Wenn Sie nun in allen bisherigen Beispielprogrammen die obige Unit anstelle der bisherigen einbinden, werden alle Beispielprogramme so funktionieren als ob überhaupt keine Änderungen an der Klassenhierarchie und an den Klassen gemacht worden wären - Sie können daran sehen, daß objektorientierte Programmierung aufgrund der Kapselung sehr änderungsfreundliche Programme hervorbringen kann, da bei einer internen Änderung von Klassen das Interface absolut gleichbleiben kann. Falls Sie das jetzt ermutigt Fuzzy-Set-Klassen mit bestimmten LR-Funktionen zu realisieren, sollten Sie die Klasse fuzzy_trapez als Muster nehmen.

Übriggeblieben ist jetzt noch die Implementation der Klasse **fuzzy_array**, die im Gegensatz zu den anderen Fuzzy-Set-Klassen keine parametrische Repräsentation eines Fuzzy-Sets verwendet, sondern einfach eine Liste von Werten - in Übereinstimmung mit unserem ersten Beispiel eines Fuzzy-Sets.

1.2.2 Diskrete Darstellung

Für die Implementierung von diskreten Fuzzy-Sets gibt es eine Reihe von Möglichkeiten - z.B. als Array oder als lineare Liste. Außerdem muß entschieden werden, ob nur Werte der Zugehörigkeitsfunktion ungleich Null gespeichert werden sollen oder auch Werte gleich Null. Ferner muß festgelegt werden, ob die Werte der Zugehörigkeitsfunktion als ganze Zahlen oder als Gleitkommazahlen abgespeichert werden sollen.

Um die Implementierung diskreter Fuzzy-Sets möglichst einfach und übersichtlich zu gestalten, treffen wir folgende Festlegungen:

- Die Speicherung der Zugehörigkeitswerte erfolgt in einem Array fester Größe. Dieses Array hat für alle diskreten Fuzzy-Sets außerdem genau dieselbe Größe.
- In diesem Array werden alle Werte der Zugehörigkeitsfunktion für den gesamten x-Wertebereich des jeweiligen Fuzzy-Sets abgespeichert - also auch Werte mit $\mu(x) = 0$. Der x-Wertebereich wird demzufolge entsprechend der Arraygröße diskretisiert.
- Die Werte der Zugehörigkeitsfunktion werden als Gleitkommazahlen dargestellt.

Auf der Basis dieser Festlegungen können wir nun die Klasse der diskreten Fuzzy-Sets implementieren:

```
unit f_array;
interface

uses graph,fuzzy;

const resx =127;

type  datenfeld = array[0..resx] of real;

type  fuzzy_array =   object(fuzzyset)
                       daten:datenfeld;
                       procedure display;virtual;
                       function u(x:real):real;virtual;
                       procedure set_u(x,y:real);
                       function get_u(i:integer):real;
                       procedure put_u(i:integer;wert:real);
                    end;

implementation

procedure fuzzy_array.display;
var i,x1,x2,y1,y2:integer;
    x,dx:real;
    h,w:integer;

begin
    setcolor(fuzzycolor);
    dx:=xmax-xmin;
    h:=height-oben-unten;
```

```
    w:=width-links-rechts;
    x1:=x0+links;
    x:=xmin;
    y1:=y0-unten-round(h*u(x));
    for i:=0 to resx do
    begin
        x:=i*dx/resx;
        x2:=x0+links+round(x*w/dx);
        y2:=y0-unten-round(h*u(x+xmin));
        line(x1,y1,x2,y1);
        line(x2,y1,x2,y2);
        x1:=x2;
        y1:=y2;
    end;
end;

function fuzzy_array.u(x:real):real;
var index:integer;
    dx:real;

begin
    { xmin entspricht  arrayindex 0,
      xmax entspricht  arrayindex resx }
    if (x < xmin) then u:=daten[0];
    if (x> xmax) then u:=daten[resx];
    if (x>= xmin) and (x<= xmax) then
    begin
        dx:=xmax-xmin;
        index:=round(resx*(x-xmin)/dx);
        u:=daten[index];
    end;
end;

procedure fuzzy_array.set_u(x,y:real);
var index:integer;
    dx:real;

begin
    { xmin entspricht  arrayindex 0,
      xmax entspricht  arrayindex resx}
    if (x < xmin) then daten[0]:=y;
    if (x>xmax) then daten[resx]:=y;
    if (x>= xmin) and (x<= xmax) then
    begin
        dx:=xmax-xmin;
        index:=round(resx*(x-xmin)/dx);
        daten[index]:=y;
    end;
end;

function fuzzy_array.get_u(i:integer):real;
begin
    get_u:=daten[i];
end;
```

```
procedure fuzzy_array.put_u(i:integer;wert:real);
begin
   daten[i]:=wert;
end;

end.
```

In dieser Unit **f_array** legt die Konstante **resx** die Größe des Arrays zur Abspeicherung der Zugehörigkeitswerte und damit auch die Auflösung des x-Wertebereichs aller diskreten Fuzzy-Sets fest. Der Datentyp **datenfeld** definiert dieses Array. Die Klasse **fuzzy_array** definiert die Variable **Daten** von dem Typ **datenfeld** zur Abspeicherung der Zugehörigkeitswerte. Die Methode **display** der Oberklasse wird überschrieben, um die diskrete Darstellung auch am Bildschirm deutlich zu machen (wie, sehen Sie am nachfolgenden Testprogramm). Die Methode **u** gibt für einen bestimmten x-Wert den Zugehörigkeitswert zurück. Für x-Werte kleiner xmin gibt sie den Wert μ(xmin) und für x-Werte größer als xmax gibt sie μ(xmax) zurück. Die Methode **set_u** erlaubt das Setzen eines Zugehörigkeitswerts zu einem bestimmten x-Wert. Die Methoden **get_u** und **put_u** erlauben das Lesen und das Setzen eines Zugehörigkeitswertes für einen bestimmten Arrayindex und ermöglichen einen direkteren und effizienteren Zugriff auf die Zugehörigkeitswerte.

Beim Initialisieren eines diskreten Fuzzy-Sets ist zu beachten, daß das Array lückenlos gefüllt werden muß, da es sonst undefinierte Werte enthält. Das folgende Testprogramm zeigt die Initialisierung und die grafische Anzeige eines diskreten Fuzzy-Sets. Zur Initialisierung definieren wir in diesem Beispiel zunächst ein trapezförmiges Fuzzy-Set und übertragen dann die Zugehörigkeitswerte in das diskrete Fuzzy-Set. Bild 1.11 zeigt die grafische Ausgabe des Programms arrtest. Sie sollten dieses Programm einmal so ergänzen, daß es das Fuzzy-Set 'heiss' ebenfalls ausgibt !

```
Program arrtest;
uses graph,f_lr,f_array;

var heiss:fuzzy_trapez;
   hot:fuzzy_array;
   i:integer;

procedure init;
var grdrv,grmode:integer;

begin
   grdrv:=detect;
   initgraph(grdrv,grmode,'');
end;

begin
   init;
```

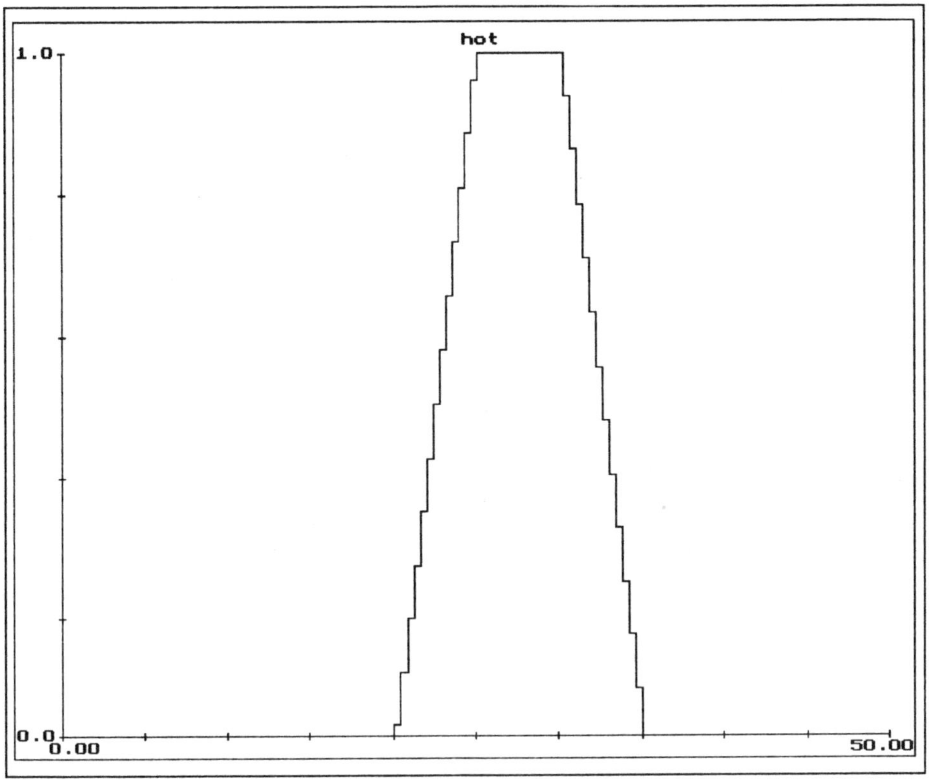

Bild 1.11: Ausgabe des Programms arrtest

```
    heiss.setname('heiss');
    heiss.setx(0.0,50.0); { Temperaturbereich 0 bis 50 C}
    heiss.setparam(25.0,30.0,5.0,5.0,0.0,1.0);
    hot.setname('hot');
    hot.setx(0.0,50.0); { Temperaturbereich 0 bis 50 C}
    for i:=0 to resx do hot.put_u(i,heiss.u(i*50.0/resx));
    hot.rahmen;
    hot.display;
    closegraph;
end.
```

Für bestimmte Anwendungen, wie Fuzzy-Controllern (siehe Kapitel 9) kann es sinnvoll sein, daß die Klasse **fuzzy_array** nicht die Beschränkung aufweist, daß alle ihre Instanzen die gleiche Anzahl von Zugehörigkeitswerten aufweisen. Leider ist es in Pascal nicht möglich, dynamische Felder zu definieren. Daher ist es erforderlich, dynamische Datenstrukturen zu definieren, die die Realisierung dynamischer Arrays ermöglichen. Der Konstruktur der Klasse **fuzzy_array** muß dann außerdem so modifiziert werden, daß die Anzahl der Zugehörigkeitswerte bei der Erzeugung einer Instanz angegeben wird.

Eine weitere Verbesserungsmöglichkeit besteht darin, Unterklassen der Klasse **fuzzy_array** zu definieren, die die einzelnen Zugehörigkeitswerte nicht als Floating-Pointgrößen darstellen, sondern z.B. als 2-Byte-Integer (Unsigned, d.h. Datentyp WORD) oder auch als Unsigned-Byte. Dadurch kann eine große Speicherplatzersparnis erzielt werden, die sich vor allem dann bezahlt macht, wenn eine relativ große Anzahl von Instanzen der Klasse **fuzzy_array** erzeugt wird und der verfügbarer Speicherplatz knapp ist. Dies ist vor allem bei regelungstechnischen Anwendungen der Fall (Fuzzy-Control), bei Anwendungen, die auf PC's oder Workstations laufen, ist dieser Gesichtspunkt von untergeordneter Bedeutung. Außer der Speicherplatzersparnis kann eine beträchtliche Rechenzeitersparnis erzielt werden, wenn die noch zu besprechenden Fuzzy-Set-Operatoren auf die spezielle Darstellung der Zugehörigkeitswerte (z.B. als Byte-Größen) hin optimiert werden, da nun einmal Byte- oder Integer-Operationen häufig effizienter als Floating-Point-Operationen ausgeführt werden. Diese Aussage trifft vor allem auf Rechner ohne spezielle Floating-Point-Hardware zu, bei 32- oder 64-Bit-Prozessoren mit Floating-Point-Hardware lohnt es sich nicht, solche Überlegungen anzustellen. Hochleistungs-Floatingpointeinheiten sind nicht nur bei PC's, Workstations und Mainframes anzutreffen, sondern auch in zunehmenden Maße bei Embedd-Controllern, so daß es stark von der Anwendung abhängt, ob eine Darstellung von Zugehörigkeitswerten als Byte- oder Integergrößen eine Rechenzeitersparnis bringt.

Aus diesen und aus didaktischen Gründen wurde daher in diesem Buch auf solche Optimierungen verzichtet. Es dürfte aber für Leser mit einer soliden Programmiererfahrung nicht allzu schwierig sein, solche speziellen Unterklassen der Klasse **fuzzy_array** selbst zu implementieren.

2 Mengenoperationen

Die bisherigen Ausführungen behandelten im Grunde genommen nur verschiedene Darstellungsmöglichkeiten für die Zugehörigkeitsfunktion einer unscharfen Menge. Es dürfte aber deutlich geworden sein, daß die Zugehörigkeitsfunktion die wesentliche Komponente eines Fuzzy-Sets ist - andernfalls wäre der bisherige Aufwand wohl nicht nötig gewesen.

Es ist daher nicht überraschend, daß Operationen mit unscharfen Mengen über ihre Zugehörigkeitsfunktionen definiert werden. Nachfolgend wird eine ganze Palette von Operatoren vorgestellt und ihre Eigenschaften diskutiert. Darauf aufbauend werden wir dann im nächsten Kapitel diese Operationen als Methoden in unsere Fuzzy-Set-Klassen einbauen. Wir werden allerdings dabei feststellen, daß dies bei den parametrischen Fuzzy-Set-Klassen erheblich komplizierter ist als bei den diskreten Fuzzy-Sets. Im Anschluß an diese softwaremäßige Implementierung werden wir hardwaremäßige Implementierungsmöglichkeiten für einige Mengenoperationen diskutieren.

Zunächst jedoch werden wir die einzelnen Operatoren anhand ihrer Definition und Eigenschaften näher kennenlernen, da dies die Voraussetzung für die Implementierung ist. Dabei behandeln wir zunächst die klassischen Operatoren, die Zadeh selbst vorgeschlagen hat und befassen uns dann mit einer ganzen Klasse von Operatoren, den sogenannten T-Normen und Co-T-Normen (oder auch S-Normen). Anschließend behandeln wir verschiedene justierbare Operatoren.

Damit diese Ausführungen nicht völlig abstrakt erscheinen, werden wir die verschiedenen Operatoren grafisch veranschaulichen. Das Programm, das diese grafische Darstellung ermöglicht, wird am Ende dieses Kapitels vorgestellt, so daß wir uns vorerst ganz auf die Eigenschaften der Operatoren konzentrieren können.

2.1 Minimum- und Maximum-Operator, Komplement

Die elementaren Mengenoperatoren, die Zadeh vorgeschlagen hat, sind der Minimumoperator für den Durchschnitt von zwei Fuzzy-Sets C = A $\cap$ B

$$\mu_C(\mathbf{x}) = \mathbf{min}\ \{\mu_A(\mathbf{x}), \mu_B(\mathbf{x})\} \qquad \mathbf{x} \in \mathbf{X}$$

und der Maximumoperator für die Vereinigung von zwei Fuzzy-Sets C = A $\cup$ B

$$\mu_C(\mathbf{x}) = \mathbf{max}\ \{\mu_A(\mathbf{x}), \mu_B(\mathbf{x})\} \qquad \mathbf{x} \in \mathbf{X}$$

sowie das Komplement C eines Fuzzy-Sets A

$$\mu_C\ (\mathbf{x}) = \mathbf{1} - \mu_A(\mathbf{x}) \qquad \mathbf{x} \in \mathbf{X}$$

Der Durchschnitt kann als logisch 'Und' interpretiert werden, die Vereinigung als logisch 'Oder' und das Komplement als logisch 'Nicht'. Einen ersten Eindruck dieser Operatoren sollen die folgenden drei Bilder geben (die dazugehörigen Programme werden in Kapitel 3.1 vorgestellt). Bild 2.1 zeigt die Anwendung des

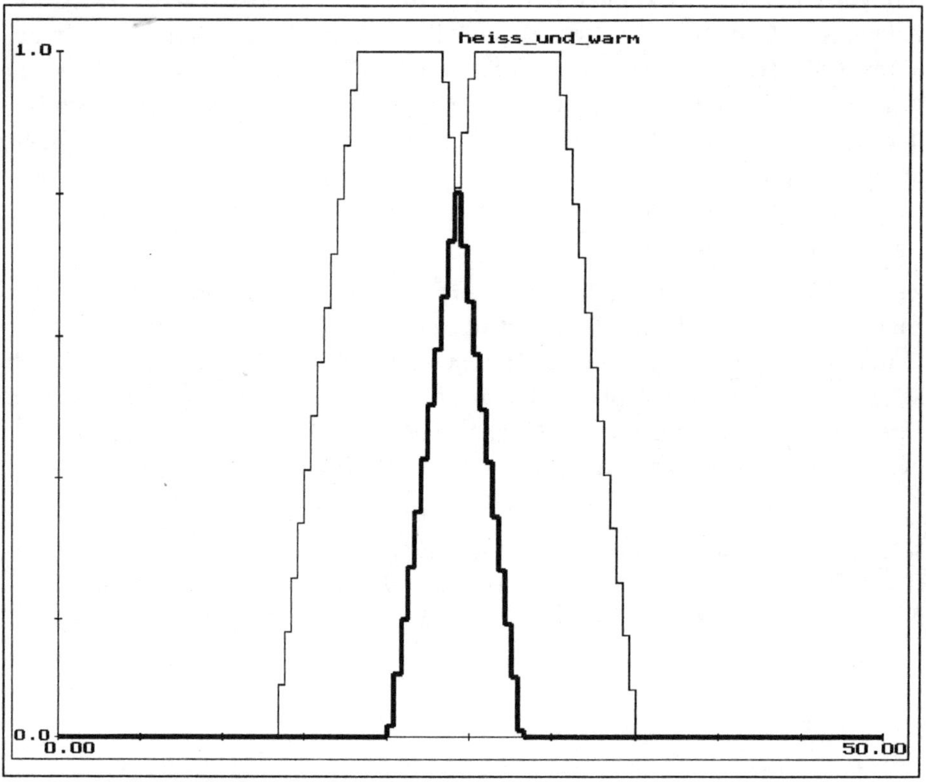

Bild 2.1: Beispiel Minimum-Operator

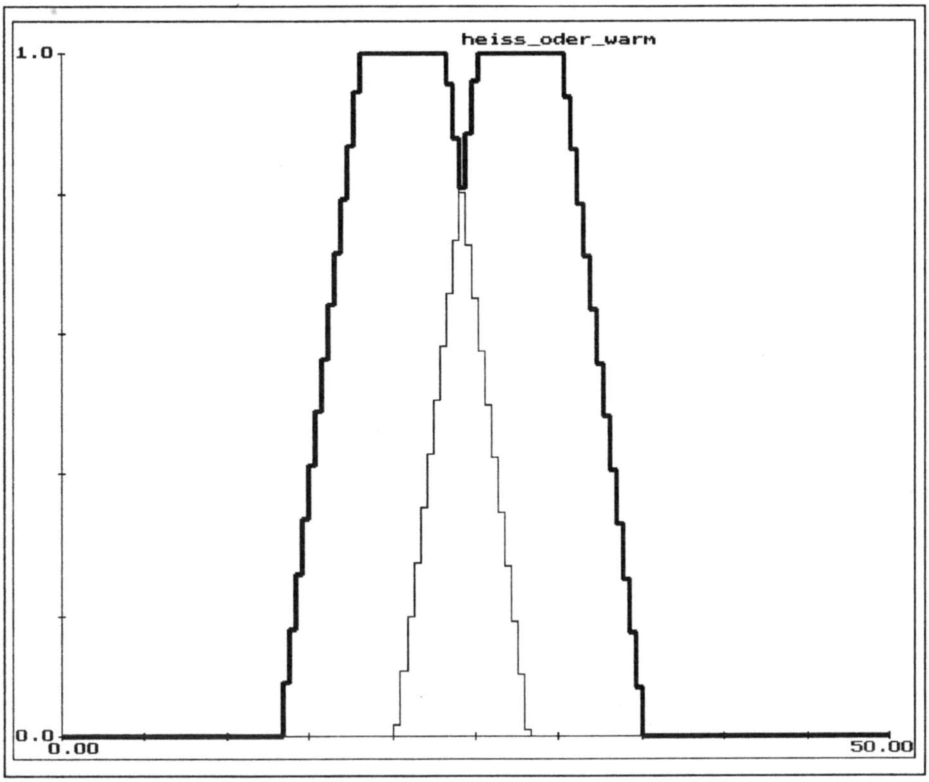

Bild 2.2: Beispiel Maximum-Operator

Minimumoperators auf zwei Fuzzy-Sets 'heiss' und 'warm', um das Fuzzy-Set 'heiss_und_warm' zu bestimmen, Bild 2.2 zeigt die Anwendung des Maximum-Operators auf dieselben Fuzzy-Sets um das Fuzzy-Set 'heiss_oder_warm' zu berechnen und Bild 2.3 zeigt das Ergebnis der Komplementbildung auf das Fuzzy-Sets 'heiss', daß das Fuzzy-Set 'nicht heiss' ergibt.

Einen besseren Vergleich der verschiedenen Operatoren untereinander ermöglichen zweidimensionale Tabellen, die für jeden Zugehörigkeitswert μ_A und μ_B aus der Menge {0.0, 0.1, 0.2, 0.3, 0.4, 0.5, 0.6, 0.7, 0.8, 0.9, 1.0} das Ergebnis μ_c bei Anwendung des jeweiligen Operators enthalten. Eine weitere Verbesserung kann durch eine grafische Umsetzung des μ_c-Wertes in eine von 11 Helligkeitsstufen erreicht werden. Auf diese Weise erhält man eine Matrix von Helligkeiten, wobei auf der Horizontalen die μ_A-Werte von 0.0 bis 1.0 in Schritten von 0.1 und auf der Vertikalen die μ_B-Werte von 0.0 bis 1.0 in Schritten von 0.1 laufen. Innerhalb der Matrix ergeben sich dann die μ_c-Werte in Form von Helligkeiten, die so abgestuft sind , das sie μ_c-Werten von 0.0 bis 1.0 in 0.1-Schritten entsprechen.

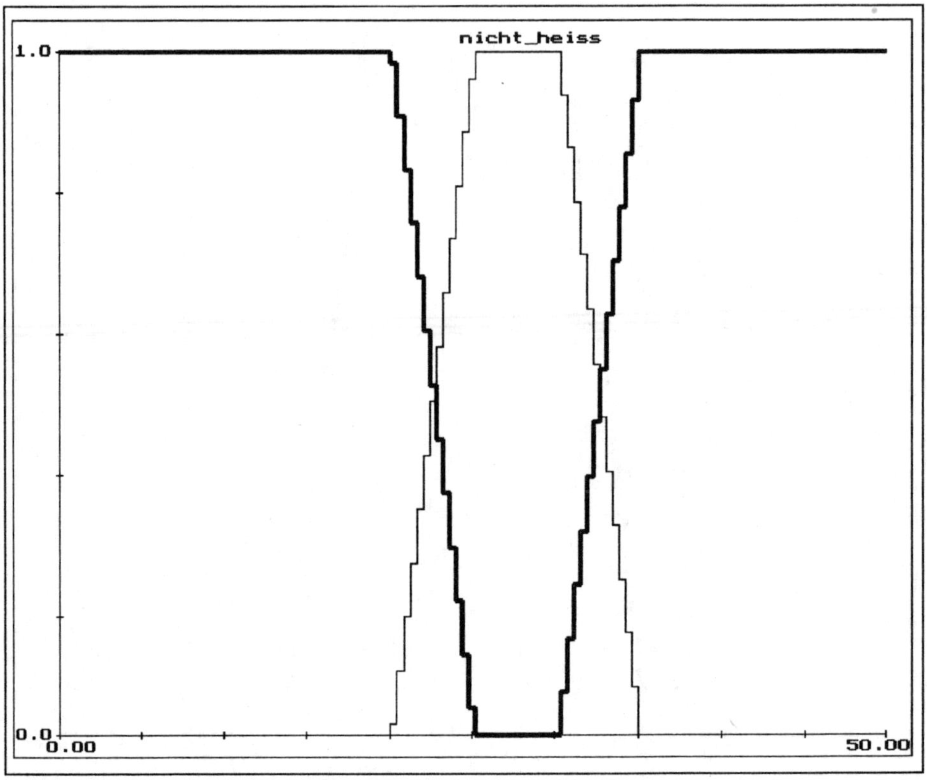

Bild 2.3: Beispiel Komplement

Das Programm zur Erzeugung solcher Grafiken wird am Ende dieses Kapitels besprochen und erlaubt die Darstellung aller in diesem Kapitel noch vorzustellenden Operatoren. Es erlaubt die Auswahl eines bestimmten Operators über ein einfaches Menü. Die prinzipielle Funktionsweise läßt sich anhand des folgenden Programmfragments skizzieren:

```
for a:=0.0 to 1.0 in 0.1-Schritten do
    {keine echte Pascal-for-Schleife ! }
    for b:= 0.0 to 1.0 in 0.1-Schritten do
    begin
        {Ergebnis von operator(a,b) in helligkeit umsetzen}

        setfillpattern(helligkeit(operator(a,b),white);

        {Quadrat mit der ausgewählten Schattierung an der
            entsprechenden Stelle zeichnen}

        box(a*breite, b*breite,a*breite+breite,b*breite+breite}
    end;
end;
```

Sie sehen, daß das Prinzip, solche Grafiken zu erzeugen, ganz einfach ist. Um nun eine Vorstellung zu bekommen, wie solche Grafiken für den Minimum- und für den Maxmium-Operator aussehen, betrachten wir die Bilder 2.4 und 2.5. Es fallen folgende Dinge auf:

– Der Maximum-Operator ist in gewisser Weise das Komplement des Minimum-Operators, da der Maximum-Operator in den Minimum-Operator (und umgekehrt) übergeht, wenn wir das Bild für den Maximum-Operator um180 Grad drehen und dann die Helligkeiten invertieren. Dies ist **kein** Zufall und gilt auch für die im folgenden noch vorzustellende Klasse der sogenannten T-Normen und Co-T-Normen.

– Der Maximum- und der Minimum-Operator sind offensichtlich symmetrisch, da wir μ_A (horizontale Achse) und μ_B (vertikale Achse) vertauschen können, ohne daß sich am Ergebnis etwas ändert. Ein Operator mit dieser Eigenschaft heißt kommutativ. Mathematisch läßt sich das wie folgt schreiben:

$$\mathbf{op}(\mu_A\,,\ \mu_B\,) = \mathbf{op}(\mu_B\,,\ \mu_A\,) \quad \textbf{Kommutativgesetz}$$

Neben dem Kommutativgesetz erfüllen der Minimum- und der Maximum-Operator auch noch das Assoziativgesetz, was aus den Bildern nicht erkennbar ist, da es erst bei mehr als zwei Argumenten deutlich wird:

$$\mathbf{op}(\mu_A\,,\ \mu_B\,,\ \mu_C\,) = \mathbf{op}(\mathbf{op}(\mu_A\,,\ \mu_B\,)\,, \mu_C\,) \quad \textbf{Assoziativgesetz}$$

Daher kann das Minimum- bzw. Maximum von mehr als zwei Werten rekursiv berechnet werden. Alles in allem sind diese beiden Eigenschaften sehr nützlich, da das Ergebnis bei Anwendung des Maximum- bzw. Minimumoperators weder von der Berechnungsreihenfolge noch von der Anordnung der Argumente abhängt.

– Was bei den beiden Bildern weiterhin auffällt, daß der Minimumoperator gewissermaßen pessimistisch ist, da er stets den kleinsten Wert auswählt und das Ergebnis auch nicht durch die Größe des anderen Wertes beeinflußt wird. Deutlich wird das daran , daß die Werte von μ_c parallel zu den Koordinatenachsen konstant sind. Ein kleiner Wert für μ_A kann also nicht durch einen großen Wert von μ_B kompensiert werden. Er hat also nicht die Eigenschaft der 'Kompensation'. Dies kann eine wünschenswerte Eigenschaft sein, kann aber auch in vielen Fällen unerwünscht sein (z.B. können bei Menschen gewisse Schwächen durch Stärken auf anderen Gebieten kompensiert werden). Der

Bild 2.4 (nächste Seite oben): Wertetabelle des Minimum-Operators als Grafik

Bild 2.5 (nächste Seite unten): Wertetabelle des Maximum-Operators als Grafik

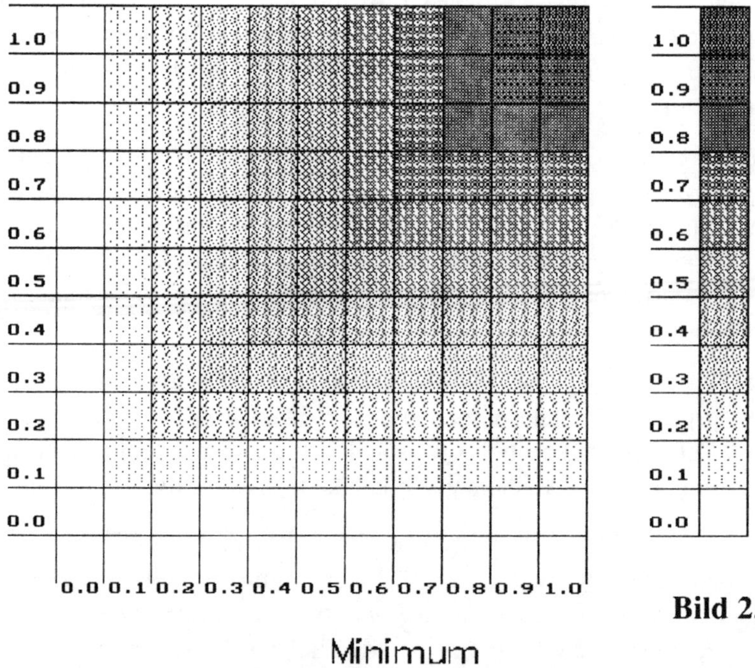

Bild 2.4

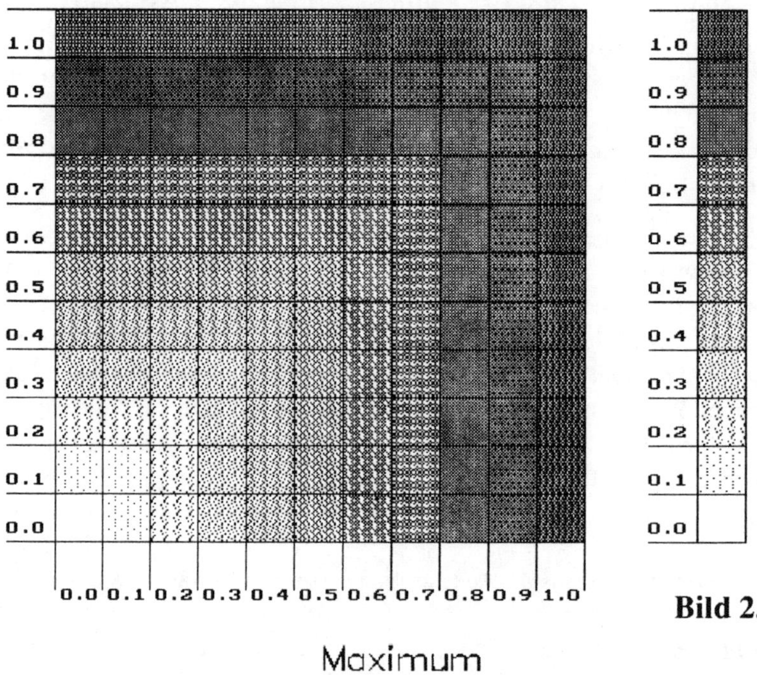

Bild 2.5

Maximumoperator weist eine ähnliche Eigenschaft auf, wenn auch mit umgekehrten Vorzeichen - er ist gewissermaßen sehr optimistisch und extrem kompensatorisch.

2.2 T-Normen und Co-T-Normen

Der Minimum-Operator gehört zu einer ganzen Klasse von Operatoren, den sogenannten Dreiecks-Normen (engl. triangular-norms) der T-Normen, die zur Modellierung der Durchschnittsbildung zweier Fuzzy-Sets bzw. zur Modellierung der Und-Operation herangezogen werden können. Operatoren aus der Klasse der T-Normen haben in der Fuzzy-Set-Literatur in den letzten Jahren zunehmendes Interesse gefunden. Sie können wie folgt charakterisiert werden:

T-Normen sind zweiwertige Funktionen auf dem Bereich [0,1]x[0,1], die folgende Bedingungen erfüllen:

- $t(0,0) = 0;\ t(\mu_A(x),1) = t(1, \mu_A(x)) = \mu_A(x) \qquad x \in X$
- $t(\mu_A(x), \mu_B(x)) \leq t(\mu_C(x), \mu_D(x))$ falls $\mu_A(x) \leq \mu_C(x)$ und $\mu_B(x) \leq \mu_D(x)$
  (Eigenschaft der Monotonie)
- $t(\mu_A(x), \mu_B(x)) = t(\mu_B(x), \mu_A(x))$
  (Kommutativgesetz)
- $t(\mu_A(x), \mu_B(x), \mu_C(x)) = t(t(\mu_A(x), \mu_B(x)), \mu_C(x))$
  (Assoziativgesetz)

Die Funktionen t definieren eine allgemeine Klasse von Operatoren für die Durchschnittsbildung. Ihre herausragende Eigenschaft ist die Erfüllung des Assoziativgesetzes, das die rekursive Berechnung des Durchschnitts von mehr als zwei Fuzzy-Sets ermöglicht.

Neben den T-Normen gibt es noch die eine allgemeine Klasse von Vereinigungsoperatoren, zu der der Maximumoperator gehört. Diese Klasse von Operatoren wird Dreiecks-Co-Normen (engl. triangular-co-Normen), oder auch Co-T-Normen bzw. manchmal auch S-Normen genannt und in analoger Weise wie die T-Normen definiert. Co-T-Normen oder S-Normen sind assoziative, kommutative und monotone zweiwertige Funktionen. Ihre Eigenschaften lassen sich wie folgt formulieren:

- $s(1,1) = 1;\ s(\mu_A(x),0) = s(0, \mu_A(x)) = \mu_A(x) \qquad x \in X$

– $s(\mu_A(x), \mu_B(x)) \leq s(\mu_C(x), \mu_D(x))$ if $\mu_A(x) \leq \mu_C(x)$ und $\mu_B(x) \leq \mu_D(x)$
  (Eigenschaft der Monotonie)

– $s(\mu_A(x), \mu_B(x)) = s(\mu_B(x), \mu_A(x))$
  (Kommutativgesetz)

– $s(\mu_A(x), \mu_B(x), \mu_C(x)) = s(s(\mu_A(x), \mu_B(x)), \mu_C(x))$
  (Assoziativgesetz)

T-Normen und Co-T-Normen sind logische Gegenstücke und lassen sich mittels der Beziehung

$$\mathbf{t(\mu_A(x), \mu_B(x)) = 1- s(1 - \mu_A(x), 1 - \mu_B(x))}$$

ineinander überführen.

Typische Paare von T-Normen und S-Normen sind nachfolgend aufgelistet und grafisch dargestellt:

– Drastic-Product $\mathbf{t_w}$ und Drastic-Sum $\mathbf{s_w}$:
  $t_w(\mu_A(x), \mu_B(x)) = \min(\mu_A(x), \mu_B(x))$ if $\max(\mu_A(x), \mu_B(x)) = 1$ else $= 0$
  $s_w(\mu_A(x), \mu_B(x)) = \max(\mu_A(x), \mu_B(x))$ if $\min(\mu_A(x), \mu_B(x)) = 0$ else $= 1$

– Bounded-Difference $\mathbf{t_1}$ und Bounded-Sum $\mathbf{s_1}$:
  $t_1(\mu_A(x), \mu_B(x)) = \max(0, \mu_A(x) + \mu_B(x) -1)$
  $s_1(\mu_A(x), \mu_B(x)) = \min(1, \mu_A(x) + \mu_B(x))$

– Einstein-Product $\mathbf{t_{1.5}}$ und Einstein-Sum $\mathbf{s_{1.5}}$:
  $t_{1.5}(\mu_A(x), \mu_B(x)) = (\mu_A(x)\ \mu_B(x)) /(2 -[\mu_A(x)+ \mu_B(x) - \mu_A(x)\ \mu_B(x)])$
  $s_{1.5}(\mu_A(x), \mu_B(x)) = (\mu_A(x) + \mu_B(x)) /(1+ \mu_A(x)\ \mu_B(x))$

– Algebraic-Product $\mathbf{t_2}$ und Algebraic-Sum $\mathbf{s_2}$:
  $t_2(\mu_A(x), \mu_B(x)) = \mu_A(x)\ \mu_B(x)$
  $s_2(\mu_A(x), \mu_B(x)) = \mu_A(x) + \mu_B(x) -\mu_A(x)\ \mu_B(x)$

– Hamacher-Product $\mathbf{t_{2.5}}$ und Hamacher-Sum $\mathbf{s_{2.5}}$:
  $t_{2.5}(\mu_A(x), \mu_B(x)) = (\mu_A(x)\ \mu_B(x)) /(\mu_A(x)+ \mu_B(x) - \mu_A(x)\ \mu_B(x))$
  $s_{2.5}(\mu_A(x), \mu_B(x)) = (\mu_A(x) + \mu_B(x) -2\ \mu_A(x)\ \mu_B(x)) /(1 - \mu_A(x)\ \mu_B(x))$

– Minimum $\mathbf{t_3}$ und Maximum $\mathbf{s_3}$ wurden oben schon vorgestellt.

Die Bilder 2.6 bis 2.15 auf den folgenden Seiten zeigen die Wertetabellen dieser T-Normen und S-Normen. Diese Operatoren sind wie folgt geordnet:

$$\mathbf{t_w \leq t_1 \leq t_{1.5} \leq t_2 \leq t_{2.5} \leq t_3}$$
$$\mathbf{s_3 \leq s_{2.5} \leq s_2 \leq s_{1.5} \leq s_1 \leq s_w}$$

Bild 2.6 bis 2.15 (folgende Seiten): Wertetabellen verschiedener Paare von T-Normen und S-Normen

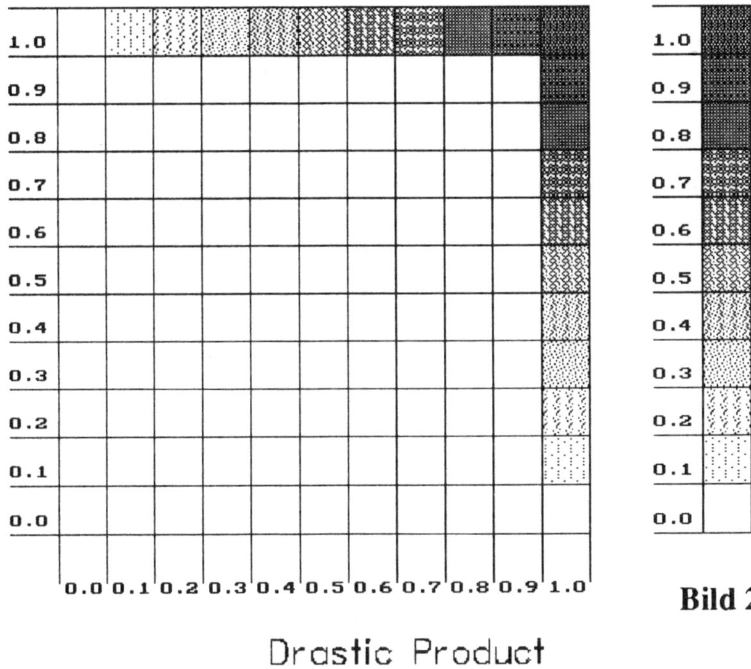

Bild 2.6

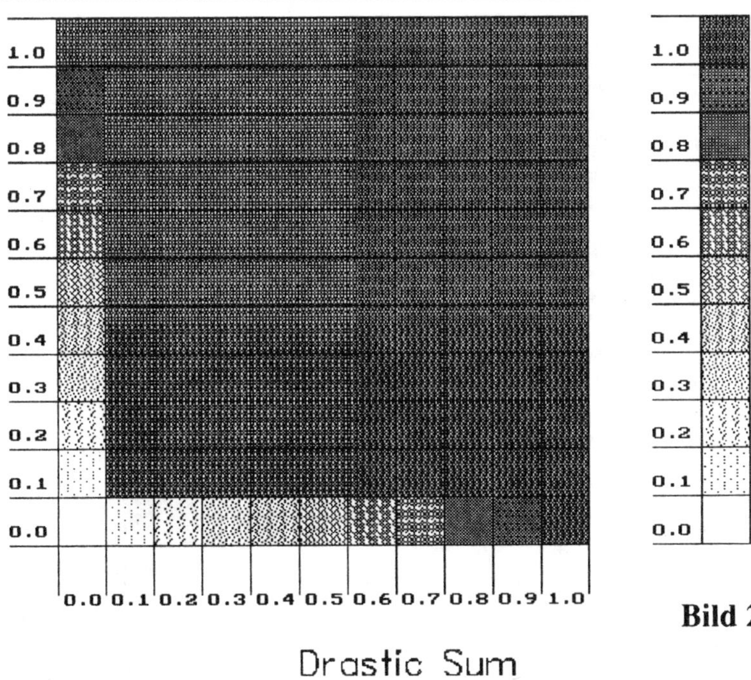

Bild 2.7

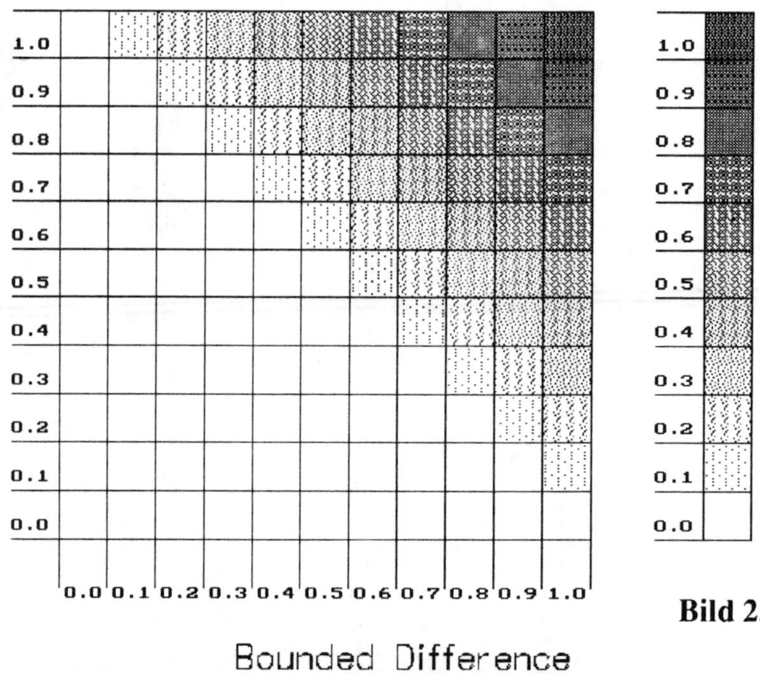

Bild 2.8

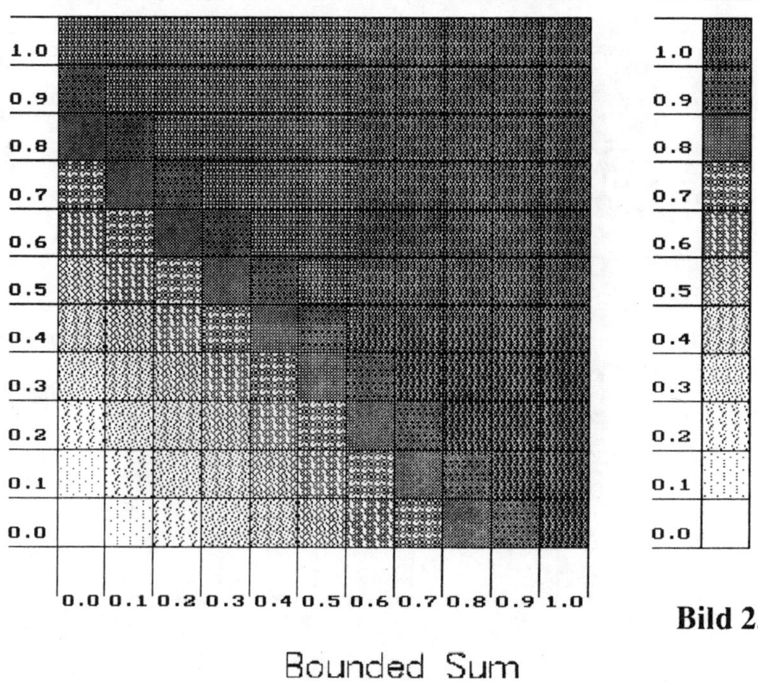

Bild 2.9

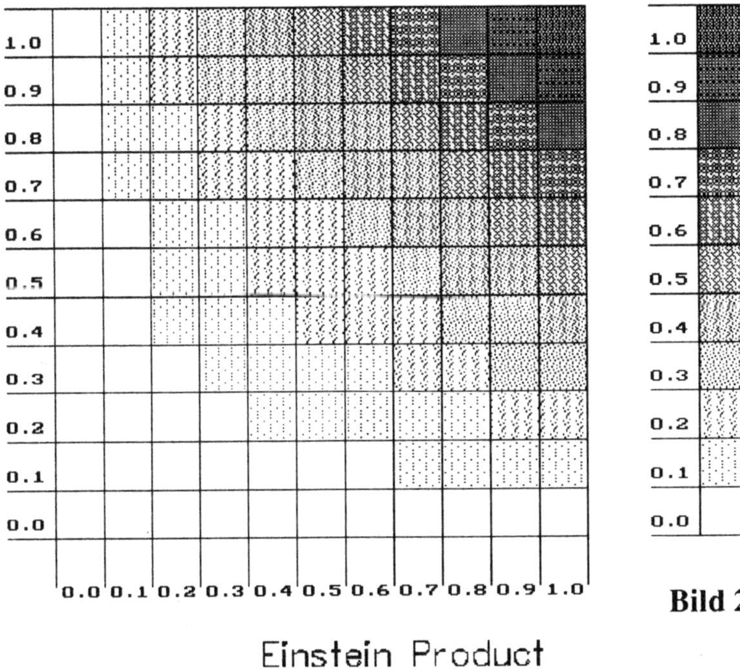

Bild 2.10

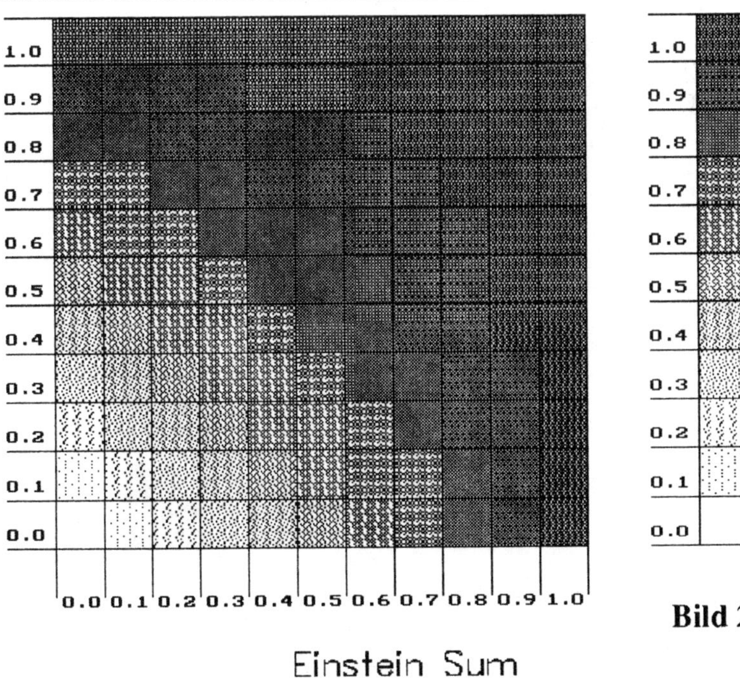

Bild 2.11

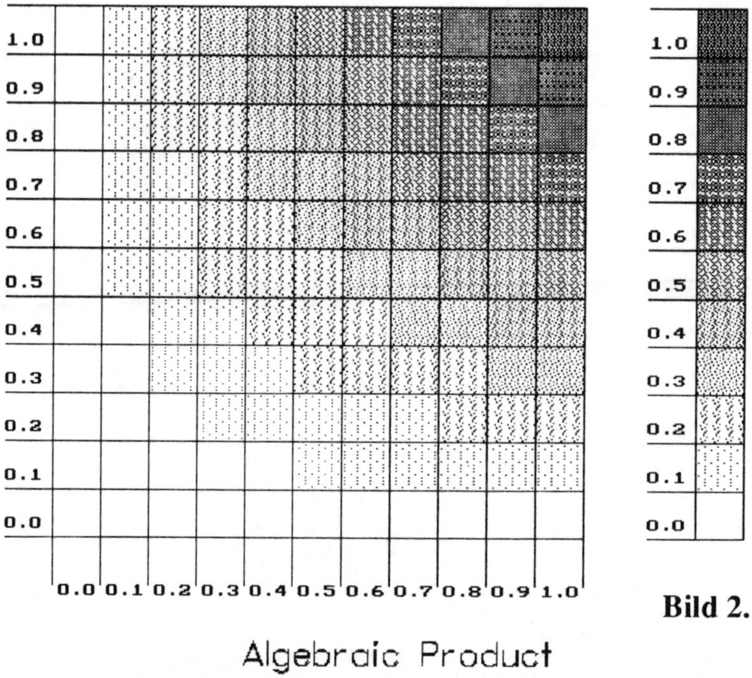

Bild 2.12

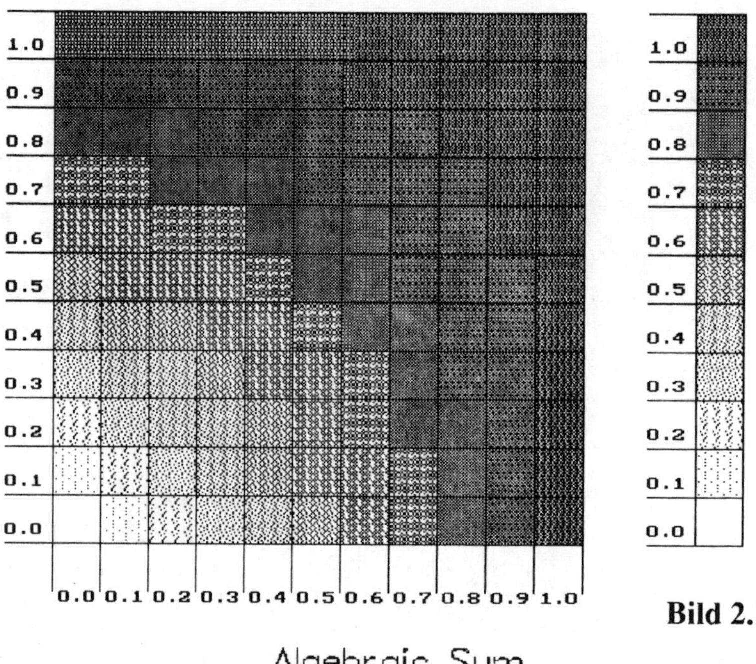

Bild 2.13

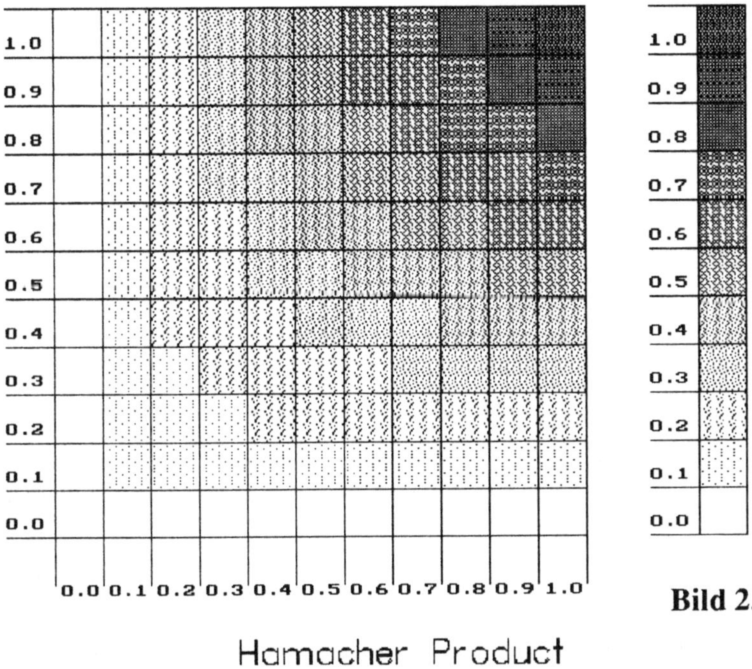

Bild 2.14

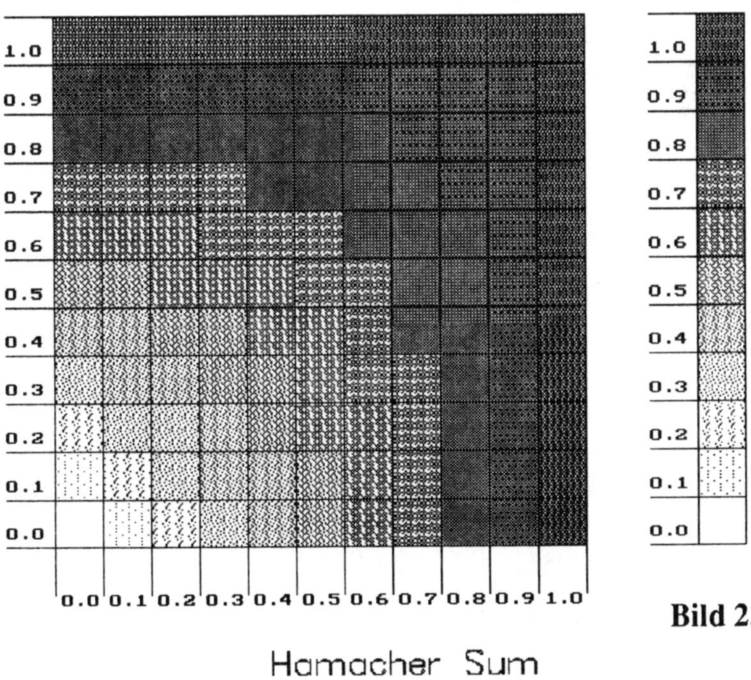

Bild 2.15

Das bedeutet, daß jeder Durchschnittsoperator, der eine T-Norm ist, zwischen dem Minimum-Operator und dem Drastic-Product-Operator liegt, bzw. jeder Vereinigungsoperator, der eine S-Norm ist, zwischen dem Maximum-Operator und dem Drastic-Sum-Operator liegt, was anhand der Bilder 2.6 bis 2.15 deutlich wird. Neben diesen T-Normen und S-Normen gibt es noch parametrisierte T-Normen und S-Normen, deren Eigenschaften über einen weiten Bereich mittels eines Parameters einstellbar sind. Wir wollen an dieser Stelle lediglich die Operatoren von Hamacher und Yager vorstellen:

- Hamacher-Intersection-Operator (Intersection = Durchschnitt)
  $t(\mu_A(x), \mu_B(x)) = (\mu_A(x)\ \mu_B(x)) / (\gamma - (1-\gamma)[\mu_A(x) + \mu_B(x) - \mu_A(x)\ \mu_B(x)]) \quad \gamma \geq 0$
  Für $\gamma = 1$ geht der Hamacher-Intersection-Operator in den Algebraic-Product-Operator über, für γ gegen Unendlich in den Drastic-Product-Operator.

- Hamacher-Union-Operator (Union = Vereinigung)
  $s(\mu_A(x), \mu_B(x)) = ((\gamma-1)\mu_A(x)\mu_B(x) + \mu_A(x) + \mu_B(x))/(1 + \gamma\mu_A(x)\mu_B(x)) \quad \gamma \geq -1$
  Für $\gamma = 0$ ergibt sich der Algebraic-Sum-Operator, für γ gegen Unendlich der Drastic-Sum-Operator.

- Yager-Intersection-Operator
  $t(\mu_A(x), \mu_B(x)) = 1 - \min(1, ((1 - \mu_A(x))^p + (1 - \mu_B(x))^p)^{1/p}) \quad p \geq 1$
  Für p gleich Eins ergibt sich der Bounded-Difference-Operator und für p gegen Unendlich der Minimum-Operator.

- Yager-Union-Operator
  $s(\mu_A(x), \mu_B(x)) = \min(1, (\mu_A(x)^p + \mu_B(x)^p)^{1/p}) \quad p \geq 1$
  Für p gleich Eins ergibt sich der Bounded-Sum-Operator und für p gegen Unendlich ergibt sich der Maximum-Operator.

Die folgenden Bilder 2.16 bis 2.29 zeigen diese vier Operatoren für verschiedene Werte ihrer Parameter, die zeigen, daß diese Operatoren in weiten Grenzen einstellbar sind und je nach Wahl des Parameters sehr unterschiedliche Eigenschaften haben.

Alle Operatoren, die bisher vorgestellt wurden, beinhalten den Fall der zweiwertigen klassischen Logik als Spezialfall. Sie werden sich mittlerweile sicherlich fragen, warum es im Gegensatz zur klassischen Logik, wo es nur je einen Operator für die Durchschnittsbildung (= logisch 'Und') und für die Vereinigung (= logisch 'Oder') gibt, so viele verschiedene Operatoren in der Fuzzy-Logik für den Durchschnitt und die Vereinigung gibt. Die Antwort darauf ist, daß viele dieser Opera-

Bild 2.16 bis 2.29 (folgende Seiten): Wertetabellen des Hamacher-Intersection-Operators, des Hamacher-Union-Operators, des Yager-Intersection-Operators und des Yager-Union-Operators für verschiedene Werte ihres Parameters

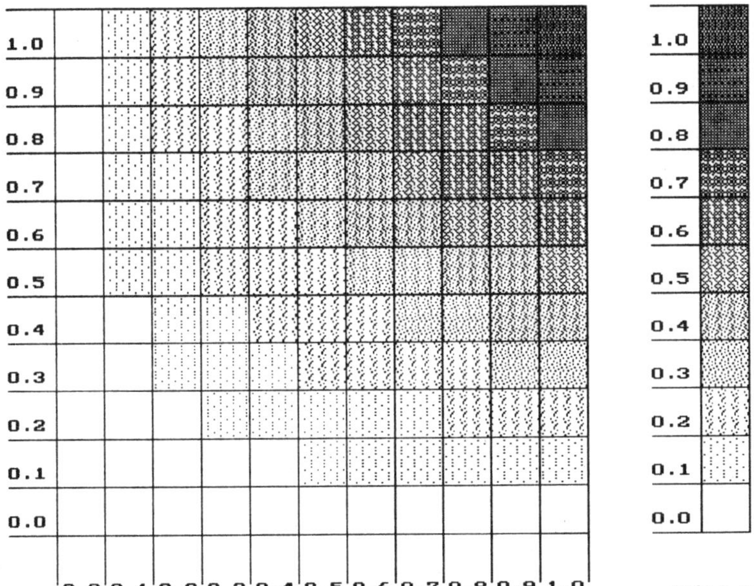

Bild 2.16

Hamacher Intersection gamma = 1.000

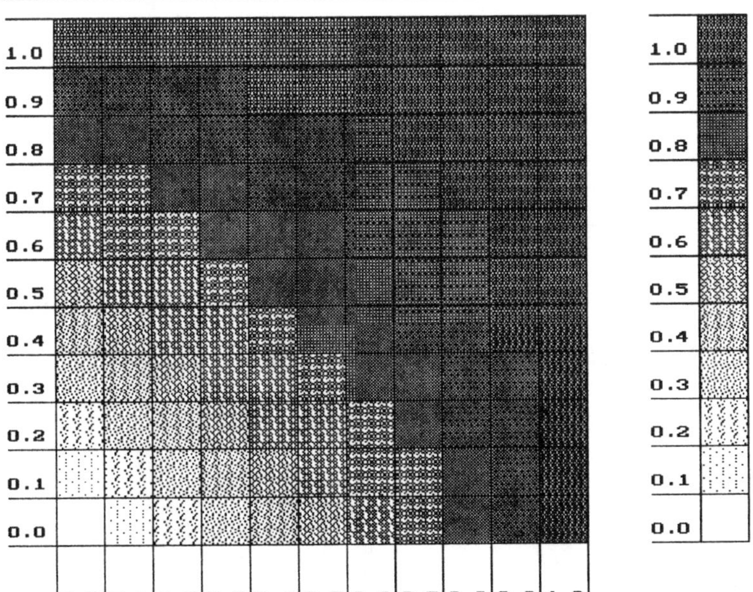

Bild 2.17

Hamacher Union gamma = 1.000

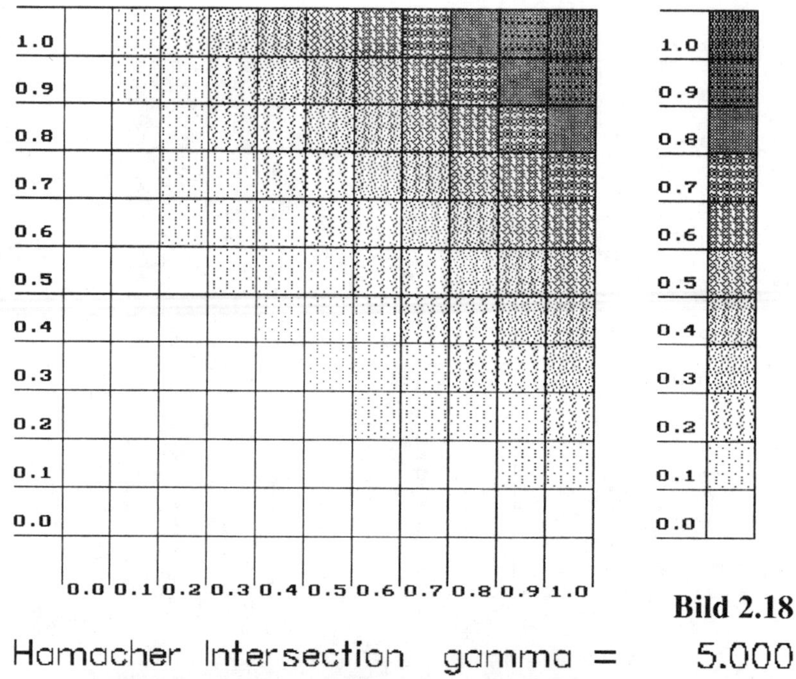

Bild 2.18

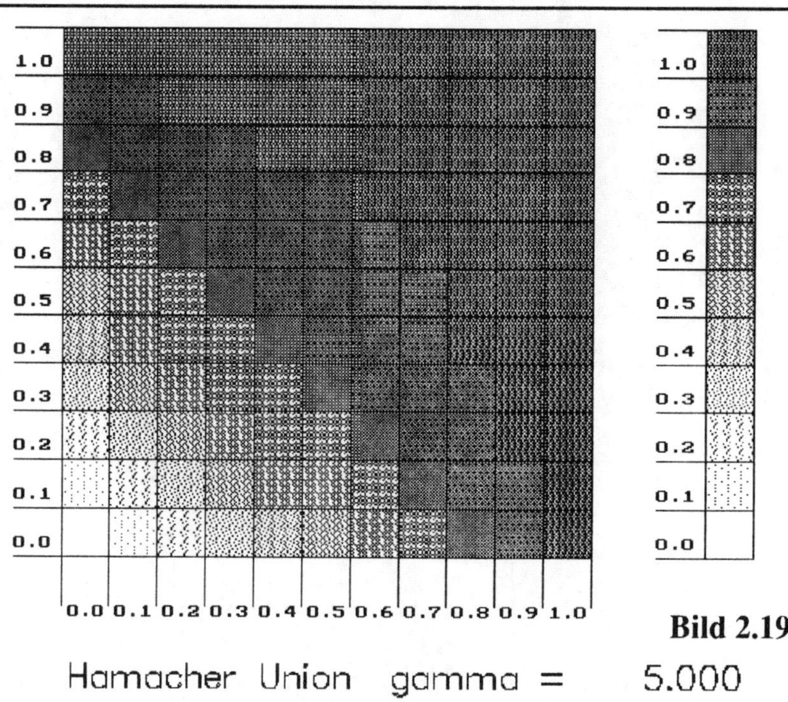

Bild 2.19

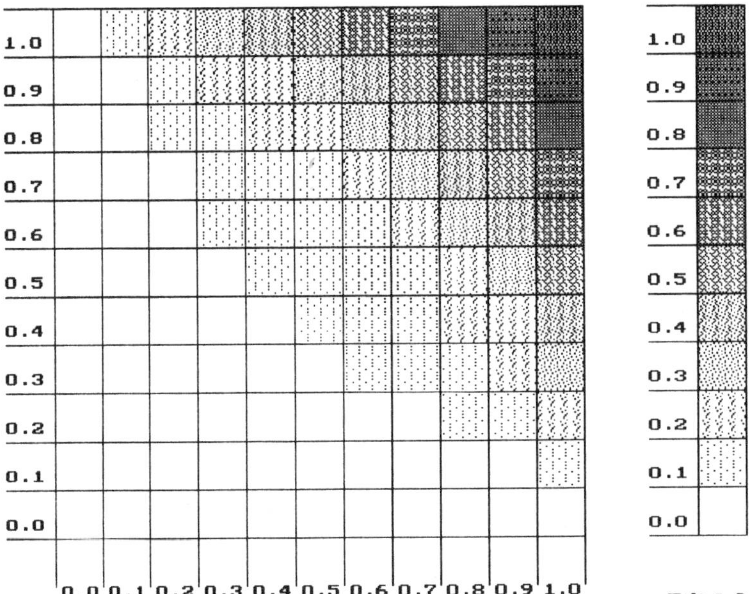

Bild 2.20

Hamacher Intersection gamma = 10.000

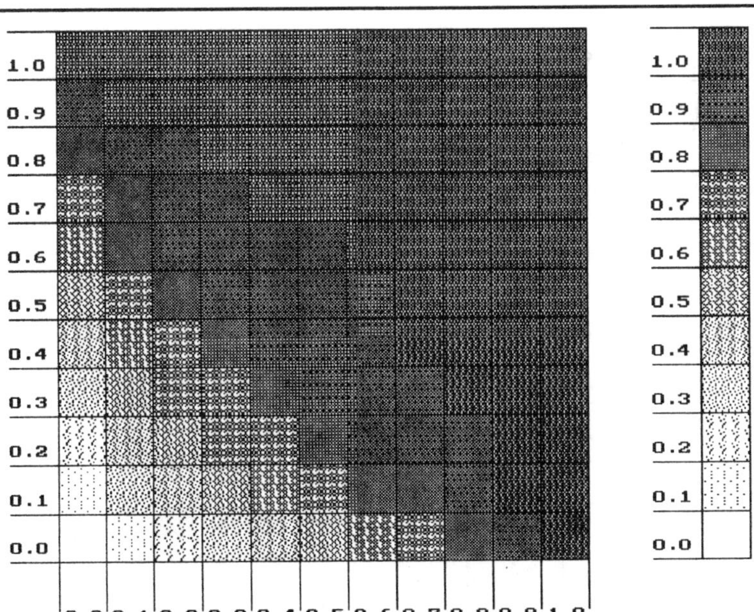

Bild 2.21

Hamacher Union gamma = 10.000

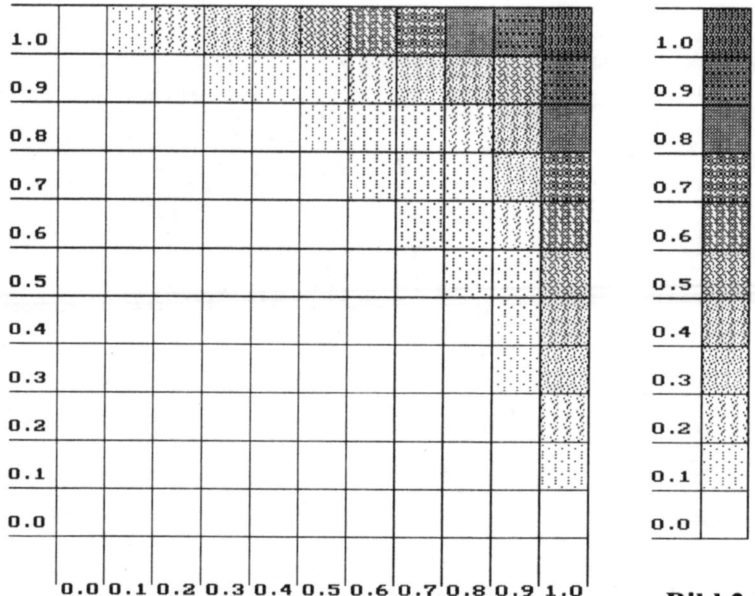

Bild 2.22

Hamacher Intersection gamma = 50.000

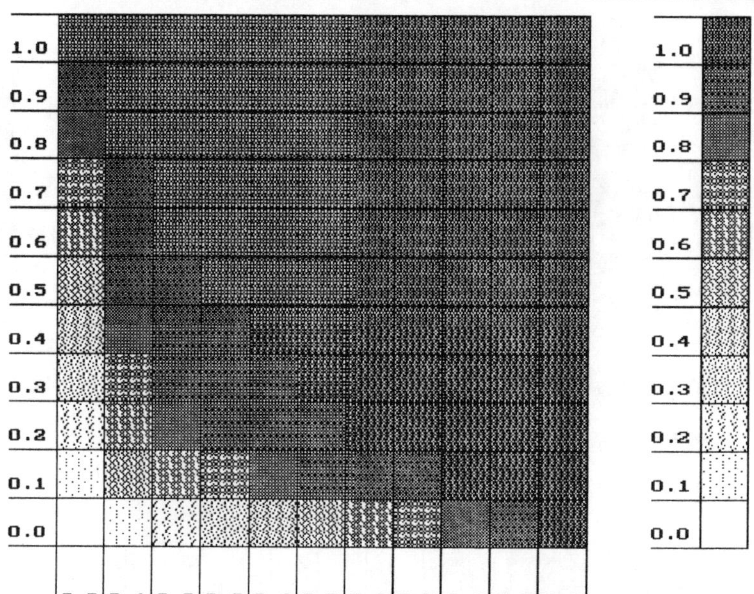

Bild 2.23

Hamacher Union gamma = 50.000

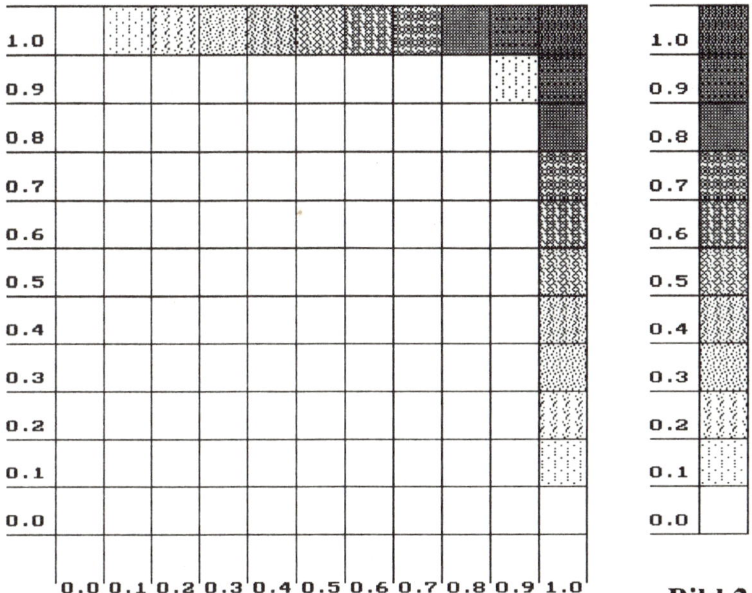

Bild 2.24

Hamacher Intersection gamma = 1000.000

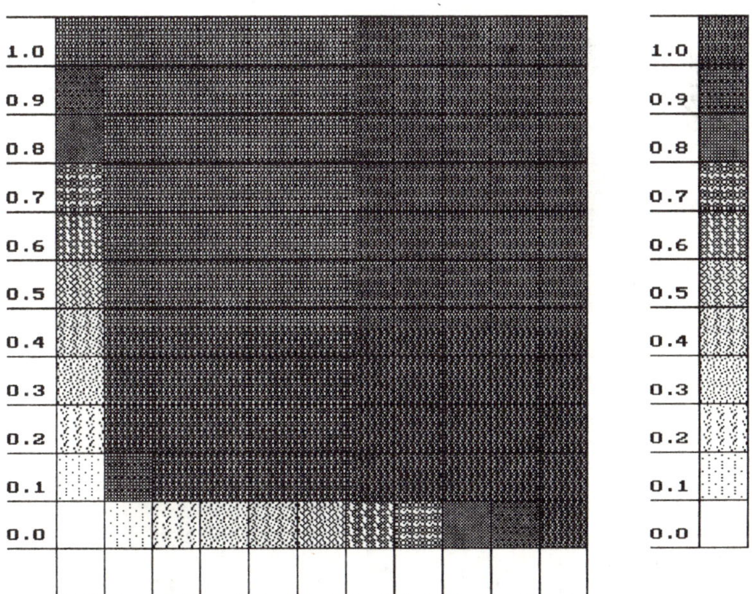

Bild 2.25

Hamacher Union gamma = 1000.000

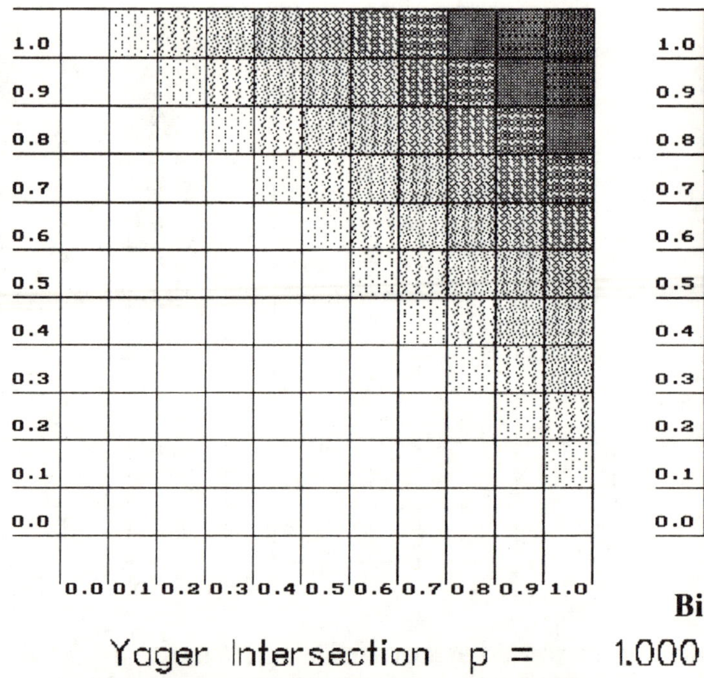

Bild 2.26

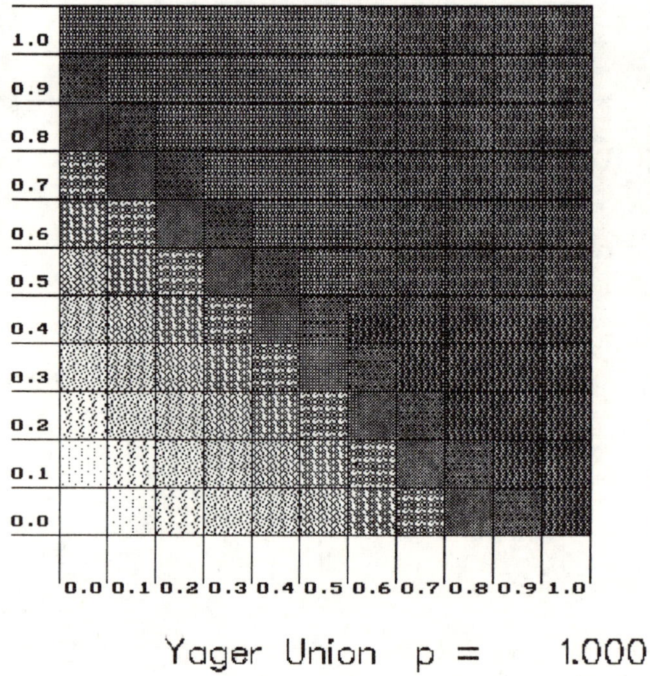

Bild 2.27

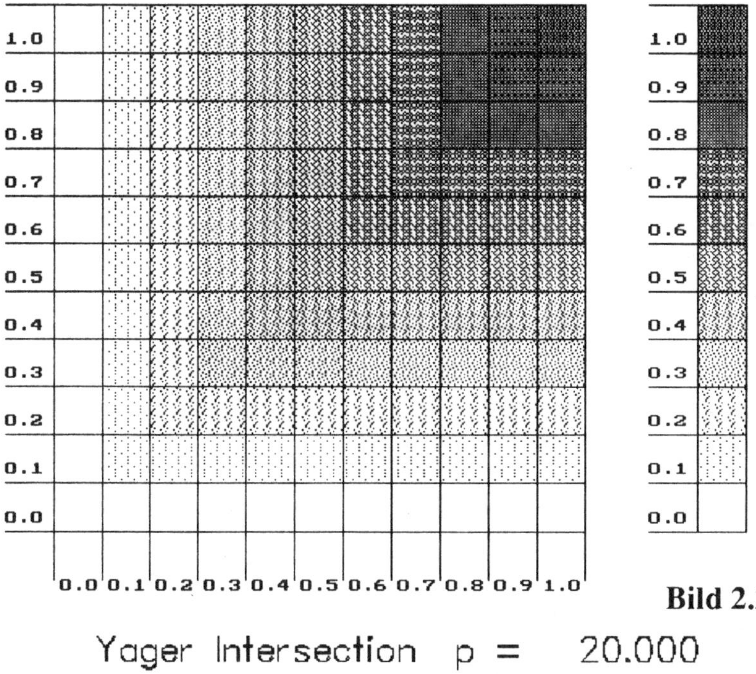

Bild 2.28

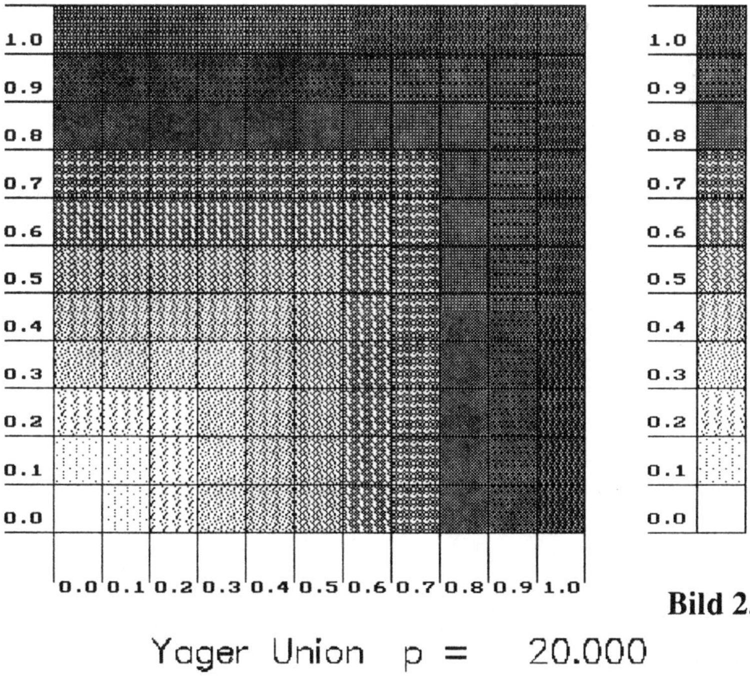

Bild 2.29

toren sich exakt gleich verhalten, wenn die Werte der Zugehörigkeitsfunktion auf die Werte Null oder Eins beschränkt sind. Wenn diese Einschränkung wegfällt, ergeben sich unterschiedliche Ergebnisse.

Dies wirft natürlich zwei weitere Fragen auf:

- Wie wählt man den passenden Operator aus?
- Gibt es außer der Durchschnittsbildung ('Und') oder der Vereinigung ('Oder') von Fuzzy-Sets auch noch andere Möglichkeiten um Fuzzy-Sets zu aggregieren?

Die erste Frage wollen wir erst einmal zurückstellen und uns zunächst der Beantwortung der zweiten Frage zuwenden.

2.3 Fuzzy-Und, Fuzzy-Oder, allgemeine Operatoren

Die Möglichkeit Fuzzy-Sets mittels 'Und' bzw. 'Oder' zu neuen Fuzzy-Sets zu verknüpfen, sind nur Grenzfälle von allgemeineren Modellen. Allgemeinere Modelle für das logische 'Und' bzw. 'Oder' sind das 'Fuzzy Und' und das 'Fuzzy Oder'. Einige Autoren gehen sogar noch weiter und schlagen allgemeine Operatoren vor, die beliebig zwischen 'Und' und 'Oder' justierbar sind.

Die Operatoren 'Fuzzy-Und' und 'Fuzzy-Oder' wurden von Werners [1984] vorgeschlagen und kombinieren den Minimum- bzw. Maximum-Operator mit dem arithmetischen Mittel:

- Fuzzy-Und
  $\mu(\mu_A(x), \mu_B(x)) = \gamma \min(\mu_A(x), \mu_B(x)) + \frac{1}{2}(1 - \gamma)(\mu_A(x) + \mu_B(x)) \quad \gamma \in [0,1]$
- Fuzzy-Oder
  $\mu(\mu_A(x), \mu_B(x)) = \gamma \max(\mu_A(x), \mu_B(x)) + \frac{1}{2}(1 - \gamma)(\mu_A(x) + \mu_B(x)) \quad \gamma \in [0,1]$

Für γ gleich Eins gehen diese Operatoren in den Minimum- bzw. Maximum-Operator über, für γ gleich Eins ergibt sich in beiden Fällen das arithmetische Mittel. Auch diese beiden Operatoren sind auf den nachfolgenden Bildern 2.30 bis 2.35 grafisch veranschaulicht.

Bild 2.30 bis 2.40 (folgende Seiten): Wertetabellen des Fuzzy-Und-Operators und des Fuzzy-Oder-Operators sowie Wertetabellen der Konvexkombination von Minimum- und Maximumoperator für verschiedene Parameterwerte

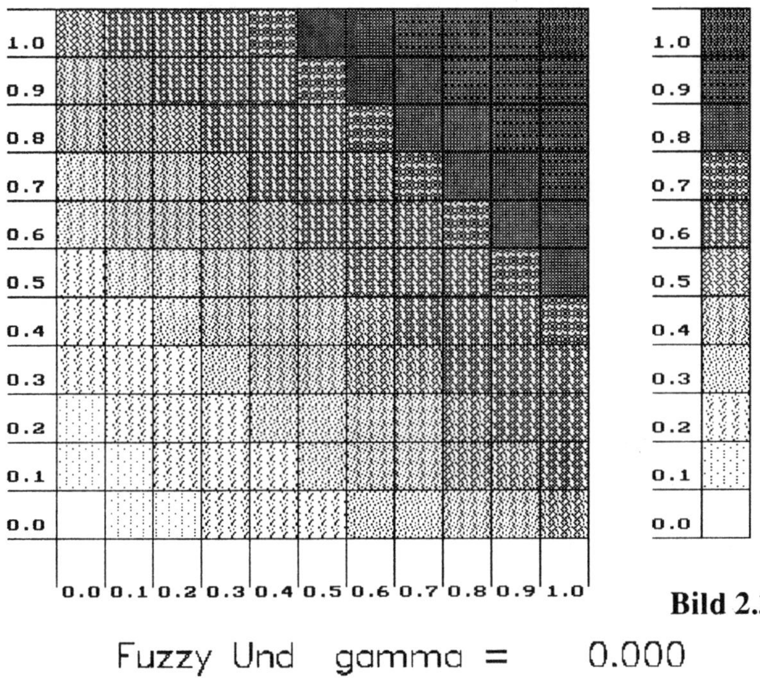

Bild 2.30

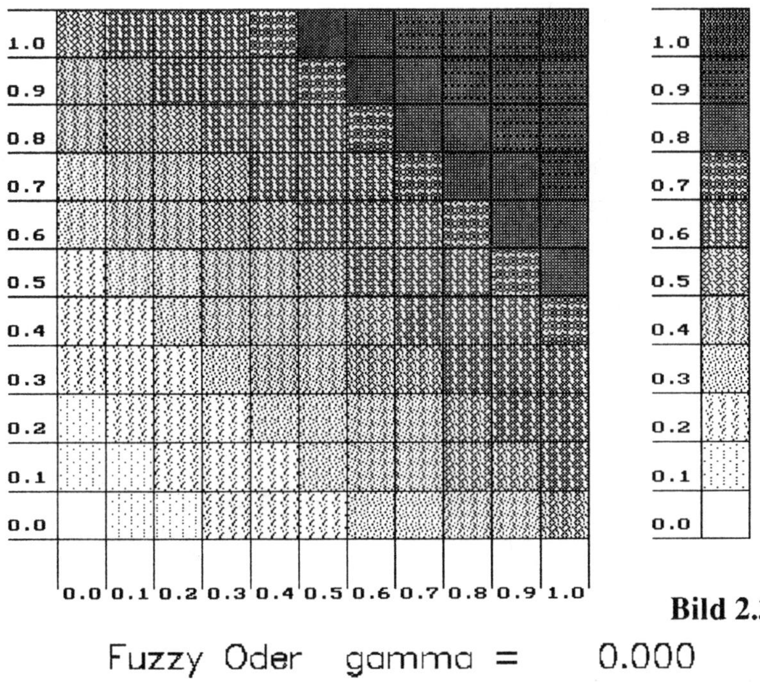

Bild 2.31

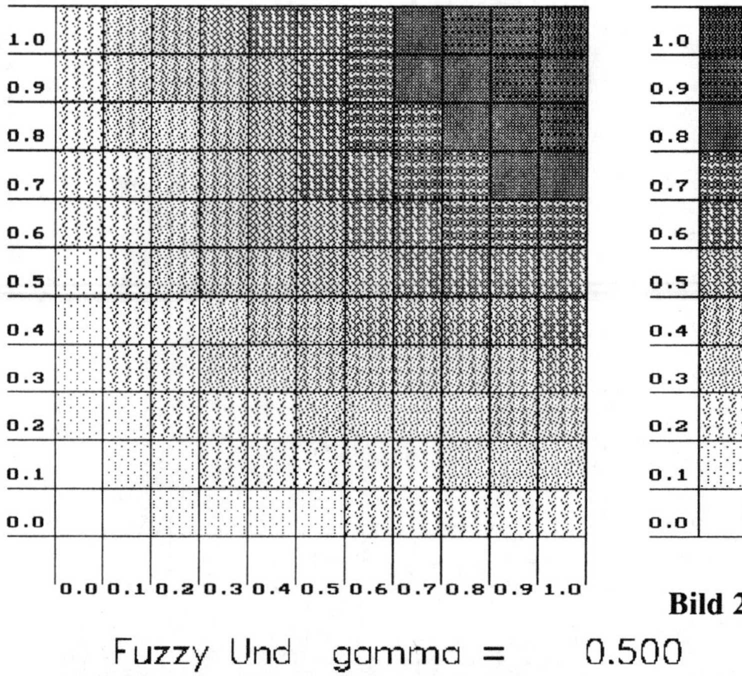

Bild 2.32

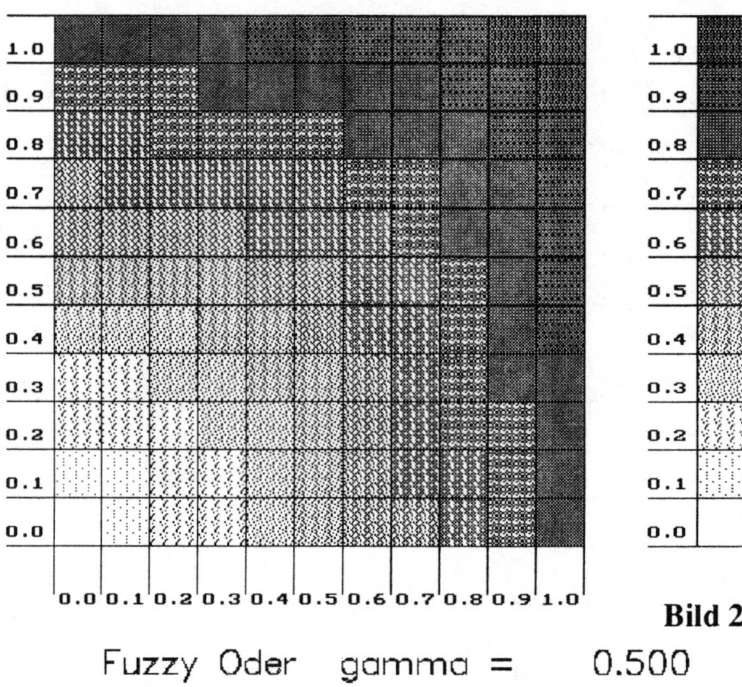

Bild 2.33

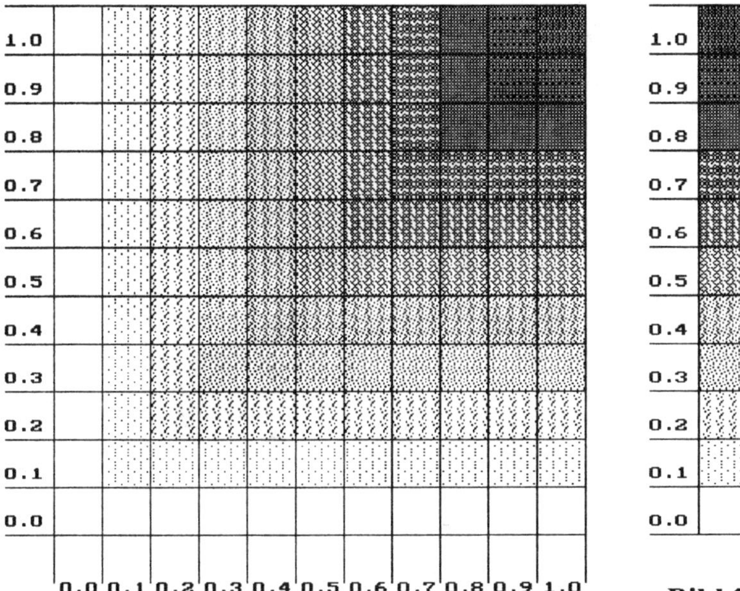

Bild 2.34

Fuzzy Und gamma = 1.000

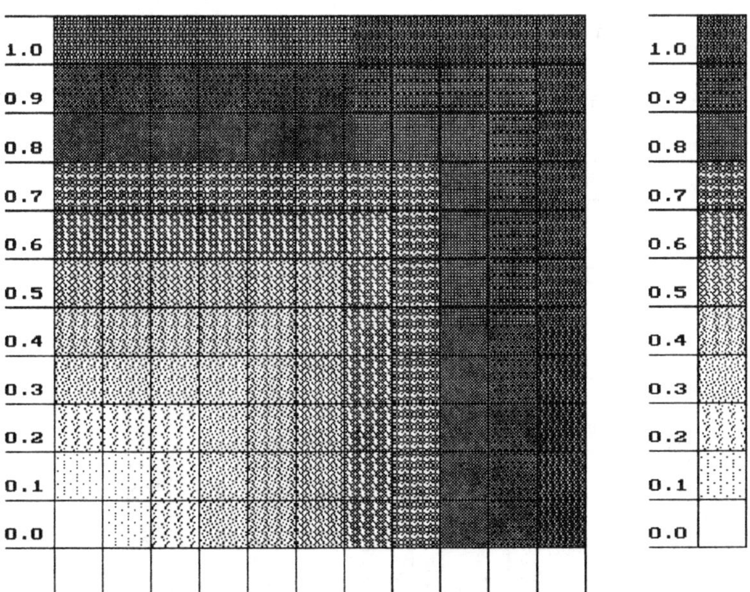

Bild 2.35

Fuzzy Oder gamma = 1.000

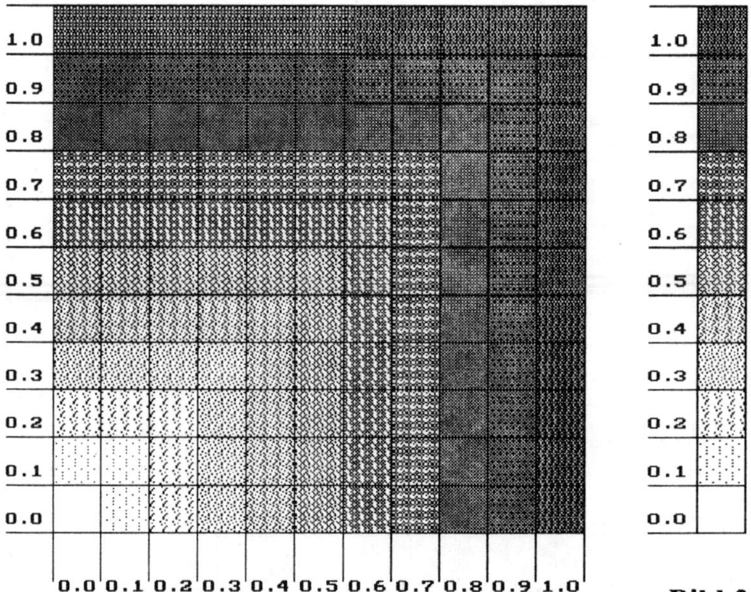

Bild 2.36

Min–Max gamma = 0.000

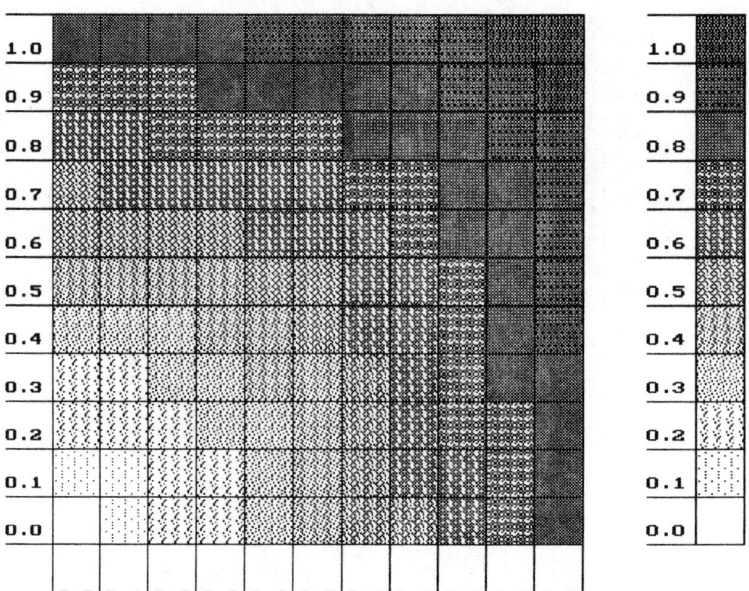

Bild 2.37

Min–Max gamma = 0.250

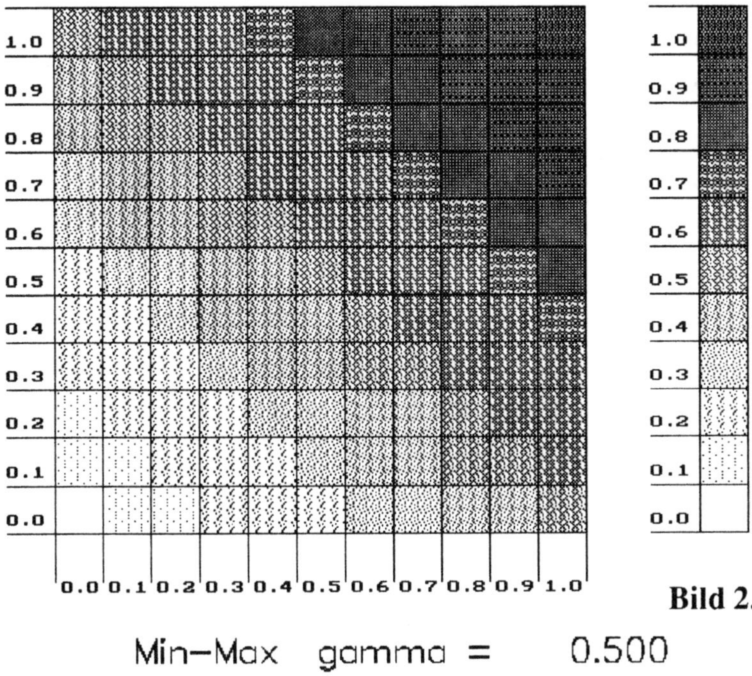

Bild 2.38

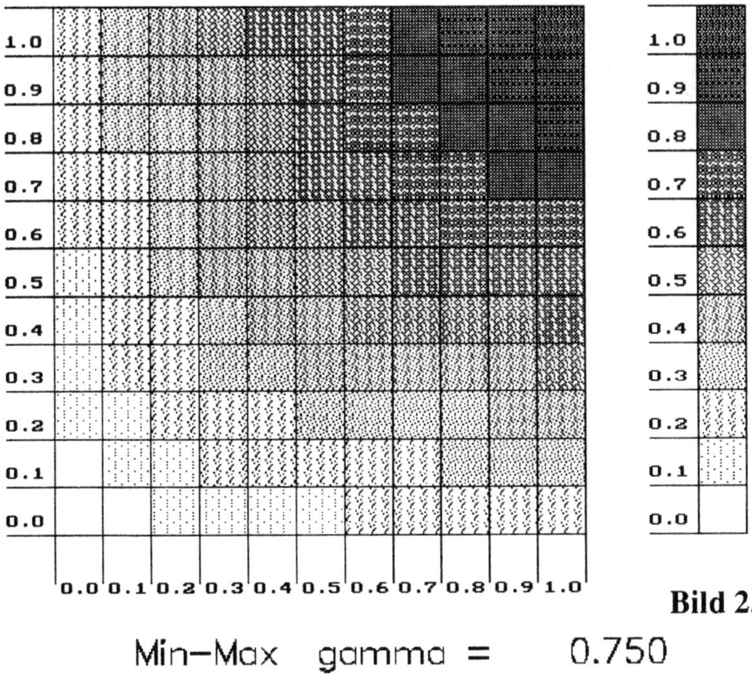

Bild 2.39

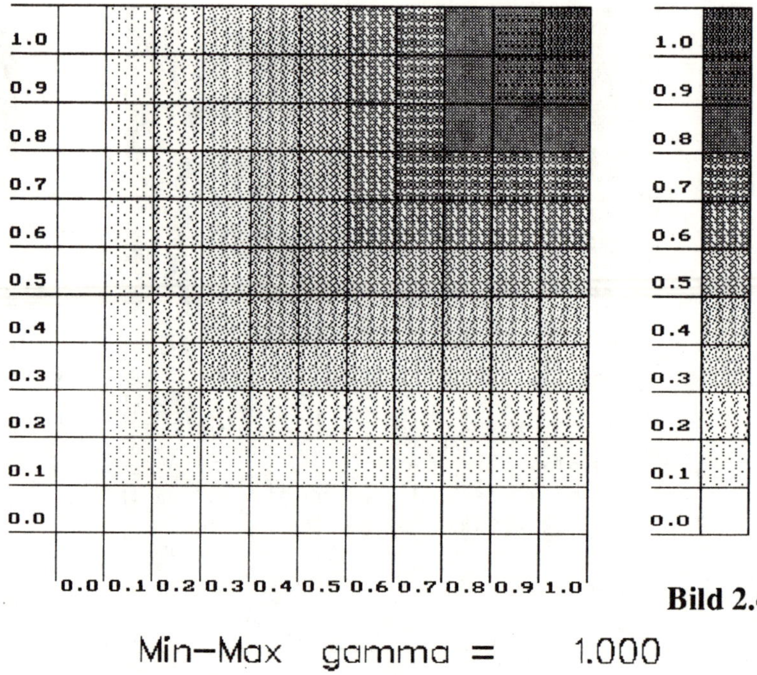

Bild 2.40

Noch allgemeinere Operatoren als diese beiden sind Operatoren, die eine beliebige Einstellung zwischen 'Und' und 'Oder' ermöglichen. Zu diesen gehört der von Zimmermann und Zysno [1982] vorgeschlagene Operator 'compensatory and' (oder auch als γ-Operator bezeichnet) :

$$\mu_{comp}(\mathbf{x}) = (\prod \mu_i(\mathbf{x}))^{(1-\gamma)}(\mathbf{1} - \prod(\mathbf{1} - \mu_i(\mathbf{x})))^{\gamma} \quad \mathbf{i = 1..m}, \quad \gamma \in [\mathbf{0,1}]$$

sowie parametrisierte Konvexkombinationen von T-Normen mit ihrer zugehörigen S-Norm, so z.B. die folgende Konvexkombination des Minimum- mit dem Maximum-Operator:

$$\mu(\mu_A(\mathbf{x}), \mu_B(\mathbf{x})) = \gamma\, \mathbf{min}(\mu_A(\mathbf{x}), \mu_B(\mathbf{x})) + (\mathbf{1} - \gamma)\mathbf{max}(\mu_A(\mathbf{x}), \mu_B(\mathbf{x})) \quad \gamma \in [\mathbf{0,1}]$$

Entsprechend lassen sich auch der Algebraic-Product und der Algebraic-Sum-Operator kombinieren.

Im nachfolgenden Unterkapitel werden wir die Eigenschaften der vorgestellten Operatoren diskutieren und anhand einer Reihe von Kriterien einige auswählen und in Kapitel 3 in den verschiedenen Fuzzy-Set-Klassen implementieren. Vorher soll jedoch noch kurz das Programm, das die Grafiken in diesem Unterkapitel

erzeugt hat, vorgestellt werden. Es besteht aus einer Unit **operator.pas**, die die einzelnen Operatoren implementiert, sowie dem Hauptprogramm **op.pas**, das die Grafik erzeugt und über ein einfaches Menü die Auswahl eines bestimmten Operators ermöglicht (der Quelltext dieser Programme befindet sich auf der Diskette unter dem Verzeichnis Kap2). Die Unit **operator.pas** ist sehr einfach, da die angegebenen Formeln für die Operatoren praktisch Eins zu Eins in Pascal umsetzbar sind.
Das Programm **op** hat die Aufgabe, ein Menü anzubieten, das die Wahl eines Operators und gegebenenfalls die Eingabe eines Wertes für die parametrisierten Operatoren erlaubt. Diese werden dann grafisch dargestellt und mit einer Beschriftung versehen, die den Namen des Operators und gegebenenfalls den Wert des Parameters umfaßt.

Die Darstellung des Menüs und die Menüauswahl erfolgen bei diesem Programm nicht über eine riesige Case-Konstruktion, sondern über ein Array, das die Menüpunkte als Prozeduren enthält. Daher ist für jeden Operator eine Funktion *****_op** definiert worden, so z.B für den Minimum-Operator eine Funktion **min_op**. Jede dieser Funktionen weist bei Aufruf der globalen Variablen name den Namen des Operators zu, der globalen Variablen **param_name** entweder einen Leerstring oder den Namen des Parameters, und der globalen prozeduralen Variablen **operat** die Funktion, die den jeweiligen Operator implementiert. Für den Minimum-Operator wird z.B. der Variablen **name** der String 'Minimum', der Variablen **param_name** der String '', und der Variablen **operat** die Funktion min zugewiesen. Bei parametrisierten Operatoren werden außerdem die globalen Variablen **param_min** und **param_max** mit den minimal und maximal zulässigen Werten besetzt. Die Prozedur **menu** weist als erstes dem Array **operatoren** der Reihe nach die Funktionen *****_op** zu. Anschließend wird innerhalb einer repeat-until-Schleife das Menü durch eine for-Schleife aufgebaut, indem jede Funktion im Array **operatoren** aufgerufen wird und anschließend die Variable **name** mittels **write** auf dem Bildschirm ausgegeben wird. Die Auswahl eines Operators kann dann durch Eingabe der angezeigten Zahl vorgenommen werden. Der ausgewählte Operator wird dann mittels der Anweisung **operatoren[nr]** aufgerufen und dann mittels **draw** gezeichnet, falls es kein parametrisierter Operator ist. In diesem Fall wird zuerst die Eingabe dieses Parameters erwartet und dann **draw** aufgerufen. Die Routine **draw** arbeitet so wie es am Anfang dieses Unterkapitels skizziert wurde. Zur Festlegung der jeweiligen Helligkeit dient die strukturierte Konstante **grays**, die 16 verschiedene Muster von Weiß nach ganz Schwarz enthält.

2.4 Auswahlkriterien für Mengenoperatoren

Die große Anzahl der vorgestellten Operatoren ist vermutlich ziemlich verwirrend und es erscheint schwierig, sich für einen bestimmten zu entscheiden. Eine Klassifizierungsmöglichkeit für die aufgeführten Operatoren ergibt sich, wenn sie hinsichtlich der Erfüllung verschiedener Rationalitätsforderungen untersucht werden. Dabei wollen wir die Operatoren Drastic-Product bzw. Drastic-Sum im folgenden nicht berücksichtigen, da sie ein sehr extremes Verhalten zeigen.

Einige dieser Rationalitätsforderungen haben wir schon bei den T-Normen kennengelernt:

- Die Assoziativität.
  Ein Operator ist assoziativ, wenn die Aggregation von Fuzzy-Sets mittels des Operators in beliebiger Reihenfolge und Kombination vorgenommen werden kann. Das heißt, daß mehr als zwei Fuzzy-Sets rekursiv kombiniert werden können. Von den vorgestellten Operatoren erfüllen alle T-Normen und Co-T-Normen das Assoziativgesetz; der Gamma-, der Fuzzy-Und-, der Fuzzy-Oder-Operator sowie die Konvex-Kombination von Minimum- und Maximum-Operator erfüllen es nicht. Die Nichterfüllung des Assoziativgesetz ist jedoch kein schwerwiegender Einwand, da bei einer vorher bekannten Anzahl von zu aggregierenden Fuzzy-Sets die Aggregation auch bei Operatoren, die das Assoziativgesetz nicht erfüllen, problemlos vorgenommen werden kann - die Aggregation kann nur nicht rekursiv auf die Aggregation von zwei Fuzzy-Sets zurückgeführt werden. Die Erfüllung oder Nichterfüllung des Assoziativgesetzes ist also lediglich bei der Implementierung der Operatoren zu berücksichtigen.

- Die Kommutativität.
  Ein Operator erfüllt das Kommutativgesetz, wenn das Ergebnis der Aggregation nicht von der Anordnung der Fuzzy-Sets abhängt. Alle vorgestellten Operatoren erfüllen das Kommutativgesetz.

- Die Monotonie.
  Ein Operator ist monoton, wenn der resultierende Zugehörigkeitswert zumindestens nicht kleiner wird, wenn irgendeiner der zu aggregierenden Zugehörigkeitswerte größer wird. Alle vorgestellten Operatoren sind monoton. Dies läßt sich auch an den Grafiken aller Operatoren erkennen.

Weitere Kriterien sind:

- Die Stetigkeit.
  Stetigkeit bedeutet, daß kleine Änderungen eines der zu aggregierenden Zugehörigkeitswerte eine ebenfalls nur kleine Änderung im Ergebnis bewirken. Alle vorgestellten Operatoren weisen diese Eigenschaft auf, wie wir anhand der Bilder der Operatoren nachprüfen können.

Diese vier bisher aufgezählten mathematischen Kriterien haben noch keinen Vor- oder Nachteil bestimmter Operatoren sichtbar gemacht. Es gibt aber noch weitere mathematische Forderungen, die an einen Operator gestellt werden können:

- Die strenge Monotonie.
  Dies ist eine Verschärfung der Monotonieforderung. Ein Operator ist streng monoton, wenn der resultierende Zugehörigkeitswert größer wird, wenn irgendeiner der zu aggregierenden Zugehörigkeitswerte ansteigt. Von den vorgestellten Operatoren erfüllen nur der Fuzzy-Und-Operator und der Fuzzy-Oder-Operator für γ ungleich Null bzw. Eins diese Forderung.

- Die Stabilität.
  Dieses Kriterium fordert, daß das Ergebnis einer Aggregation zwischen den Ergebnissen bei Anwendungen des Minimum- und Maximum-Operators liegt:
  $\min(\mu_1(x), \ldots, \mu_m(x)) \leq op(\mu_1(x), \ldots, \mu_m(x)) \leq \max(\mu_1(x), \ldots, \mu_m(x))$
  Dieses Kriterium wird nur von folgenden Operatoren erfüllt: Minimum-, Maximum-, Fuzzy-Und- und Fuzzy-Oder-Operator und der Konvex-Kombination von Maximum- und Minimum-Operator. Die Nichterfüllung dieses Kriteriums bewirkt, daß bei Intersection-Operatoren das Ergebnis umso kleiner ist, je mehr Fuzzy-Sets kombiniert werden, bzw. bei Union-Operatoren umso größer, je mehr Fuzzy-Sets kombiniert werden. Dies fällt besonders bei nicht normalisierten Fuzzy-Sets auf. Die Erfüllung dieses Kriteriums kann daher eine sinnvolle Forderung sein, da es in vielen Fällen logischer erscheint. Es kann jedoch auch Fälle geben, wo ein Operator gefordert wird, der gerade dieses Kriterium nicht erfüllt.

- Die Idempotenz.
  Dieses Kriterium besagt, daß die Aggregation von lauter gleich großen Zugehörigkeitswerten denselben Wert ergibt. Anders formuliert heißt das, daß die Kombination eines Fuzzy-Sets mit sich selbst dasselbe Fuzzy-Set ergibt. Dieses Kriterium hängt eng mit dem Kriterium der Stabilität zusammen, da für lauter gleiche Werte das Resultat des Minimum- und des Maximum-Operators identisch ist. Daher sind der Minimum-, der Maximum-, der Fuzzy-Oder- und der Fuzzy-Und-Operator, sowie die Konvexkombination von Minimum- und Maximum-Operator idempotent.

Anzumerken ist, daß es keinen Operator geben kann, der alle diese Forderungen gleichzeitig erfüllen kann, da sich bestimmte Kombinationen dieser Anforderungen widersprechen.

Neben diesen mathematischen Anforderungen an einen Operator gibt es noch weitere Kriterien, die für die Auswahl eines passenden Operators herangezogen werden können [Zimmermann 1991]:

- Adaptierbarkeit.
  Es ist ziemlich unwahrscheinlich, daß die Art der Aggregation unabhängig von der Anwendung (Fuzzy-Controller, Expertensysteme für medizinische Diagnose etc.) ist. Wenn nur eine sehr kleine Anzahl Operatoren erwünscht ist, müssen sich diese Operatoren an die Problemstellung anpassen lassen. Alle parametrisierten Operatoren bieten diese Eigenschaft, die nichtparametrisierten jedoch nicht.

- Numerische Effizienz.
  Dieses Kriterium ist bei großen Problemen und bei Fuzzy-Controllern von Bedeutung. Zum Beispiel ist der Minimum-Operator numerisch wesentlich effizienter als der Hamacher-Operator.

- Kompensation.
  Dieses Kriterium wurde schon im Zusammenhang mit dem Minimum-Operator erwähnt, der keine Kompensation erlaubt. Kompensatorische Eigenschaften weisen z.B. die Konvexkombination von Minimum-und Maximum-Operator, der Fuzzy-Und-Operator und der Fuzzy-Oder-Operator usw. auf.

- Geeignete Modelle für reale Systeme.
  Wenn die Fuzzy-Set-Theorie zur Modellierung realer Systeme bzw. zur Modellierung menschlicher Schlußweisen benutzt wird, ist neben den mathematischen Eigenschaften eines Operators die Übereinstimmung mit der Realität von besonderer Bedeutung. Als besonders geeignet zur Modellierung menschlichen Schließens haben sich in empirischen Untersuchungen der γ-Operator, der Fuzzy-Und- und der Fuzzy-Oder-Operator erwiesen [Zimmermann und Zysno 1983, Werners 1984].

Für unsere Zwecke sind der Minimum- und der Maximum-Operator, sowie der Fuzzy-Und- und der Fuzzy-Oder-Operator besonders interessant. Der Minimum- und der Maximum-Operator sind numerisch sehr effizient und einfach zu implementieren und daher die am häufigsten eingesetzten Operatoren. Fuzzy-Und- und Fuzzy-Oder-Operator sind ebenfalls numerisch sehr effizient, außerdem kompensatorisch, adaptierbar, stabil, idempotent und liefern in empirischen Untersuchungen sehr gute Ergebnisse [Werners 1984]. Die anderen besprochenen Operatoren werden wir jedoch ebenfalls in Kapitel 3.1 implementieren.

2.5 Modifikatoren

Neben den besprochenen Aggregationsoperatoren existieren noch einige Operatoren, die die Form eines Fuzzy-Sets modifizieren und daher Modifikatoren heißen:

- Die Normalisierungsoperation.
  Bei dieser Operation werden alle Zugehörigkeitswerte durch den größten Zugehörigkeitswert dividiert und man erhält ein normalisiertes Fuzzy-Set.
- Der Konzentrationsoperator.
  $Con(\mu(x)) = \mu(x)^2 \quad x \in X$
  Dieser Operator bewirkt eine stärkere Konzentration des Fuzzysets, es wird "schärfer".
- Der Dilationsoperator.
  $Dil(\mu(x)) = \mu(x)^{1/2} \quad x \in X$
  Dieser Operator bewirkt eine Aufweichung des Fuzzysets, es wird "unschärfer".
- Die Kontrast-Intensivierung.
  $Int(\mu(x)) = 2\,\mu(x)^2$ if $\mu(x) < 0.5$ else $1 - 2(1 - \mu(x))^2$

Die folgenden Bilder zeigen anhand unseres Fuzzy-Sets "heiss" die Ergebnisse bei Anwendung dieser Operatoren.

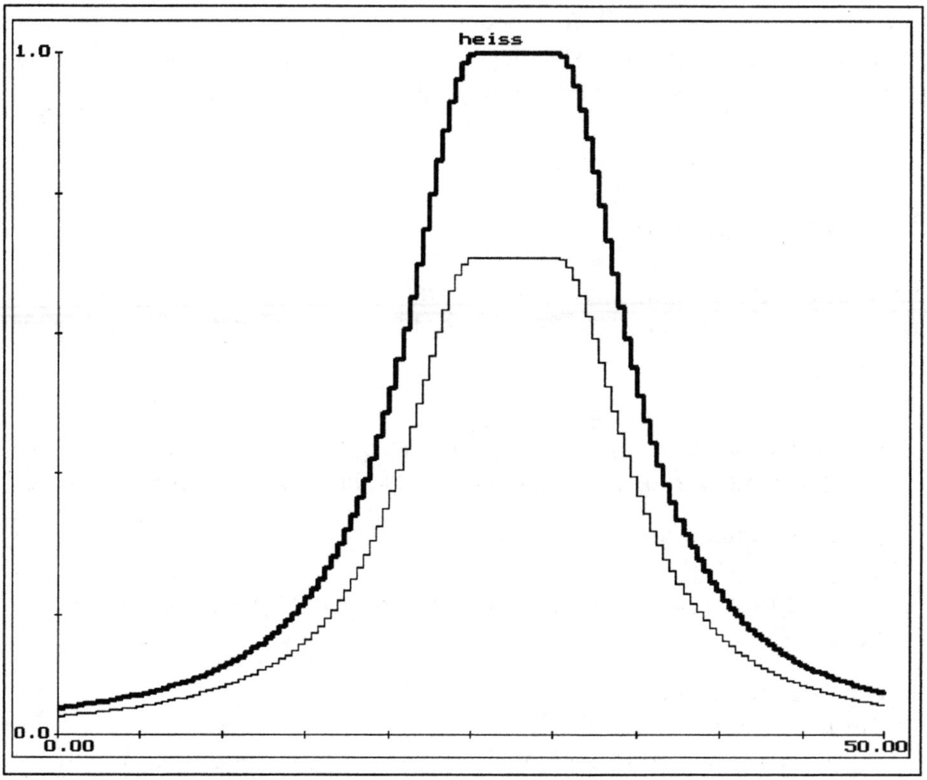

Bild 2.41: Beispiel Normalisierung

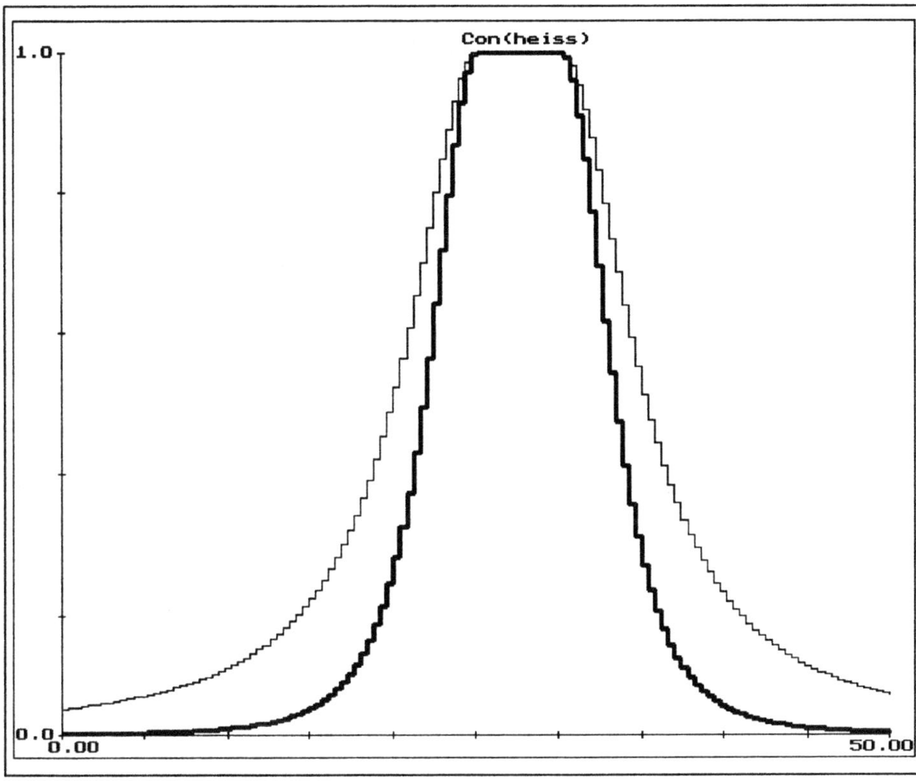

Bild 2.42: Beispiel Konzentration

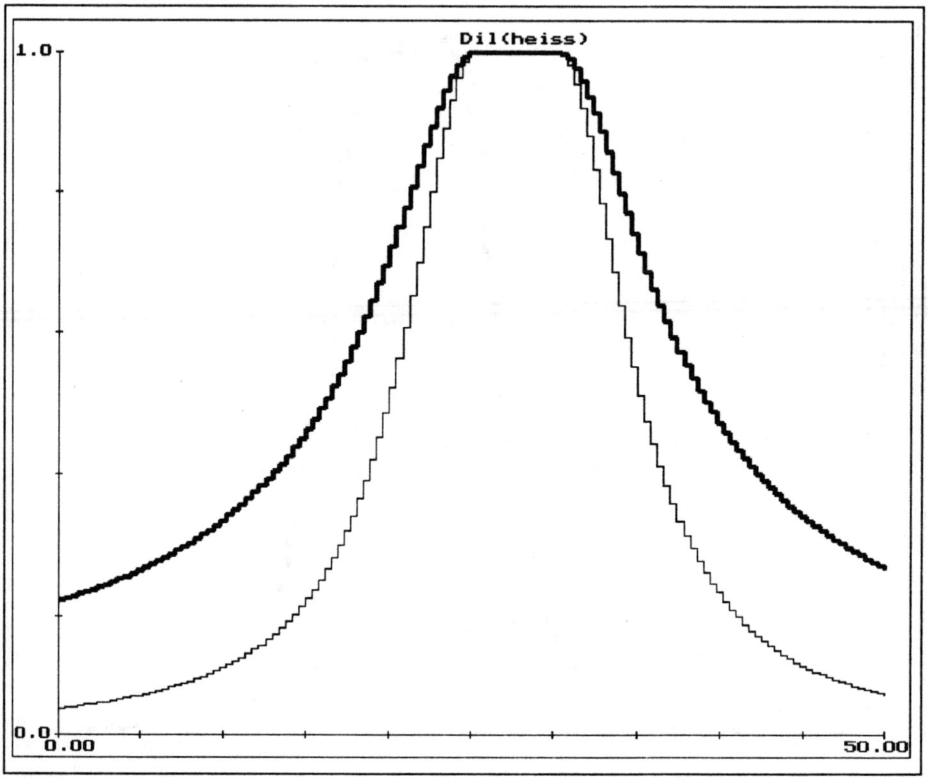

Bild 2.43: Beispiel Dilation

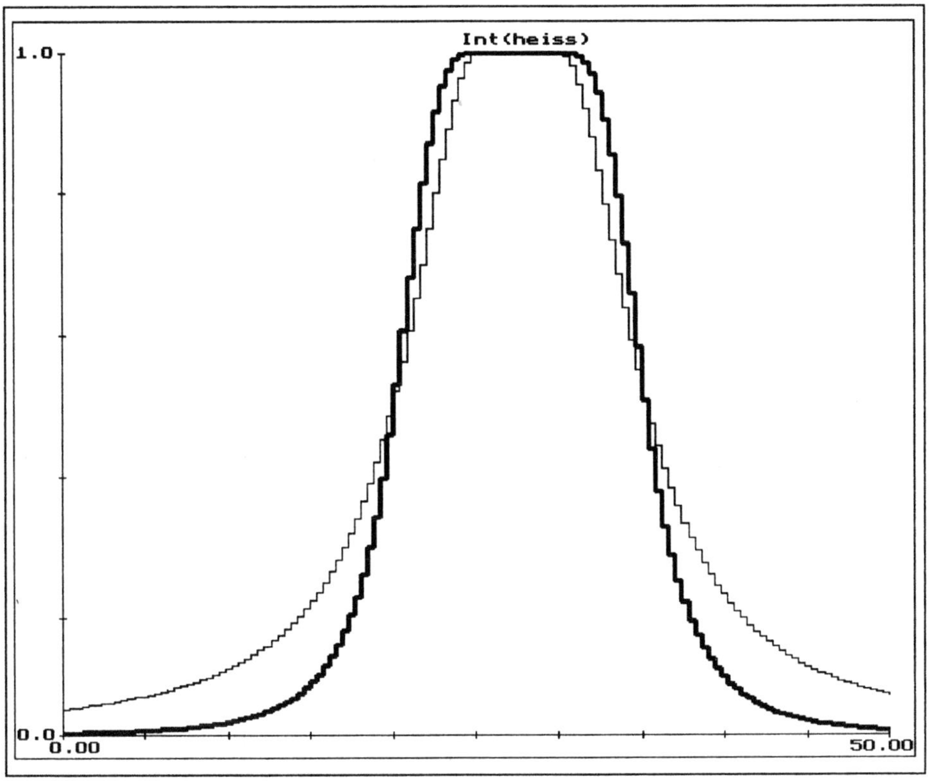

Bild 2.44: Beispiel Kontrast-Intensivierung

3 Implementierung der Mengenoperationen

Nach unserem ersten (zugegeben intensiven) Blick auf die verschiedenen Operatoren ist es nun an der Zeit, uns der Implementierung derselben zuzuwenden. Zuerst werden wir die softwaremäßige Realisierung unter die Lupe nehmen und anschließend skizzieren, wie sich die ganze Geschichte in Hardware realisieren läßt - bitte erwarten Sie aber nicht die komplette Schaltung eines Fuzzy-Computers! Dabei werden wir außerdem auf Vor- und Nachteile von Hardware- und Softwareimplementierungen eingehen.

3.1 Softwaremäßige Realisierung

Jede Art der Implementierung der diskutierten Operatoren muß zwangsläufig auf den mathematischen Definitionen der Operatoren aufbauen. Daher werden wir von diesen auch ausgehen. In unserer Unit **operator.pas** haben wir ja bereits schon den ersten Schritt zu einer softwaremäßigen Realisierung getan. Deshalb werden wir zunächst diese Unit ergänzen, einmal, um die vorhin vorgestellten Modfikatoren und zum anderen, um die Funktionen auf mehr als zwei Argumente zu erweitern, da häufig mehr als zwei Fuzzy-Sets zu aggregieren sind. Ideal wäre es natürlich, wenn jede der Funktionen in unserer Unit mit einer variablen Anzahl von Argumenten zurechtkäme -Turbo-Pascal muß da jedoch passen (in C oder C++ ist das natürlich kein Problem). Daher müssen wir uns notgedrungen auf eine maximale Anzahl Argumente festlegen, die wir jedoch nicht einzeln übergeben, sondern als Array. Als Maximalzahl legen wir willkürlich acht Argumente fest. Als weiteres Argument müssen wir natürlich die aktuelle Anzahl zu aggregierender Werte übergeben. Alle Funktionen mit maximal acht Argumenten erhalten zur Unterscheidung von den bereits implementierten eine "8" als Zusatz im Funktionsnamen. Einige Funktionen mit mehr als zwei Argumenten werden rekursiv auf Funktionen mit zwei Argumenten zurückgeführt, so z.B. die Hamacher-Operatoren. Auf der beiliegenden Diskette finden Sie unter dem Unterverzeichnis die in diesem Sinne vervollständigte Unit **operator.pas** .

Wenn Sie diese Unit studieren, sehen Sie, daß sie keine großen Geheimnisse birgt, da die in ihr definierten Funktionen eine genaue Umsetzung der Formeln aus Kapitel 2 sind. Wir sind allerdings auch noch lange nicht fertig, da wir bisher nur einen Satz von Funktionen haben, um zwei oder mehr Zugehörigkeitsfunktionswerte in irgendeiner Form zu einem zu aggregieren - und unsere Fuzzy-Set-Klassen wissen immer noch nichts von Operatoren. Beachten Sie, daß wir in der obigen Unit mehrere prozeduralen Typen definiert haben (modifier, fuzzyop, fuzzyop8, parfuzzyop, parfuzzyop8), damit wir die ganzen Funktionen der Unit als Parameter anderen Funktionen und Prozeduren übergeben können. Sie werden im folgenden sehen, daß wir dadurch eine Menge Arbeit einsparen, wenn wir unsere Fuzzy-Set-Klassen mit bestimmten Operatoren bekannt machen wollen.

Um die Fuzzy-Set-Klassen mit den Operatoren vertraut zu machen, müssen wir bei der Klasse **fuzzyset** ansetzen, da alle anderen Fuzzy-Set-Klassen von ihr erben. Daher definieren wir folgende Methoden in der Klasse **fuzzyset**:

- **procedure nicht(var f:fuzzyset);virtual;**
  Diese Methode bestimmt das Komplement des Fuzzy-Sets **f**. Die Implementierung dieser Methode muß in den Unterklassen der Klasse **fuzzyset** erfolgen.

- **procedure con(var f:fuzzyset);virtual;**
  Diese Methode bestimmt die Konzentration des Fuzzy-Sets **f**. Die Implementierung dieser Methode muß in den Unterklassen der Klasse **fuzzyset** erfolgen.

- **procedure dil(var f:fuzzyset);virtual;**
  Diese Methode bestimmt die Dilation des Fuzzy-Sets **f**. Die Implementierung dieser Methode muß in den Unterklassen der Klasse **fuzzyset** erfolgen.

- **procedure int(var f:fuzzyset);virtual;**
  Diese Methode bestimmt die Kontrast-Intensivierung des Fuzzy-Sets **f**. Die Implementierung dieser Methode muß in den Unterklassen der Klasse **fuzzyset** erfolgen.

- **procedure normalize;virtual;**
  Diese Methode normalisiert eine Instanz der Klasse **fuzzyset** oder einer Unterklasse. Die Implementierung dieser Methode muß in den Unterklassen der Klasse **fuzzyset** erfolgen.

- **procedure op(fuzop:fuzzyop;var f1,f2:fuzzyset);virtual;**
  Diese aggregiert die beiden Fuzzy-Sets **f1** und **f2** mittels des Operators **fuzop**. Der Operator wird als prozeduraler Parameter übergeben und kann ein beliebiger nicht parametrisierter Operator sein. Die Implementierung dieser Methode muß in den Unterklassen der Klasse **fuzzyset** erfolgen.

- **procedure parop(parfuzop:fuzzyop;par:real;var f1,f2:fuzzyset);virtual;**
  Diese aggregiert die beiden Fuzzy-Sets **f1** und **f2** mittels des Operators **parfuzop**. Der Operator wird als prozeduraler Parameter übergeben und kann ein beliebiger parametrisierter Operator sein. Der Parameter wird als zweites Argument übergeben. Die Implementierung dieser Methode muß in den Unterklassen der Klasse **fuzzyset** erfolgen.

- **procedure und(var f1,f2:fuzzyset);virtual;**
  Diese aggregiert die beiden Fuzzy-Sets **f1** und **f2** mittels des Minimum-Operators. Dazu ruft diese Methode die Methode **op** mit dem Minimum-Operator und **f1** und **f2** als Argument auf.

- **procedure oder(var f1,f2:fuzzyset);virtual;**
  Diese aggregiert die beiden Fuzzy-Sets **f1** und **f2** mittels des Maximum-Operators. Dazu ruft diese Methode die Methode **op** mit dem Maximum-Operator und **f1** und **f2** als Argument auf.

- **procedure fuzzyund(par:real;var f1,f2:fuzzyset);virtual;**
  Diese aggregiert die beiden Fuzzy-Sets **f1** und **f2** mittels des Fuzzy-Und-Operators. Dazu ruft diese Methode die Methode **parop** mit dem Fuzzy-Und-Operator und **f1** und **f2** sowie **par** als Argument auf.

- **procedure fuzzyoder(par:real;var f1,f2:fuzzyset);virtual;**
  Diese aggregiert die beiden Fuzzy-Sets **f1** und **f2** mittels des Fuzzy-Oder-Operators. Dazu ruft diese Methode die Methode **parop** mit dem Fuzzy-Oder-Operator und **f1** und **f2** sowie **par** als Argument auf.

Die letzten fünf Methoden existieren lediglich aus Gründen der Bequemlichkeit, da sie im Grunde genommen nichts machen, was nicht auch die allgemeineren Methoden könnten, aber man spart sich die explizite Angabe des Operators. Wenn Sie andere Operatoren häufiger einsetzen möchten, können Sie dies auch auf diese Weise bequemer gestalten.

Die bisher aufgeführten Operatoren konnten maximal zwei Fuzzy-Sets aggregieren. Um auch bis zu acht Fuzzy-Sets zu aggregieren, definieren wir noch Methoden, die bis zu acht Fuzzy-Sets aggregieren können und kennzeichnen diese Methoden durch anhängen einer "8" an die bisherigen Methodenbezeichner. Diese

Methoden sind : **op8**, **parop8**, **und8**, **oder8**, **fuzzyoder8**, **fuzzyund8**. Ihre Funktionen entsprechen den Funktionen der oben beschriebenen Methoden. Die Methode **op8** soll daher stellvertretend für alle anderen beschrieben werden:

- **procedure op8(fuzop:fuzzyop; f1, f2, f3, f4, f5, f6, f7, f8:pointer); virtual;**
  Der wesentliche Unterschied zur Methode **op** ist, daß die Parameter **f1** bis **f8** nicht den Typ fuzzyset haben, sondern als typloser Pointer definiert sind. Der Grund dafür ist, daß bei einer Definition dieser Parameter als **fuzzyset** dieser Methode immer acht Fuzzy-Sets übergeben werden müssen, auch wenn z.B. nur drei zu aggregieren sind. Da dies nicht besonders übersichtlich ist, wurden die Parameter als **Pointer** deklariert, so daß dieser Methode alles übergeben werden kann, was ein Pointer ist. Das sollten Sie aber auf keinen Fall tun! Als Parameter sollten Sie diesen Methoden nur ein Fuzzy-Set oder Nil übergeben!!! Ein Aufruf dieser Methode für die Aggregation von drei Fuzzysets f1, f2, f3 mittels des Minimum-Operators sieht z.B. so aus:

  op8(min, @f1, @f2, @f3, nil, nil, nil, nil, nil)
  oder auch:
  op8(min, @f1, nil, @f2, nil, nil, nil, @f3, nil)
  oder
  op8(min, nil, nil, @f1, nil, @f2, nil, @f3, nil).

  Die drei Fuzzy-Sets können an einer beliebigen Stelle stehen, die Methode **op8** wie auch die anderen Methoden dieser Art fischen sich alle Argumente heraus, die ungleich nil sind, und bestimmen auch somit die Anzahl der übergebenen Argumente. In der Programmiersprache C oder C++ ließe sich die ganze Angelegenheit eleganter machen, da hier Funktionen mit einer variablen Anzahl Parametern machbar sind. Falls ein Leser einen eleganteren Weg in Turbo-Pascal kennt, wäre ich für einen entsprechenden Tip dankbar!

Die Implementation der Methode **op8** und **parop8** müssen die Unterklassen übernehmen. Den Quelltext der aktualisierten Klasse **fuzzyset** finden Sie ebenfalls auf der Diskette im Verzeichnis Kap3 unter dem Namen fuzzy.pas. Im folgenden ist nur die Klassendefinition abgedruckt:

```
unit Fuzzy;

interface
uses graph,operator;

const  steps=100;
       links=30;
       rechts=16;
       oben=20;
       unten=14;
```

```
type    fuzzyset= object
                  name : string;
                  xmin,xmax:real;
                  x0,y0,width,height,rahmencolor,fuzzycolor:integer;
                  {Daten zur Darstellung}
                  procedure setname(n:string);
                  function  getname:string;
                  constructor setX(min,max:real);
                  function get_xmin:real;
                  function get_xmax:real;
                  procedure get_umin_max(var umin,umax:real);virtual;

                  procedure setdisplaydat(xl,yu,w,h,rcol,fcol:integer;
                  procedure subclassmustimplement;
                  procedure display;virtual;
                  procedure rahmen;
                  function u(x:real):real ;virtual;

                  procedure nicht(var f:fuzzyset);virtual;
                  procedure con(var f:fuzzyset);virtual;
                  procedure dil(var f:fuzzyset);virtual;
                  procedure int(var f:fuzzyset);virtual;
                  procedure normalize;virtual;

                  procedure op(fuzop:fuzzyop;var f1,f2:fuzzyset);
                     virtual;
                  procedure op8(fuzop:fuzzyop8;
                     f1,f2,f3,f4,f5,f6,f7,f8:pointer);virtual;
                  procedure parop(parfuzop:parfuzzyop;par:real;
                     var f1,f2:fuzzyset);virtual;
                  parop8(parfuzop:parfuzzyop8;par:real;
                     f1,f2,f3,f4,f5,f6,f7,f8:pointer);virtual;


                  procedure und(var f1,f2:fuzzyset);virtual;
                  procedure und8(f1,f2,f3,f4,f5,f6,f7,f8:pointer);
                     virtual;
                  procedure oder(var f1,f2:fuzzyset);virtual;
                  procedure oder8(f1,f2,f3,f4,f5,f6,f7,f8:pointer);
                     virtual;
                  procedure fuzzyoder(par:real;var f1,f2:fuzzyset);
                     virtual;
                  procedure fuzzyoder8(par:real;
                     f1,f2,f3,f4,f5,f6,f7,f8:pointer);virtual;
                  procedure fuzzyund(par:real;var f1,f2:fuzzyset);
                     virtual;
                  procedure fuzzyund8(par:real;
                     f1,f2,f3,f4,f5,f6,f7,f8:pointer);virtual;
              end;

implementation { siehe Diskette }
```

Wir haben jetzt noch die konkrete Implementation der Operatoren in den Unterklassen vor uns. Als erste Unterklasse nehmen wir uns die Klasse **fuzzy_array** vor, da hier die Implementation ziemlich simpel ist, wie Sie an dem Quelltext f_array.pas (Verzeichnis Kap3 auf der Diskette) dieser Klasse sehen. Die Klassendefinition selbst sieht jetzt wie folgt aus:

```
unit f_array;

interface
uses graph,operator,fuzzy;

const  resx =127;
type   datenfeld = array[0..resx] of real;

type fuzzy_array = object(fuzzyset)
                       daten:datenfeld;
                       procedure display;virtual;
                       function u(x:real):real;virtual;
                       procedure set_u(x,y:real);
                       function get_u(i:integer):real;
                       procedure put_u(i:integer;wert:real);
                       procedure get_umin_max(var umin,umax:real);
                           virtual;

                       procedure normalize;virtual;
                       procedure nicht(var f:fuzzyset);virtual;
                       procedure con(var f:fuzzyset);virtual;
                       procedure dil(var f:fuzzyset);virtual;
                       procedure int(var f:fuzzyset);virtual;
                       procedure op(fuzop:fuzzyop;var f1,f2:fuzzyset);
                           virtual;
                       procedure op8(fuzop:fuzzyop8;
                           f1,f2,f3,f4,f5,f6,f7,f8:pointer);virtual;
                       procedure parop(parfuzop:parfuzzyop;par:real;
                           var f1,f2:fuzzyset);virtual;
                       procedure parop8(parfuzop:parfuzzyop8;par:real;
                           f1,f2,f3,f4,f5,f6,f7,f8:pointer);virtual;
                   end;

implementation {siehe Diskette}
```

Wie Sie sehen, ist die Implementierung aller Operatoren in der Klasse **fuzzy_array** eine ziemlich triviale Angelegenheit: Eine for-Schleife dient dazu, alle Elemente des Arrays **daten** zu füllen. Die Schleifenvariable i wird in einen Wert x umgerechnet (x = xmin+ i*(xmax-xmin)/resx). Für diesen x-Wert werden die Zugehörigkeitswerte aller Fuzzy-Sets, die der jeweiligen Methode als Parameter übergeben wurden, mittels des jeweiligen Operators, der ebenfalls als Parameter übergeben wurde, aggregiert, bzw. bei Modifikatoren der jeweilige Modifikator angewendet, und der resultierende Zugehörigkeitswert im Array **daten** abgespeichert. Bei Modifikatoren sieht das z.B. so aus:

```
daten[i]:=fuz_dil(f.u(x));
```

bei Operatoren z.B. so:

```
daten[i]:=fuzop(f1.u(x), f2.u(x));
```

bzw. so (bei mehr als zwei Argumenten):

```
for j:=1 to anz do
begin
    f:=fsets[j].u(x);
    us[j]:=f^  .u(x);
end;
daten[i]:=fuzop(any,us);
```

Vielleicht vermissen Sie die Implementation der Operatoren **und, oder** etc - diese Operatoren wurden jedoch schon in der Klasse **fuzzyset** vollständig definiert! Bevor wir die Operatoren in der Klasse **fuzzy_LR** und deren Unterklassen realisieren, sollten wir uns einige Beispiele mit diskreten Fuzzy-Sets ansehen, um eine Vorstellung von den Problemen zu bekommen, die uns bei der Implementation in den anderen Fuzzy-Set-Klassen bevorstehen. Einen ersten Eindruck vermitteln die Bilder 2.2 (Anwendung des Maximum-Operators auf zwei Fuzzy-Sets) und 2.3 (Komplement eines Fuzzy-Sets). In beiden Fällen waren die Fuzzy-Sets trapezförmige Fuzzy-Sets, die diskretisiert wurden. Die resultierenden Fuzzy-Sets sind in beiden Fällen nicht konvex, so daß sie sich nicht ohne weiteres als trapezförmige Fuzzy-Sets darstellen müssen. Wir erkennen schon an diesen zwei Beispielen, daß bei der Aggregation von Fuzzy-Sets in LR-Darstellung in der Regel Fuzzy-Sets resultieren, die keine Fuzzy-Sets in LR-Darstellung mehr sind. Wollen wir, daß die resultierenden Fuzzy-Sets wieder Fuzzy-Sets in LR-Darstellung sind, so müssen wir das Ergebnis einer Operation durch ein Fuzzy-Set in LR-Darstellung möglichst gut approximieren. Um dieser Argumentation noch mehr Nachdruck zu verleihen, kommen jetzt einige Beispiele, die dies besonders deutlich machen (Programm **optest** auf Diskette):

```
Program optest;
uses dos,graph,operator,f_lr,f_array;

var heiss:fuzzy_trapez;
    warm:fuzzy_trapez;
    kalt:fuzzy_trapez;
    hwk:fuzzy_array;
    i:integer;
    zeit:real;

procedure init;
var grdrv,grmode:integer;
```

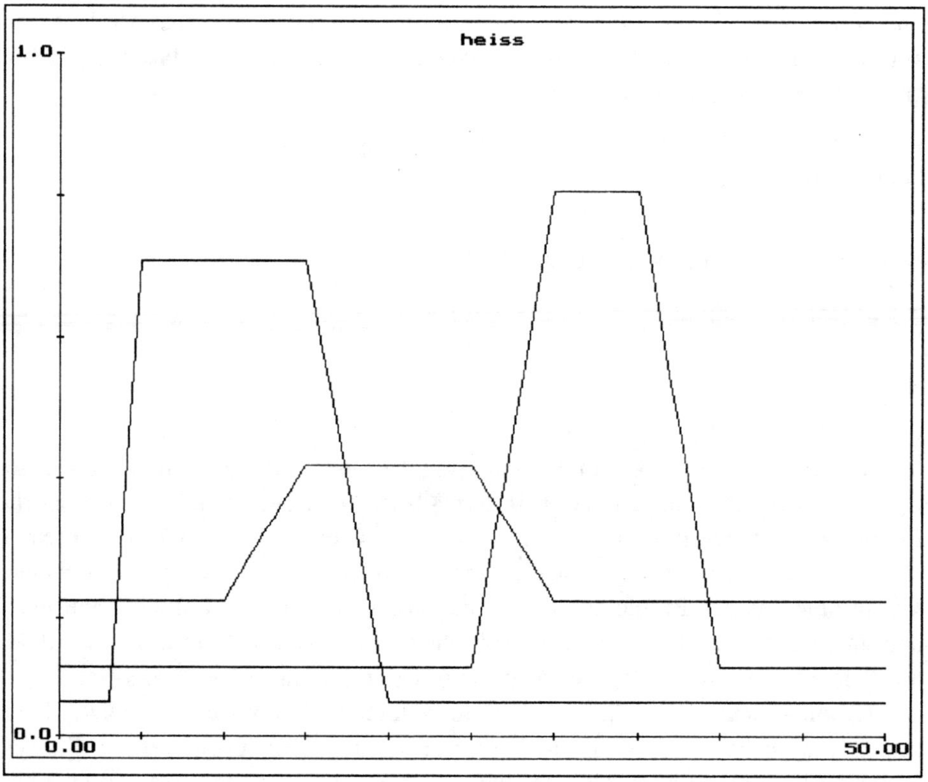

Bild 3.1: Drei Fuzzy-Sets zur Demonstration des Fuzzy-Oder

```
begin
    grdrv:=detect;
    initgraph(grdrv,grmode,'');
end;

begin
    init;
    heiss.setname('heiss');
    heiss.setx(0.0,50.0); { Temperaturbereich 0 bis 50 C}
    heiss.setparam(30.0,35.0,5.0,5.0,0.1,0.8)

    warm.setname('warm');
    warm.setx(0.0,50.0); { Temperaturbereich 0 bis 50 C}
    warm.setparam(15.0,25.0,5.0,5.0,0.2,0.4);

    kalt.setname('warm');
    kalt.setx(0.0,50.0); { Temperaturbereich 0 bis 50 C}
    kalt.setparam(5.0,15.0,2.0,5.0,0.05,0.7);

    heiss.rahmen;
```

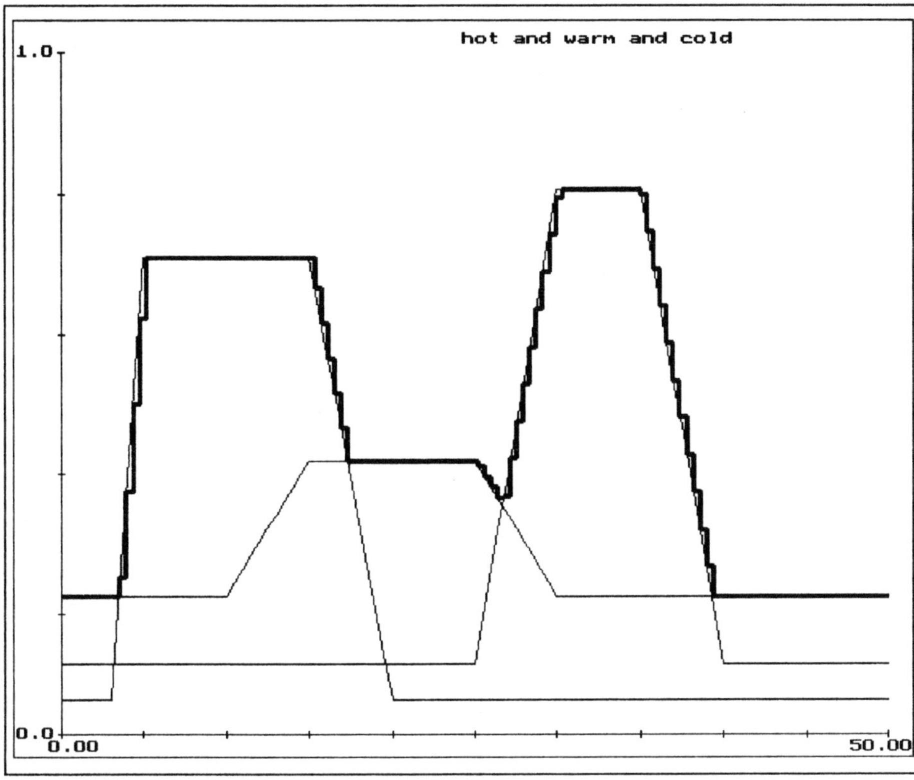

Bild 3.2: Beispiel Fuzzy-Oder mit γ= 1.0

```
heiss.display;
warm.display;
kalt.display;
readln;

init;
hwk.setname('hot and warm and cold');
hwk.setx(0.0,50.0);
hwk.fuzzyoder8(1.0,@heiss,@warm,@kalt,nil,nil,nil,nil,nil);
hwk.rahmen;
heiss.display;
warm.display;
kalt.display;
setlinestyle(0,0,3);    { heiss_und_warm fett zeichnen}
hwk.display;
readln;

init;
hwk.fuzzyoder8(0.5,@heiss,@warm,@kalt,nil,nil,nil,nil,nil);
hwk.rahmen;
```

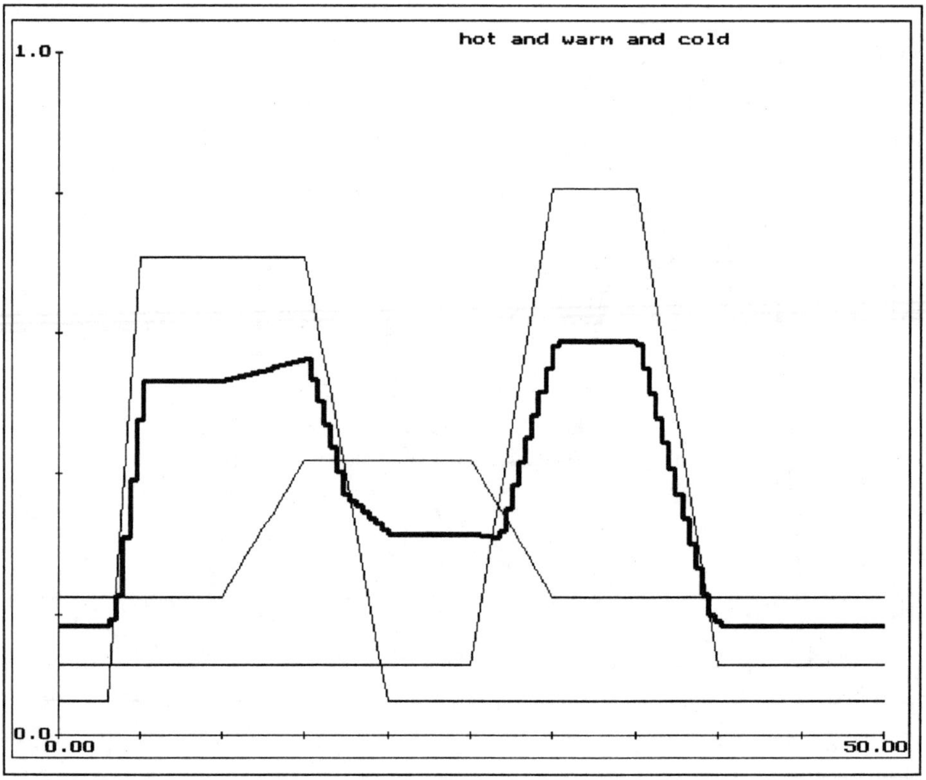

Bild 3.3: Beispiel Fuzzy-Oder mit γ= 0.5

```
   heiss.display;
   warm.display;
   kalt.display;
   setlinestyle(0,0,3);    { heiss_und_warm fett zeichnen}
   hwk.display;
   readln;

   init;
   hwk.fuzzyoder8(0.0,@heiss,@warm,@kalt,nil,nil,nil,nil,nil);
   hwk.rahmen;
   heiss.display;
   warm.display;
   kalt.display;
   setlinestyle(0,0,3);    { heiss_und_warm fett zeichnen}
   hwk.display;
   readln;
   closegraph;
end.
```

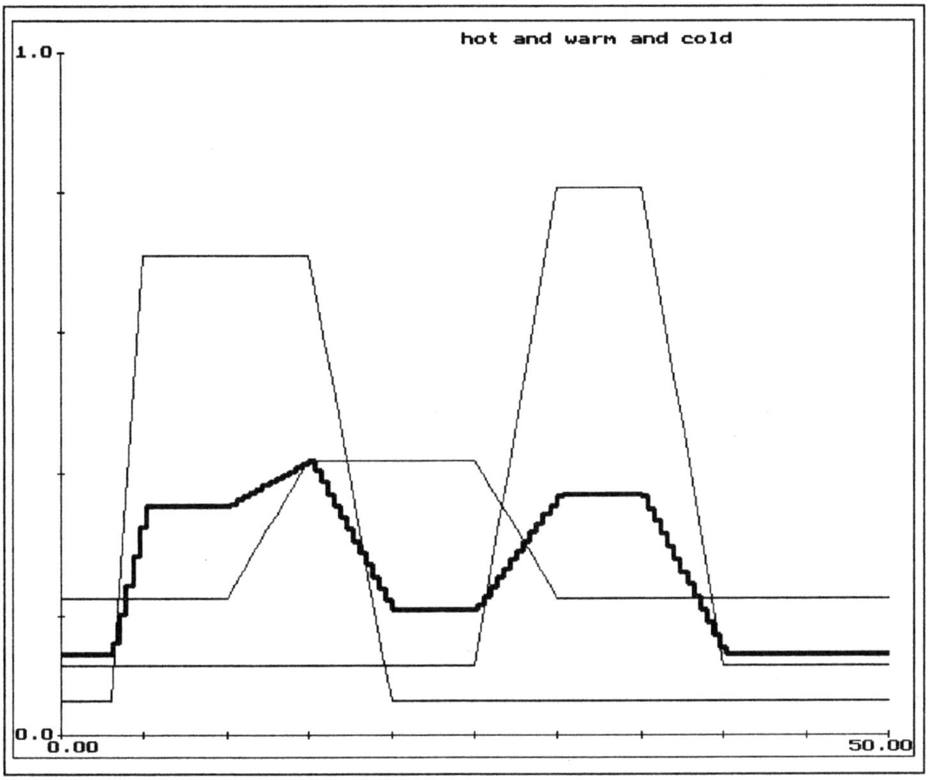

Bild 3.4: Beispiel Fuzzy-Oder mit γ= 0.0

In diesem Programm werden zunächst drei trapezförmige Fuzzy-Sets mit y_{max} < 1.0 und y_{min} > 0.0 definiert (Bild 3.1) und dann mit dem Fuzzy-Oder-Operator für unterschiedliche Parameterwerte aggregiert (Bild 3.2 - 3.4). Wir erkennen auf den ersten Blick, daß das resultierende Fuzzy-Set (fett gezeichnet) alles andere als ein trapezförmiges Fuzzy-Set ist. Um als Ergebnis der Aggregation wieder ein trapezförmiges Fuzzy-Set zu erhalten, müssen wir uns einiges einfallen lassen. Unsere Aufgabe ist es, ein trapezförmiges Fuzzy-Set zu finden, das das Ergebnis der Aggregation möglichst gut annähert. Diese Aufgabe führt mathematisch gesehen auf ein nichtlineares, unstetiges Optimierungsproblem. Ohne ins Detail zu gehen, ist dazu zu sagen, daß dieses Optimierungsproblem ohne zusätzliche Annahmen sehr schlecht zu lösen ist. Um in akzeptabler Rechenzeit eine Lösung dieses Problems zu garantieren, stellen wir folgende zusätzlichen Anforderungen:

- Der minimale Zugehörigkeitswert des zu bestimmenden Fuzzy-Sets in LR-Darstellung sollte weder kleiner noch größer als der minimale Zugehörigkeitswert der exakten Lösung sein.
- Für den maximalen Zugehörigkeitswert stellen wir dieselbe Forderung.

Mit diesen beiden zusätzlichen Anforderungen können wir wie folgt die Operatoren in der Klasse **fuzzy_LR** (Unit f_LR auf Diskette, Verzeichnis Kap3) implementieren (die folgenden Ausführungen gelten für jeden Operator):

- Wir definieren eine lokale Variable **fa** vom Typ **fuzzy_array**.
- Dieses diskrete Fuzzy-Set benutzen wir dazu, das exakte Ergebnis des Operators zu bestimmen.
- Als nächstes bestimmen wir ein Fuzzy-Set in LR-Darstellung, das das diskrete Fuzzy-Set **fa** möglichst gut approximiert.

Damit wird z.B. der Operator op wie folgt real implementiert:

```
procedure fuzzy_LR.op((fuzop:fuzzyop; var f1,f2:fuzzyset);
var f:fuzzy_array;
begin
    f.setname('');
    f.setx(xmin,xmax);
    f.op(fuzop,f1,f2);
    fitlr(f);
end;
```

Der letzte Methodenaufruf ist dabei derjenige, der neu für uns ist. Die Methode **fitlr** der Klasse **fuzzy_LR** hat die Aufgabe, eine möglichst gute Approximation an das Fuzzy-Set zu finden, das ihr als Parameter übergeben wird, gleichgültig welche Form und Darstellung es hat.

Dazu geht die Methode **fitlr** wie folgt vor (vgl. das Programm der Unit **fuzzy_LR**):

- Als erstes fordert sie von dem zu approximierenden Fuzzy-Set **f** den maximalen und minimalen Zugehörigkeitswert an, um unseren oben aufgeführten zusätzlichen Anforderungen genügen zu können. Damit können wir nun schon zwei der sechs festzulegenden Parameter eines Fuzzy-Sets in LR-Darstellung fixieren: y_{min} und y_{max}!
- Als nächstes sind die Parameter m_1 und m_2 festzulegen. Daher ruft die Methode **fitlr** die Methode **findms(f,umax,m1,m2)** auf, die diese Aufgabe übernimmt. Diese Methode geht ziemlich primitiv vor, da sie das Fuzzy-Set f in äquidistanten Abständen nach dem Zugehörigkeitswert fragt und zunächst den am weitesten links liegenden x-Wert sucht, der einen Zugehörigkeitswert aufweist

der größer als 85% (dieser Wert ist Pi-mal-Daumen) des maximalen ist. Dann sucht sie in entsprechender Weise den am weitesten rechts liegenden x-Wert mit derselben Eigenschaft.

– Nach diesem Schritt sind nur noch die Parameter α und β unseres Fuzzy-Sets festzulegen. Dies erfolgt nacheinander, indem für jede Seite des Fuzzy-Sets in LR-Darstellung der Parameter α bzw. β so bestimmt wird, daß die Abweichung zu dem Fuzzy-Set **f** links von m_1 bzw. rechts von m_2 minimal wird (Minimierung des Fehlerquadrats). Die Bestimmung dieser Fehlerquadratsumme für die rechte bzw. linke Seite mit den aktuellen Werten von α bzw. β erfolgt mit der Methode fit, die ziemlich simpel ist, so daß auf eine Erklärung verzichtet wird. Ziel ist es diese Fehlerquadratsumme zu minimieren, indem der Parameter α bzw. β systematisch verändert wird. Diese Aufgabe hat die Methode **goldensearch,** die innerhalb eines vorgegebenen Intervalls [a,b] versucht, den bestmöglichen Wert für α bzw. β zu finden. Auf eine detaillierte Erklärung ihrer Funktionsweise wird hier verzichtet, nur so viel sei angedeutet: Die Methode goldensearch verwendet ein Suchverfahren für das Minimum einer eindimensionalen Funktion (hier der Funktion fit), das mit Intervallteilung nach dem goldenen Schnitt arbeitet. Dieses Suchverfahren findet mit Sicherheit das Minimum innerhalb des vorgegebenen Intervalls [a,b], wenn die Funktion unimodal ist (Mathematiker wissen, was damit gemeint ist). Damit dies nicht zu lange dauert, geben wir uns mit einer groben Annäherung an das Minimum zufrieden. Um eine wesentlich bessere Annäherung zu finden, wird als nächstes die Funktion fit in der Umgebung des grob bestimmten Minimums durch eine quadratische Funktion approximiert (mittels der Prozedur **quadratigl** aus der Unit **sqrmin.pas**) und dann deren Minimum bestimmt (mittels der Funktion **minsqrfun** aus der Unit **sqrmin.pas**). Damit sind dann alle Parameter unseres Fuzzy-Sets bestimmt und wir sind fertig.

Ich will nicht verschweigen, daß die Methode **fitlr** trotz aller Tricks ganz schön rechenaufwendig ist und daher auf schwachbrüstigen PC's einige Sekunden "braten" kann. Auf einem 80386er mit Co-Prozessor und 25MHz Taktfrequenz dauert es je nach Größe der Konstanten **res** 50 bis 200 ms, auf einem 80486er etwa 15 bis 70ms, was bei vielen Anwendungen akzeptabel ist - und in Zukunft , wenn noch viel mehr Floating-Point-Power in jedem PC verfügbar ist, immer unproblematischer wird. Außerdem ist zu berücksichtigen, daß die Klasse fuzzy_LR in der Lage ist, für beliebige Operatoren und für beliebige L- bzw. R-Funktionen ein passendes Fuzzy-Set in der geforderten LR-Darstellung zu finden.

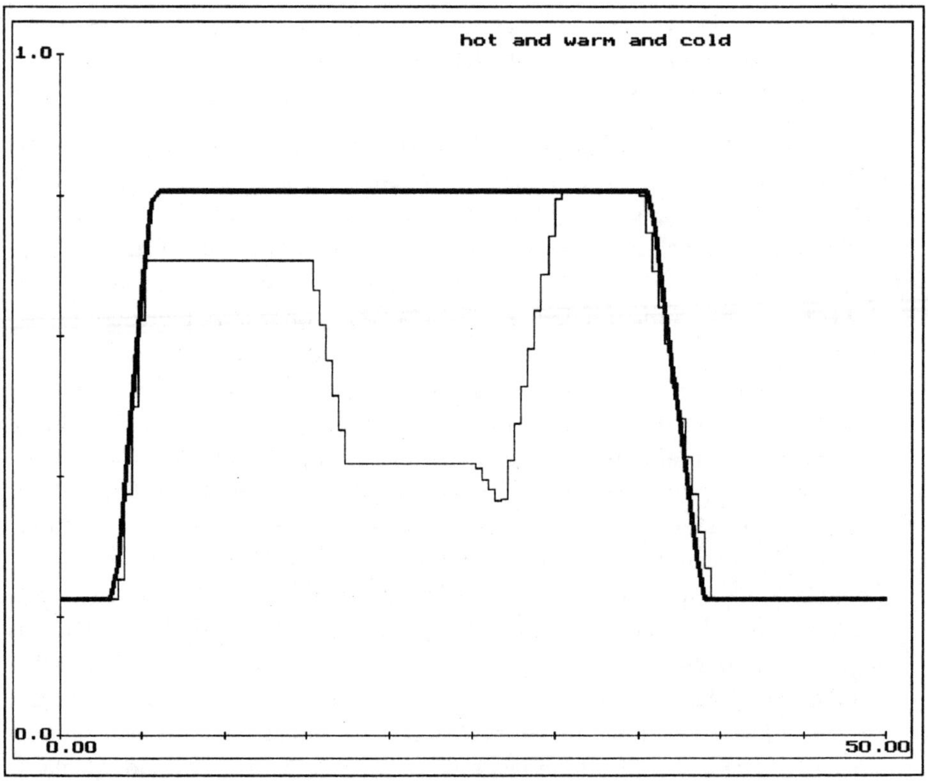

Bild 3.5: Fuzzy-Oder mit γ=1.0, diskretisiertes Ergebnis und Approximation (fett)

Damit wäre die Implementation aller Operatoren in allen unseren Fuzzy-Set-Klassen abgeschlossen. Alle Programme sind auf der Beispieldiskette unter dem Verzeichnis Kap3 zu finden - daher hier nur die aktualisierten Klassendefinitionen der Klassen **fuzzy_LR**, **fuzzy_trapez** und **fuzzy_dreieck**:

```
unit f_LR

interface
uses operator,fuzzy,f_array,sqrmin;

type LR=function(x:real):real;

type  fuzzy_LR = object(fuzzyset)
                 m1,m2,alpha,beta:real;
                 ymin,ymax:real;
                 L,R:LR;
                 links:boolean;
                 procedure set_LR(left,right:LR);
                 procedure setparam(a,b,c,d,y1,y2:real);
                 procedure getparam(var a,b,c,d,y1,y2:real);
```

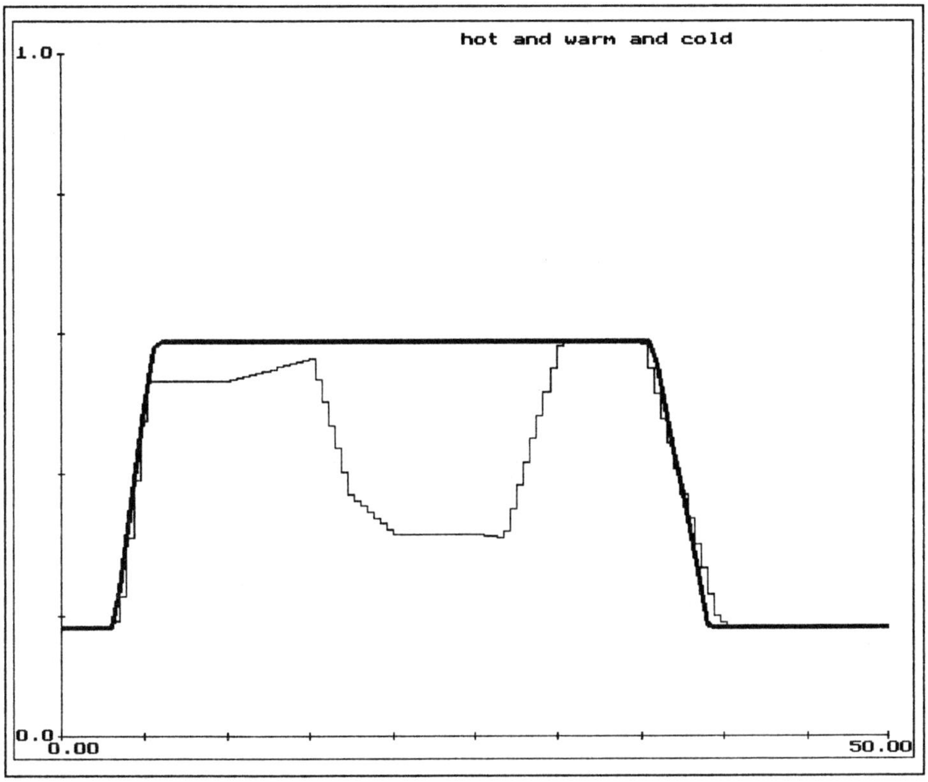

Bild 3.6: Fuzzy-Oder mit γ=0.5, diskretisiertes Ergebnis und Approximation (fett)

```
function u(x:real):real;virtual;
procedure get_umin_max(var umin,umax:real);virtual;
procedure fitlr(var f:fuzzyset);virtual;

procedure nicht(var f:fuzzyset);virtual;
procedure con(var f:fuzzyset);virtual;
procedure dil(var f:fuzzyset);virtual;
procedure int(var f:fuzzyset);virtual;
procedure normalize;virtual;

procedure op(fuzop:fuzzyop;var f1,f2:fuzzyset);
    virtual;
procedure op8(fuzop:fuzzyop8;
    f1,f2,f3,f4,f5,f6,f7,f8:pointer);virtual;
procedure parop(parfuzop:parfuzzyop;par:real;
    var f1,f2:fuzzyset);virtual;
procedure parop8(parfuzop:parfuzpar:real;
    f1,f2,f3,f4,f5,f6,f7,f8:pointer);virtual;
{Privat}
procedure findms(var f:fuzzyset;umax:real;
```

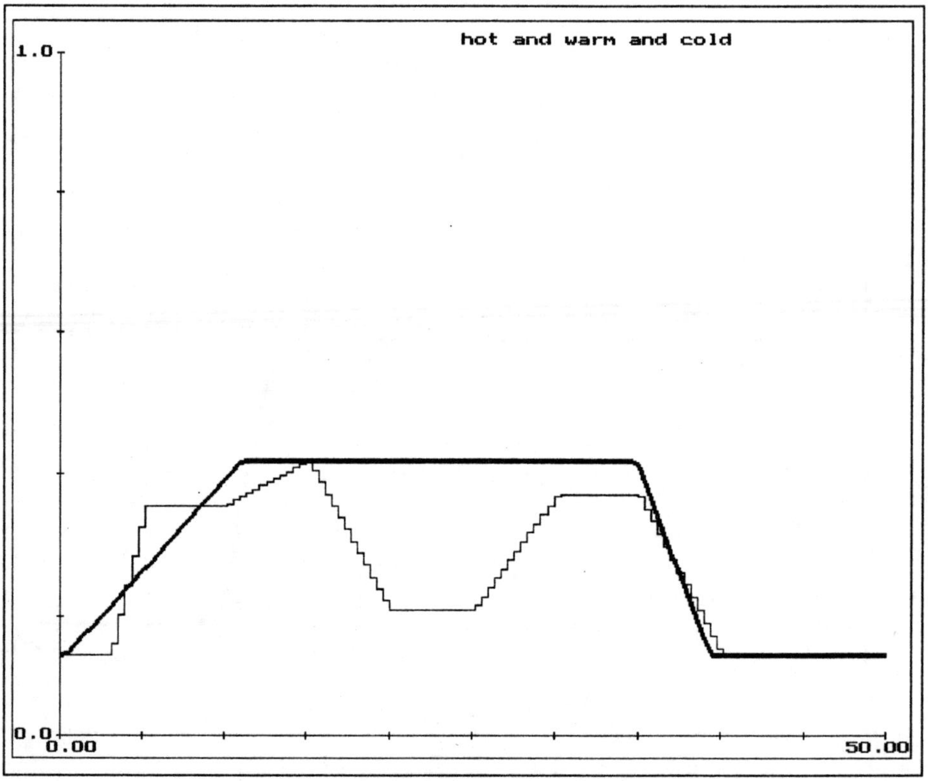

Bild 3.7: Fuzzy-Oder mit γ=0.0, diskretisiertes Ergebnis und Approximation (fett)

```
                    var ml,mr:real);virtual;
                function fit(var f:fuzzyset;xlr:real):real;
                procedure goldensearch(var f:fuzzyset;
                    var a,b,minx:real;var n:integer;tol:real);
            end;

type   fuzzy_trapez = object(fuzzy_lr)
                        constructor setX(min,max:real);
                    end;

type   fuzzy_dreieck =    object(fuzzy_trapez
                            procedure setparam(a,c,d,y1,y2:real);
                            procedure findms(var f:fuzzyset;umax:real;
                                var ml,mr:real);virtual;
                        end;

implementation {siehe Diskette }
```

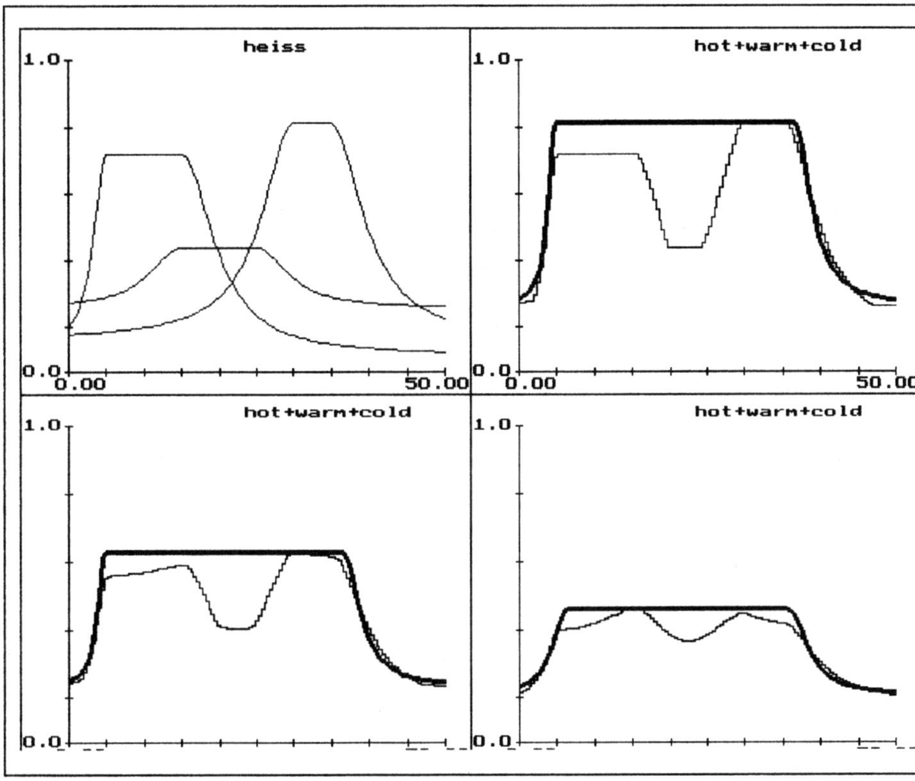

Bild 3.8: Fuzzy-Oder, diskretisierte Ergebnisse und Approximationen (fett)

Wenn Sie jetzt in dem oben angegebenem Beispielprogramm **optest.pas** die Definition **hwk:fuzzy_array** in **hwk:fuzzy_trapez** umändern, sehen Sie wie jetzt ein trapezförmiges Fuzzy-Set als Ergebnis der Aggregation bestimmt wird. Falls Sie das Ergebnis der Aggregation außerdem noch als ein diskretes Fuzzy-Set bestimmen und grafisch darstellen, können Sie das exakte Ergebnis eines Operators mit unserer Approximation vergleichen - Sie werden teilweise sehr starke Abweichungen feststellen, die allerdings unvermeidbar sind. Die Bilder 3.5 bis 3.7 zeigen, wie die Klasse **fuzzy_lr** das Resultat einer Operation approximiert (in diesem Beispiel durch ein trapezförmiges Fuzzy-Set). Die zu aggregierenden Fuzzy-Sets sind dieselben wie bei den Bilder 3.1 bis 3.4 und wurden weggelassen, damit die Bilder nicht zu unübersichtlich werden. Bild 3.8 zeigt das Ergebnis, wenn für die Funktionen L und R eine nichtlineare Funktion verwendet wird. Sie sollten jetzt ausgiebig mit den verschiedenen Operatoren zusammmen mit den unterschiedlichen Fuzzy-Set-Klassen experimentieren. Um Ihnen etwas Appetit zu machen, finden Sie auf der beliegenden Diskette noch einige weitere Beispielprogramme. Wenn Sie genug haben, können wir uns mit der Implementierung der Mengenoperatoren in Hardware befassen.

3.2 Hardwaremäßige Realisierung

Mengen-Operationen mit Fuzzy-Sets sind rechenaufwendig, da z.B. für jedes Element eines diskreten Fuzzy-Sets die jeweilige Operation durchgeführt werden muß. Mengen-Operationen mit parametrisierten Fuzzy-Sets sind ohne gravierende Einschränkungen hinsichtlich der Operatoren und der Darstellung der Fuzzy-Sets noch aufwendiger, da auch noch eine möglichst gute Approximation bestimmt werden muß, wie wir weiter oben sahen. Es erscheint daher naheliegend, Mengenoperationen durch eine spezielle Hardware zu unterstützen. Bevor wir solche speziellen Hardwareeinheiten skizzieren, will ich Ihnen eine Reihe von Argumenten nennen, die gegen eine spezielle Fuzzy-Logik-Hardware sprechen:

- Hardwarerealisierungen sind gegenüber Softwarerealisierungen sehr inflexibel, da ein ganzer Chip geändert werden muß. Sind z.B. nur Minimum- und Maximumoperatoren in Hardware realisiert und wird auf einmal der Algebraic-Product-Operator benötigt, so muß ein ganz neuer Chip realisiert werden. Bei einer Realisierung in Software ist nur ein sehr geringer Aufwand erforderlich, um neue Operatoren hinzuzufügen.

- Bei näherer Betrachtung unserer Fuzzy-Set-Klassen fällt auf, daß alle Mengenoperatoren eine Vielzahl identischer Floating-Point-Operationen erfordern, die entweder (bei unserer Implementation auf einem PC) sequentiell, oder auf einem Vektorrechner oder auch auf einem Parallelrechner ausgeführt werden können (z.B. die for-Schleife in der Klasse **fuzzy_array** bei allen Mengenoperationen).
  Da allgemein der Bedarf an Floating-Point-Rechenleistung (sowohl bei PC's als auch Workstations sowie Vektorrechnern und Parallelrechnern) riesengroß ist und sehr stark wächst, gibt es enorme Anstrengungen bei General-Purpose-CPU's (RISC, CISC), die Floating-Point-Rechenleistung zu steigern. In fünf bis zehn Jahren sind Rechenleistungen von einigen 100MFlops auf PC's und Workstations zu erwarten, von Parallelrechnern ganz zu schweigen. Unsere Softwarerealisierung der Mengenoperationen wird daher gewaltig von diesen Anstrengungen profitieren und in ein paar Jahren wird auch unsere Implementation der Klasse **fuzzy_LR** auf PC's und Workstations Mengenoperationen im Millisekundenbereich durchführen können. Diese Leistung kann

außerdem durch eine effizientere Implementation (im Hinblick auf weniger Funktion-Calls, bessere Nutzung des Caches, Pipeline-Rechenwerken, größere Lokalität des Codes etc.), auf die wir hier aus didaktischen (und Portabilitätsgründen) verzichtet haben, sowie dem Einsatz global optimierender Compiler (in dieser Hinsicht ist Turbo-Pascal nicht die beste Wahl) noch um ein mehrfaches gesteigert werden.
Wenn wir also Fuzzy-Logik auf einem Hochleistungs-PC oder auf einer Hochleistungs-Workstation (von Supercomputern oder Parallelrechnern ganz zu schweigen) implementieren, um z.B. Expertensysteme oder komplexe Planungssystems zu realisieren, so dürfte es heute und in Zukunft wohl nur in Ausnahmefällen gerechtfertigt sein, Mengenoperationen mit einer speziellen Zusatz-Hardware auszuführen.

– Bei konventionellen CPU's (RISC, CISC, Transputer) und Rechnern ist eine sehr große Stückzahl bei häufig hohen Preisen mit entsprechenden Gewinnen zu erzielen, so daß erhebliche Summen in die Entwicklung und Produktion neuer Prozessoren (einschließlich der dazugehörenden Halbleitertechnologie) investiert werden können, die bei spezieller Fuzzy-Logik-Hardware ungleich schwerer aufzubringen sind. In diesem Zusammenhang ist auf die Marktentwicklung spezieller LISP-Maschinen hinzuweisen, die mittlerweile mit erheblichen Absatzproblemen zu kämpfen haben und leistungsmäßig gegenüber heutigen Workstations nicht mehr im Vorteil sind.

– Eine spezielle Hardwarerealisierung ist nur sinnvoll, wenn die Mengenoperationen so realisiert werden, daß keine Gleitkommaoperationen erforderlich sind (von so einer Implementierung profitieren aber auch Softwarerealisierungen auf normalen Rechnern ohne Gleitkomma-Hardware), da sonst ein Geschwindigkeitsvorteil gegenüber Hochleistungsprozessoreinheiten (80486, 80386+80387, 68040, SPARC, MIPS, Transputer mit Hardware-Floatingpoint-Units bei PC's, Gleitkommasignalprozessoren bei Embedded-Controllern) wohl schwerlich zu erzielen ist.
Ein Verzicht auf Gleitkommaoperationen ist nur bei einigen Operatoren leicht zu verwirklichen (Minimum-, Maximum-, Bounded-Difference, Bounded-Sum-, Algebraic-Product-, Algebraic-Sum-, Fuzzy-Und-, Fuzzy-Oder-Operator sowie der Konvexkombination von Minimum- und Maximum-Operator), bei den anderen ist es entweder schwierig oder so gut wie unmöglich. In diesem Zusammenhang ist darauf hinzuweisen, daß der Geschwindigkeitsvorteil spezieller Fuzzy-Prozessoren gegenüber normalen Prozessoren häufig nur deswegen existiert, weil normale Prozessoren Minimum und Maximum zweier Byte- oder Integergrößen nicht als Maschinenbefehl ausführen können, sondern diese Operationen softwaremäßig durchführen müssen (benötigt etwa 10-200

Taktzyklen je nach Prozessor). Die speziellen Fuzzy-Chips können diese Operationen jedoch als Mikrocode-Befehl oder festverdrahtet ausführen, was natürlich viel schneller ist. Falls sich einer der führenden CPU-Hersteller entschließen sollte, diese Operationen als Maschinenbefehl zu implementieren, wäre der Geschwindigkeitsvorteil der meisten Fuzzy-Chips dahin!

- Eine spezielle Hardwarerealisierung der Mengenoperationen ist außerdem nur bei der Klasse **fuzzy_array,** also bei einer diskreten Darstellung eines Fuzzy-Sets, sinnvoll, da bei den parametrischen Fuzzy-Sets-Klassen ein erheblicher algorithmischer Aufwand erforderlich ist, wie wir weiter oben sahen.
- Fuzzy-Logik-Chips müssen kostenmäßig mit einer Software-Realierung auf einem herkömmlichen Prozessor konkurrieren können. Wie ich weiter oben ausführte, ist ein Einsatz bei Workstations, PC's, Mainframes etc. in der Regel nicht sinnvoll, so daß ein sinnvoller Einsatz nur bei Embedded-Controllern denkbar ist. Embedded-Controller sind allerdings ein sehr dehnbarer Begriff - von Waschmaschinensteuerungen, Camcordern über Laserdrucker, NC-Steuerungen bis hin zu Bordcomputern von Flugzeugen oder gar ganzen Flugleitsystemen ist alles denkbar. Daher ist eine Abwägung Fuzzy-Hardware gegen Fuzzy-Software nur von Fall zu Fall möglich. Bei einer Reihe dieser Anwendungen werden allerdings Hochleistungs-Prozessoren, Transputer oder Signalprozessoren eingesetzt, die sicher in vielen Fällen Fuzzy-Logik softwaremäßig schnell genug abarbeiten können. Bei sehr vielen einfacheren Anwendungen werden allerdings 4-Bit- oder 8-Bit-Prozessoren aus Kostengründen eingesetzt (vor allem bei Massenapplikationen, wie Haushaltsgeräten, Unterhaltungselektronik usw.), die natürlich Fuzzy-Logik nicht übermäßig schnell abarbeiten können und daher in vielen Fällen zu langsam sind. Bei diesen Anwendungen kann natürlich kein Hochleistungsprozessor eingesetzt werden, da dann die Elektronik möglicherweise mehr als der Rest kostet. Fuzzy-Hardware kann hier sicher sinnvoll sein - wenn sie sehr preiswert ist (5-100 DM, je nach Anwendung).

Ich möchte jetzt diese keinesfalls vollständige Diskussion wie folgt zusammenfassen:

- Bei komplexen Applikationen, die auf PC's, Workstations oder Mainframes etc. laufen, wie Expertensystemen, Optimierungssystemen, Planungssystemen usw., ist eine Hardwarerealisierung von Fuzzy-Logik in den meisten Fällen nicht sinnvoll, da die Rechenleistung dieser Systeme schnell wächst und außerdem meistens flexible und anspruchsvolle Fuzzy-Logik-Implementationen erforderlich sind.

– Bei Embedded Controllern ist eine Fuzzy-Logik-Hardware nur dann sinnvoll, wenn eine Softwarerealisierung auf einem normalen Prozessor zu langsam ist und Fuzzy-Chips billiger als Hochleistungs-Prozessoren bzw. Signalprozessoren sind. Bei einem Preisvergleich sind selbstverständlich nicht die Chip-Preise zu vergleichen, sondern die Systempreise plus den Entwicklungskosten (Entwicklungssysteme, Einarbeitung, Schulung usw.), sowie Faktoren wie Zuverlässigkeit des Fuzzy-Chip-Lieferanten, Second-Sources usw. - dieselben Dinge wie sonst auch!

Vielleicht haben Sie jetzt den Eindruck gewonnen, daß ich Fuzzy-Logik-Hardware so heruntergemacht habe, daß ich auf die Hardwarerealisierung nicht mehr eingehen muß. Dies trifft jedoch nicht zu - ich wollte Ihnen nur zeigen, daß Sie die Argumente, die für eine Hardwarerealisierung sprechen, sehr kritisch betrachten sollten, falls Sie mit einem Produkt, das in irgendeiner Form Fuzzy-Logik enthält, Geld verdienen wollen. Außerdem wollte ich Ihnen veranschaulichen, daß eine Entscheidung für oder gegen Fuzzy-Logik-Hardware nicht so einfach ist und von Fall zu Fall immer wieder kritisch überprüft werden sollte. Es gibt mit Sicherheit bei vielen Anwendungen auch gute Gründe für den Einsatz von Fuzzy-Logik-Hardware - wenn das Preis-Leistungsverhältnis stimmt. Daher wollen wir uns nun etwas näherer mit der Hardwarerealisierung von Fuzzy-Logik beschäftigen und uns in diesem Kapitel mit der Hardwareimplementierung von Mengenoperationen beschäftigen.

Bei nähere Betrachtung unserer Fuzzy-Set-Klassen (mit der Lupe "Realisierung in Hardware") erkennen wir schnell, daß die Mengenoperationen der Klassen **fuzzy_LR**, **fuzzy_trapez** und **fuzzy_dreieck** für eine Hardwarerealisierung nicht in Frage kommen, da die Methode **fitlr** (mit dem ganzen Kram, der daran hängt) keine Hardwareimplementierung zuläßt, so daß nur die Klasse **fuzzy_array** in Frage kommt. Allerdings könnten auch die anderen Klassen von einer Hardwareimplementierung der Mengenoperationen der Klasse **fuzzy_array** profitieren, da sie ja diese Klasse ausgiebig benutzen!

Die Mengenoperationen der Klasse **fuzzy_array** sehen alle im Prinzip so aus:

```
for i:=0 to resx do
begin
    x:=xmin+i*(xmax-xmin)/resx;
    daten[i]:=fuzop(f1.u(x),f2.u(x));
end;
```

Diese Schleife verarbeitet einen Satz von Wertepaaren mittels eines Operators und speichert das Ergebnis ab. Eine Hardwarerealisierung dieser Schleife ist nun auf zwei grundsätzlich verschiedene Arten möglich:

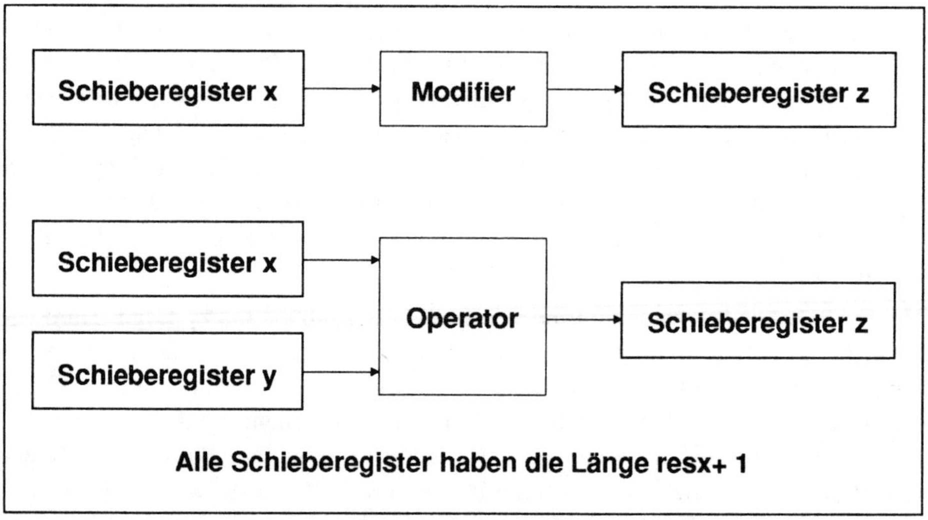

Bild 3.9: Prinzip sequentieller Rechenwerke für Modifikatoren und für Operatoren

- durch ein sequentielles Rechenwerk, das die Schleife direkt nachbildet, wobei der obige Operator fuzop in Form eines noch näher zu definierenden Stück Hardware realisiert wird. Bild 3.9 zeigt das Prinzip dieses sequentiellen Rechenwerks für einen Modifikator und für einen Operator mit zwei Argumenten.
- durch ein paralleles Rechenwerk, das die Schleife durch resx+1 Hardwareeinheiten des jeweiligen Operators fuzop implementiert. Bild 3.10 zeigt das Prinzip eines solchen Rechenwerks für einen Modifikator und für einen Operator mit zwei Argumenten.

Die Rechenwerke in den Bildern 3.9 und 3.10 legen noch keine spezielle Realisierungsform für die Hardwareimplementierung fest. Der nächste Schritt ist daher die nähere Betrachtung digitaler und analoger Implementierungen.

3.2.1 Digitale Schaltungen

Bei einer digitalen Realisierung ist es erforderlich, alle Floating-Point-Größen durch Integer- oder Byte-Größen zu ersetzen, um den Implementierungsaufwand zu reduzieren. Dafür gibt es folgende Argumente:

- Floating-Point-Werte erfodern vier, sechs oder acht Byte Speicherplatz, Integer-Werte nur zwei Byte und Byte-Werte sogar nur ein Byte. Stichworte sind Speicherplatzersparnis und Reduzierung des Verdrahtungsaufwandes.

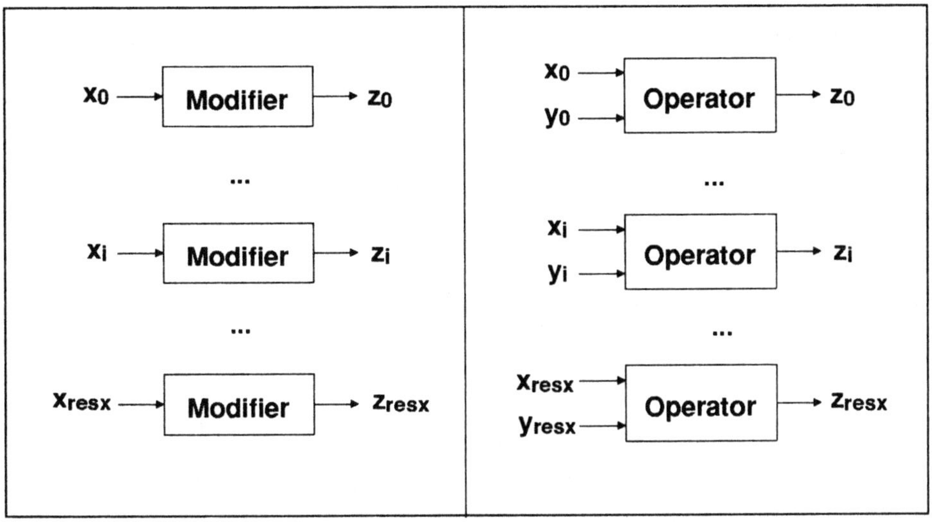

Bild 3.10: Prinzip von Parallelrechenwerken für Modifikatoren und Operatoren

- Ein sequentielles Rechenwerk für die Verarbeitung von Floating-Point-Größen ist in jeder CPU mit Hardware-Floatingpoint-Rechenwerk schon vorhanden - eine spezielle Implementierung für Fuzzy-Set-Operatoren wäre wohl kaum sinnvoll.
- Ein paralleles Rechenwerk für Floating-Point-Größen ist durch normale Parallelrechner (z.B. mit Transputern wie T800 und T9000) realisierbar und auch für andere Dinge als Fuzzy-Sets verwendbar.

Im folgenden wollen wir annehmen, daß die Zugehörigkeitswerte mit vier Bit diskretisiert sind, um die Schaltungsskizzen einfach zu halten - die Erweiterung auf acht oder sechzehn Bit Auflösung ist jedoch kein Problem.

Bei einem Verzicht auf die Floating-Point-Darstellung der Zugehörigkeitsfunktion müssen wir uns auf solche Mengenoperatoren beschränken, die sich leicht auf der Basis ganzer Zahlen implementieren lassen. Dazu gehören folgende Operatoren:

- Negation
- Minimum- und Maximum-Operator
- Bounded-Sum- und Bounded-Difference-Operator
- Algebraic-Sum- und Algebraic-Product-Operator

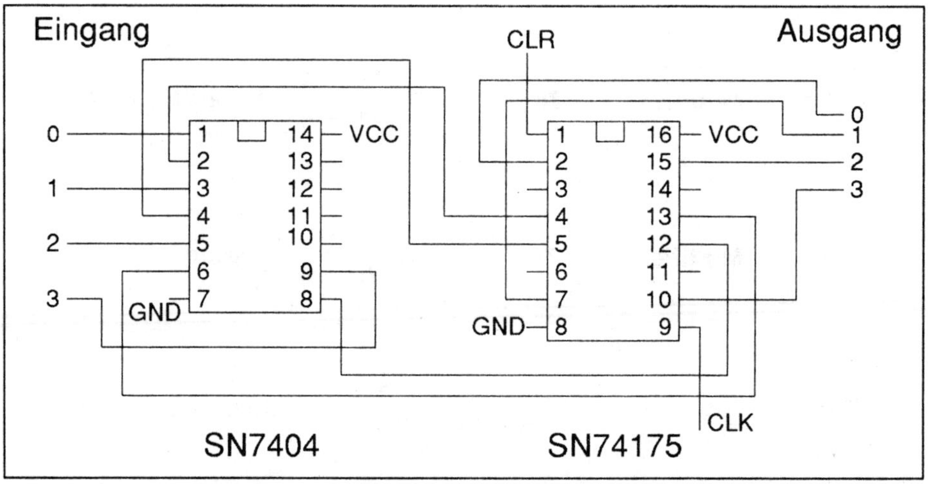

Bild 3.11: Synchrones 4-Bit-Rechenelement für die Negation

Der Hardwareaufwand nimmt dabei von oben nach unten in dieser Aufzählung stark zu. Mit noch größerem Aufwand lassen sich noch folgende parametrisierten Operatoren realisieren:

- Fuzzy-Und- und Fuzzy-Oder-Operator
- Konvex-Kombination von Minimum- und Maximum-Operator

Die Negation ist sehr einfach zu realisieren, indem alle Bits einfach invertiert werden. Bild 3.11 zeigt ein 4-Bit-Rechenelement für die Negation in TTL-Technik, der Baustein SN7404 bestimmt die Negation und das Ergebnis wird in dem Baustein SN74175 als Ausgangsregister zwischengespeichert (dieser Baustein kann auch wegfallen). Eine steigende Taktflanke am Eingang CLR löscht das Ausgangsregister, eine steigende Taktflanke am Eingang CLK schaltet das Ergebnis auf den Ausgang.

Der Minimum- und Maximum-Operator erfordern in TTL-Technik ebenfalls nur sehr wenig Aufwand. Bild 3.12 zeigt synchrone 4-Bit-Rechenwerke für diese beiden Operatoren, die nahezu identisch sind. Beide Operatoren erfordern einen Komparator (SN7485), der den kleineren bzw. größeren der beiden Werte bestimmt und das Ergebnis dieses Vergleichs auf den Eingang eines getakteten Demultiplexers (SN74298) gibt, der dann den kleineren bzw. größeren der beiden Werte am Eingang des Rechenelements auf den Ausgang schaltet. Beide Rechenelemente unterscheiden sich nur durch die Verbindung zwischen dem Komparator und dem Demultiplexer (beim Minimumelement von Pin 5 am Komparator zum Pin 12 des Demultiplexers, beim Maximumelement von Pin 7 zu Pin 12), so daß

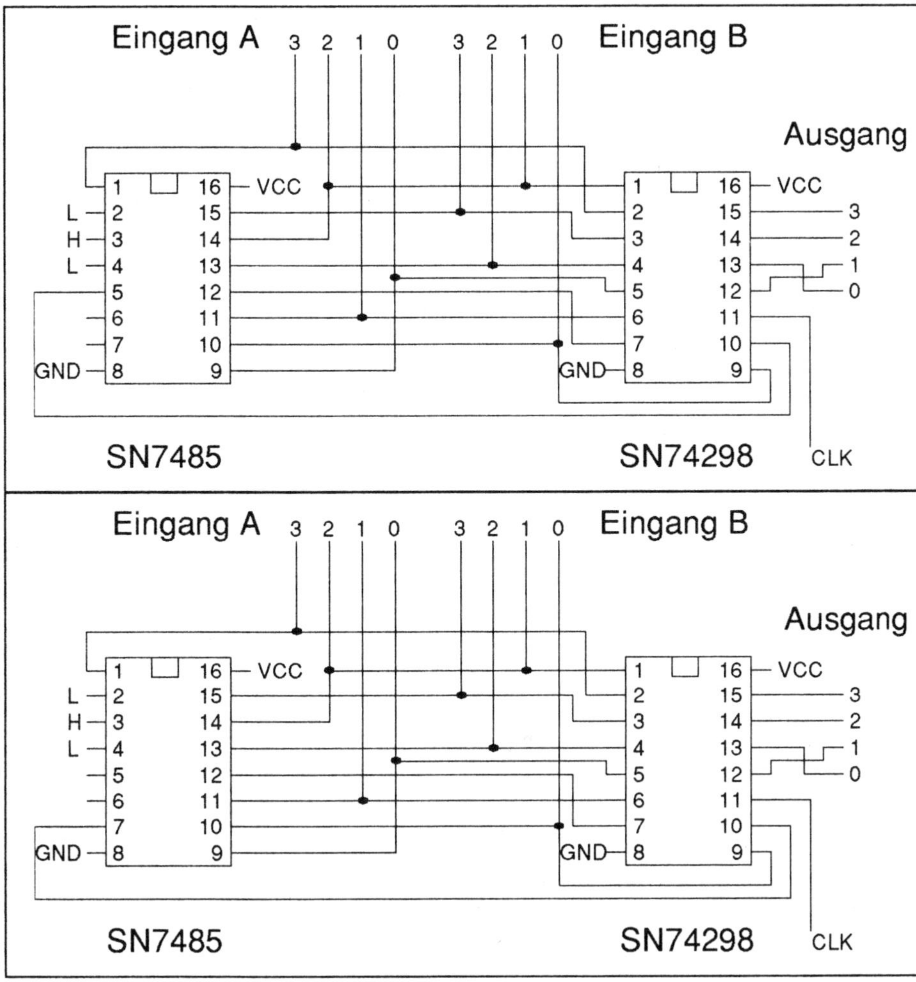

Bild 3.12: Synchrones 4-Bit-Rechenelement für den Minimum-Operator (oben) und für den Maximum-Operator (unten)

ein umschaltbares Rechenelement für Minimum- oder Maximum-Operator mit etwas zusätzlicher Hardware leicht realisiert werden könnte. Das Ergebnis der Operation wird bei fallender Taktflanke am Eingang CLK auf den Ausgang geschaltet.

Die anderen Operatoren erfodern mehr Aufwand. Der Bounded-Differenz-Operator läßt sich entsprechend seiner Definition durch die Reihenschaltung eines 4-Bit-Volladdierers ($x = \mu_A + \mu_B$), eines 4-Bit-Subtrahierers ($y=x-1$) und eines Maximumelementes ($\mu= \max(0, y) = \max(0, x-1)=\max(0, \mu_A + \mu_B-1)$) realisieren.

Der Bounded-Sum-Operator läßt sich in ähnlicher Weise durch die Reihenschaltung eines 4-Bit-Volladdierers und eines Minimumelementes implementieren. Der Algebraic-Product-Operator erfordert einen 4x4-Bit-Hardware-Multiplizierer, um ein 4-Bit-Rechenelement zu realisieren. Auf den Ausgang werden dann nur die vier obersten Bit des 8-Bit-Resultats geschaltet. Der Algebraic-Sum-Operator läßt sich durch einen 4x4-Bit-Hardwaremultiplizierer und zwei 4-Bit-Volladdierern in Form eines 4-Bit-Rechenelementes implementieren. Alle diese Rechenelemente lassen sich ziemlich leicht auf acht Bit erweitern.

Bei einem seriellen Rechenwerk ist der resultierende Hardwareaufwand ziemlich gering, so daß sich solche Schaltungen problemlos auch in TTL- oder CMOS-Technik auf einem Experimentierbrett realisieren lassen. Die Rechengeschwindigkeit ist auch bei einem seriellen Rechenwerk ziemlich hoch. Bei einer Taktfrequenz von 10MHz für ein solches Rechenwerk und 32 Zugehörigkeitswerten benötigt die Durchführung einer Mengenoperation nur etwa 3,2 µs, bei einem Parallelrechenwerk, das dann allerdings 32 parallele Rechenelemente erfordert, sogar nur 100ns! Sie sehen, daß sich mit solchen simplen Rechenwerken sehr hohe Verarbeitungsgeschwindigkeiten für Mengenoperationen erzielen lassen.

3.2.2 Analoge Schaltungen

Der Vollständigkeit halber will ich noch kurz auf analoge Realisierungsmöglichkeiten der Mengenoperatoren eingehen. Das Problem von analogen Schaltungen ist vor allem die Speicherung von analogen Werten. Daher sind analoge Fuzzy-Logik-Schaltungen sehr inflexibel, da Zugehörigkeitsfunktionen praktisch festverdrahtet werden müssen. Die Mengenoperatoren lassen sich am einfachsten mit Parallelrechenwerken realisieren, da serielle Rechenwerke in Analogtechnik analoge Schieberegister erfodern, die relativ aufwendig sind.

Die einzelnen Zugehörigkeitswerte werden durch eine Spannung z.B. im Bereich von Null bis Zehn Volt dargestellt. Ein Parallelrechenwerk für 32 Zugehörigkeitswerte erfodert dann 32 Leitungen pro Fuzzy-Set im Gegensatz zu 32*4 Leitungen (4 Bit Diskretisierung) bei unseren digitalen Parallelrechenwerken.

Bei der Auswahl der Operatoren sind sehr starke Einschränkungen hinzunehmen, da sich nur der Minimum- und der Maximum-Operator leicht durch Analogschaltungen (z.B. Dioden- oder Transistorschaltungen) realisieren lassen. Alle anderen Operatoren erfordern sehr aufwendige Operationsverstärkerschaltungen hoher Genauigkeit.

4 Unscharfe Zahlen

Bisher haben wir uns mit unscharfen Mengen und Mengenoperationen befaßt. Im täglichen Leben haben wir allerdings mehr mit Zahlen und Zahlenoperationen zu tun. Daher liegt es nahe, eine Verallgemeinerung des herkömmlichen Zahlbegriffs im Sinne der Fuzzy-Set-Theorie zu machen und unscharfe Zahlen und unscharfe Zahlenoperationen zu definieren.

Es wäre nun sicher wünschenswert, wenn wir das Rad nicht neu erfinden müßten, und eine allgemeine Methode zur Verfügung hätten, um scharfe mathematische Konzepte auf unscharfe mathematische Konzepte zu erweitern. Ein solches Werkzeug existiert - das von Prof. Zadeh selbst vorgeschlagene Erweiterungsprinzip [Zadeh 1973]. Da dieses Erweiterungsprinzip eines der fundamentalsten Konzepte der Fuzzy-Set-Theorie ist, soll es nachfolgend vorgestellt werden. Anschließend werden wir dann unscharfe Zahlen und Zahlenoperationen kennenlernen.

4.1 Das Erweiterungsprinzip

Damit wir das Erweiterungprinzip allgemein formulieren können, müssen wir zunächst das cartesische Produkt unscharfer Mengen kennenlernen. Das cartesische Produkt von n Fuzzy-Sets F1, ...,Fn auf X_1, ..., X_n ist ein Fuzzy-Set im Produktraum $X_1 * \ldots * X_n$ mit der Zugehörigkeitsfunktion

$$\mu_C\,(\mathbf{x_1, \ldots, x_n}) = \mathbf{min}(\mu_{F1}(\mathbf{x_1}), \ldots, \mu_{Fn}(\mathbf{x_n}))$$

Zur Erläuterung ein Beispiel mit zwei Fuzzy-Sets. Für die beiden Fuzzy-Sets

F1 = {(4, 0.4), (5, 0.8), (6, 1.0), (7, 0.5)}

F2 = {(2, 0.3), (3, 0.5), (4, 0.8), (5, 1.0), (6, 0.2)}

weist das cartesische Produkt F1*F2 die in Tabelle 4.1 wiedergegebenen Zugehörigkeitswerte auf.

x1 \ x2	2	3	4	5	6
4	0.3	0.4	0.4	0.4	0.2
5	0.3	0.5	0.8	0.8	0.2
6	0.3	0.5	0.8	1.0	0.2
7	0.3	0.5	0.5	0.5	0.2

Tabelle 4.1: Cartesisches Produkt von F1*F2

Gegeben seien nun außer den n Fuzzy-Sets F1, ..., Fn auf $X_1, ..., X_n$ die klassischen Mengen $X_1, ..., X_n$, Y und eine Abildung g von $X_1, ..., X_n$ auf Y mittels der Funktion $y = g(x_1, ..., x_n)$. Nach dem Erweiterungsprinzip wird dann aus den n unscharfen Mengen F1 bis Fn eine neue unscharfe Menge B auf Y unter der Verwendung der Funktion g erzeugt:

$$\mu_B(y) = \sup \mu_C(x_1, \ldots x_n) \text{ wenn } g^{-1} \neq 0 \text{ ansonsten } = 0$$

mit der obigen Definition des unscharfen cartesischen Produkts (sup heißt, daß der größte Zugehörigkeitswert realisiert wird). Betrachten wir zum besseren Verständnis nochmals die Mengen F1 und F2. Als Funktion g wählen wir die Addition, also $y := g(x_1,x_2) = x_1 + x_2$. Damit erhalten wir für die unscharfe Addition der beiden Fuzzy-Sets F1 und F2 unter Benutzung des Erweiterungsprinzips folgende Zugehörigkeitswerte (unter Zuhilfename der Tabelle 4.1):

$\mu_B(y = 6) = \mu_B(4 + 2) = \sup(0.3) = 0.3$
$\mu_B(y = 7) = \mu_B(4 + 3 \text{ oder } 5+2) = \sup(0.4, 0.3) = 0.4$
$\mu_B(y = 8) = \mu_B(4 + 4 \text{ oder } 5+3 \text{ oder } 6+2) = \sup(0.4, 0.5, 0.3) = 0.5$
usw.

und es ergibt sich

B = F1 + F2 = {(6, 0.3), (7, 0.4), (8, 0.5), (9, 0.8), (10, 0.8), (11, 1.0), (12, 0.5), (13, 0.2)

als Ergebnis unserer unscharfen Addition.

4.2 Algebraische Operationen mit unscharfen Zahlen

Das wichtigste Anwendungsgebiet des Erweiterungsprinzips ist die Ausdehnung der algebraischen Operationen wie Addition und Multiplikation auf unscharfe Mengen, weswegen es auch in diesem Kapitel vorgestellt wurde. Aus Gründen der Übersichtlichkeit wollen wir uns im folgenden auf unäre und binäre Operationen beschränken, und zwar auf die Vorzeichenumkehr und die Kehrwertbildung einer unscharfen Zahl, der Addition, der Subtraktion, der Multiplikation und der Division zweier unscharfen Zahlen. Außerdem werden wir kurz auf einige unscharfe transzendente Funktionen eingehen.

Bevor wir die einzelnen algebraischen Operatoren behandeln müssen wir zunächst unscharfe Zahlen und Intervalle definieren. Eine unscharfe Zahl ist ein konvexes normalisiertes Fuzzy-Set, das nur für einen einzigen x-Wert den Zugehörigkeitsgrad Eins hat. Ein unscharfes Intervall unterscheidet sich von einer unscharfen Zahl dadurch, daß für ein ganzes Intervall der Zugehörigkeitsgrad gleich Eins ist.

Ohne gravierende Einschränkungen an die Form der Zugehörigkeitsfunktion der unscharfen Zahlen und Intervalle sind die algebraischen Operationen sehr aufwendig. Wenn wir z.B. zwei unscharfe Zahlen mit je 30 Zugehörigkeitswerten ungleich Null haben und ihr Produkt berechnen wollen, so müssen wir laut Erweiterungsprinzip zuerst das unscharfe kartesische Produkt berechnen, was 30*30 Minimum-Operationen sind, sowie alle Produkte $x_1 * x_2$ und die Berechnung des Suprenums für alle resultierenden y-Werte, also in diesem Beispiel insgesamt einige 1000 Rechenoperationen!

Daher wurde die LR-Darstellung von unscharfen Zahlen und Intervallen eingeführt, um eine effiziente Berechnung zu ermöglichen. In Kapitel 1 haben wir schon die LR-Darstellung von Fuzzy-Sets behandelt. Damit die nachfolgenden Formeln anwendbar sind, müssen jedoch alle unscharfen Zahlen bzw. Intervalle dieselbe LR-Darstellung besitzen. Außerdem muß der Minimalwert der Zugehörigkeitsfunktion gleich Null sein, sowie ihr Maximalwert gleich Eins. Daher definieren wir zwei neue Unterklassen der Klasse **fuzzy_LR** und zwar die Klasse **fuzzy_intervall** als direkte Unterklasse von **fuzzy_LR** und die Klasse **fuzzy_number** als Unterklasse der Klasse **fuzzy_intervall**. Die Klasse **fuzzy_intervall** weist eine trapezförmige Zugehörigkeitsfunktion mit $y_{min} = 0$ und $y_{max} = 1$ auf und die Klasse **fuzzy_number** eine dreiecksförmige Zugehörigkeitsfunktion. Die folgende Klassendefinition zeigt die neuen bzw. redefinierten Methoden dieser beiden Klassen:

```
unit fnumber;

interface
uses    operator,fuzzy,f_array,sqrmin,f_lr;

type
fuzzy_intervall   = object(fuzzy_trapez)
                    procedure fitlr(var f:fuzzyset);virtual;
                    procedure setparam(a,b,c,d:real);

                    procedure minus;virtual;
                    procedure inv(var f:fuzzy_intervall);virtual;
                    procedure add(var f1,f2:fuzzy_intervall);virtual;
                    procedure sub(var f1,f2:fuzzy_intervall);virtual;
                    procedure mul(var f1,f2:fuzzy_intervall);virtual;
                    procedure divid(var f1,f2:fuzzy_intervall);
                        virtual;

                    procedure fexp(var f:fuzzy_intervall);virtual;
                    procedure flog(var f:fuzzy_intervall);virtual;
                    procedure fover(var f1,f2:fuzzy_intervall);
                        virtual;

                    function pos:boolean;virtual;
                    function neg:boolean;virtual;
                    procedure stop_ifzero;
                end;

fuzzy_number = object(fuzzy_intervall)
                procedure setparam(a,c,d:real);
                procedure findms(var f:fuzzyset;umax:real;
                    var ml,mr:real);virtual;
            end;

implementation {siehe Diskette unter kap4}
```

Die Klasse **fuzzy_intervall** redefiniert die Methoden **fitlr** und **setparam**, damit diese die Besonderheiten dieser Klasse berücksichtigen können. Die übrigen Methoden sind neu und implementieren die noch zu besprechenden algebraischen Operationen.

Zunächst wollen wir auf die Methoden **pos** und **neg** eingehen. Diese testen, ob das Fuzzy-Intervall bzw. die Fuzzy-Zahl positiv oder negativ sind. Ein unscharfes Intervall bzw. eine unscharfe Zahl sind positiv bzw. negativ, wenn alle Werte der Zugehörigkeitsfunktion für negative bzw. positive x-Werte gleich Null sind. Bei unseren trapezförmigen Fuzzy-Intervallen bzw. den dreieckigen Fuzzy-Zahlen ist dies sehr einfach. Sie sind positiv, wenn der Wert **m1-alpha** (vgl. Bild 1.5 und Bild 1.7) größer Null ist, und sie sind negativ, wenn der Wert **m2+ beta** kleiner Null ist. Die Prozedur **stop_ifzero** testet, ob die Fuzzy-Intervalle und Fuzzy-Zahlen weder positiv noch negativ sind. Falls dies zutrifft, wird das Programm mit

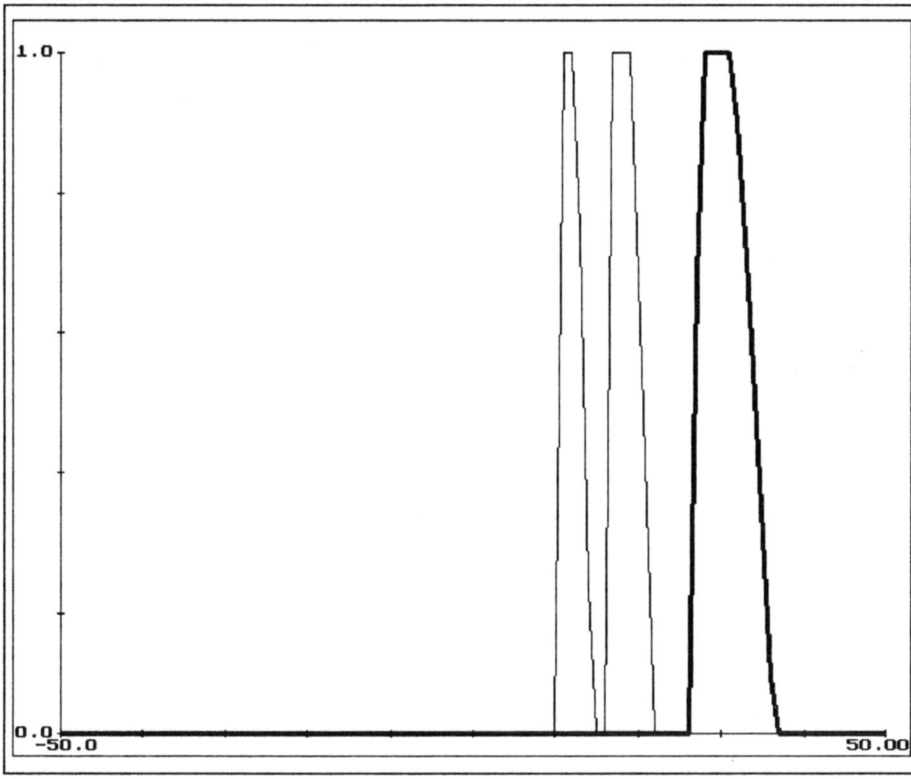

Bild 4.1: Addition zweier unscharfer Intervalle (Ergebnis ist fett gezeichnet)

einer Fehlermeldung abgebrochen, da die Multiplikation, die Division und die Kehrwertbildung sowie die transzendenten Funktionen bei den verwendeten Formeln nicht definiert sind.

Die Addition zweier trapezförmiger Fuzzy-Intervalle kann exakt durchgeführt werden. Unter Benutzung des Erweiterungsprinzips lassen sich folgende Formeln für die Addition zweier unscharfer Intervalle X_1 und X_2(Zahlen) in LR-Darstellung herleiten, die natürlich auch für unsere spezielle Darstellung gelten:

$X_1 = (m_1, n_1, \alpha_1, \beta_1)_{LR}$
$X_2 = (m_2, n_2, \alpha_2, \beta_2)_{LR}$
$Z = X1 + X2 =$
$(m_1, n_1, \alpha_1, \beta_1)_{LR} + (m_2, n_2, \alpha_2, \beta_2)_{LR} = (m_1 + m_2, n_1 + n_2, \alpha_1 + \alpha_2, \beta_1 + \beta_2)_{LR}$

Die Addition zweier unscharfer Intervalle ist damit auf die Addition der jeweiligen Parameter zurückgeführt und erfordert somit einen geringen Rechenaufwand. Bei genauerer Betrachtung fällt auf, daß das resultierende Fuzzy-Intervall (Zahl) unschärfer als die zu addierenden Intervalle (Zahlen) sind, was nicht verwunderlich ist, sondern eine sinnvolle Eigenschaft. Bild 4.1 zeigt ein Beispiel für die unscharfe Addition zweier unscharfer Intervalle, die mit folgendem Programm durchgeführt wurde:

```
Program fadd;

uses dos,graph,operator,fnumber;
var  x1,x2,z:fuzzy_intervall;

procedure init;
var grdrv,grmode:integer;
begin
   grdrv:=detect;
   initgraph(grdrv,grmode,'');
end;

begin
   init;
   x1.setx(-50.0,50.0);
   x2.setx(-50.0,50.0);
   z.setx(-50.0,50.0);
   x1.setparam(17.0,19.0,1.0,3.0);
   x2.setparam(10.5,12.5,0.5,1.9);
   z.setparam(40.0,45.0,2.0,3.0);
   x1.setname('');
   x2.setname('');
   z.setname('');

   x1.rahmen;
   x1.display;
   x2.display;

   setlinestyle(0,0,3);
   z.add(x1,x2);
   z.display;
   readln;
   closegraph;
end.
```

In diesem Programm werden die Variablen x1, x2 und z als unscharfe Intervalle definiert (Sie sollten diese Variablen zur Übung als unscharfe Zahlen definieren). Die Variable z wird dann als Summe von x1 und x2 mit dem Befehl z.add(x1,x2) (im Programm fettgedruckt) berechnet.

Als nächste Operation wollen wir die Vorzeichenumkehr eines unscharfen Intervalls (Zahl) behandeln. Diese Operation ist in LR-Darstellung ebenfalls sehr einfach und exakt durchzuführen. Die Vorzeichenumkehr entspricht einer Spiegelung der unscharfen Menge an der y-Achse (x =0). Da eine Spiegelung die Seiten vertauscht, müssen die Funktionen L und R und die Parameter α und β bei einer Vorzeichenumkehr vertauscht werden. Da bei unserer Darstellung die Funktionen

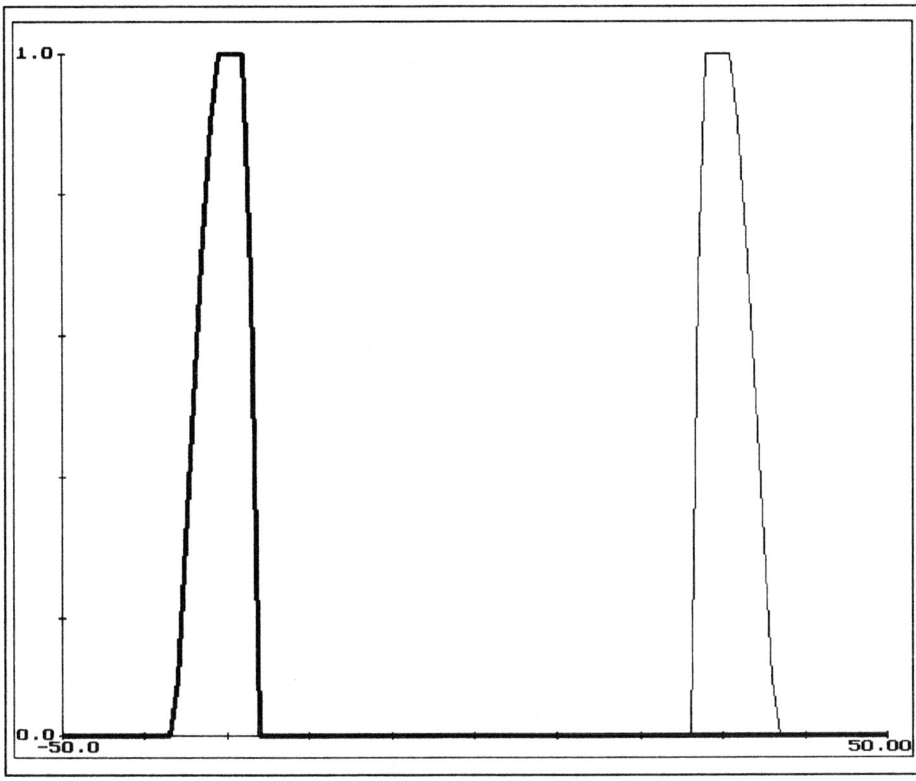

Bild 4.2: Vorzeichenumkehr eines unscharfen Intervalls (Ergebnis ist fett gezeichnet)

L und R identisch sind, müssen wir nur die Parameter α und β vertauschen. Die Parameter m_1 und m_2 vertauschen bei dieser Operation ihr Vorzeichen, so daß sich folgende Formel für die Vorzeichenumkehr ergibt:

$- X_1 = - (m_1, n_1, \alpha_1, \beta_1)_{LR} = (- m_1, -n_1, \beta_1, \alpha_1)_{LR}$ f ür $L = R$

Bild 4.2 zeigt diese Operation anhand des oben berechneten unscharfen Intervalls z mittels der Anweisung **z.minus**.

Damit läßt sich nun auch die Subtraktion zweier unscharfer Intervalle (Zahlen) leicht herleiten, da wir sie auf die Addition zurückführen können:

$X_1 - X_2 = X_1 + (-X_2) = (m_1 - m_2, n_1 - n_2, \alpha_1 - \beta_2, \beta_1 - \alpha_2)_{LR}$ mit $L = R$

Auch diese Formel liefert das exakte Ergebnis. Anhand unseres Beispielprogramms **fsub** können wir diese Operation leicht demonstrieren. Dazu ist lediglich die fettgedruckte Anweisung z.add(x1,x2) durch z.sub(x1,x2) zu ersetzen. Bild 4.3 zeigt das Resultat dieser Operation.

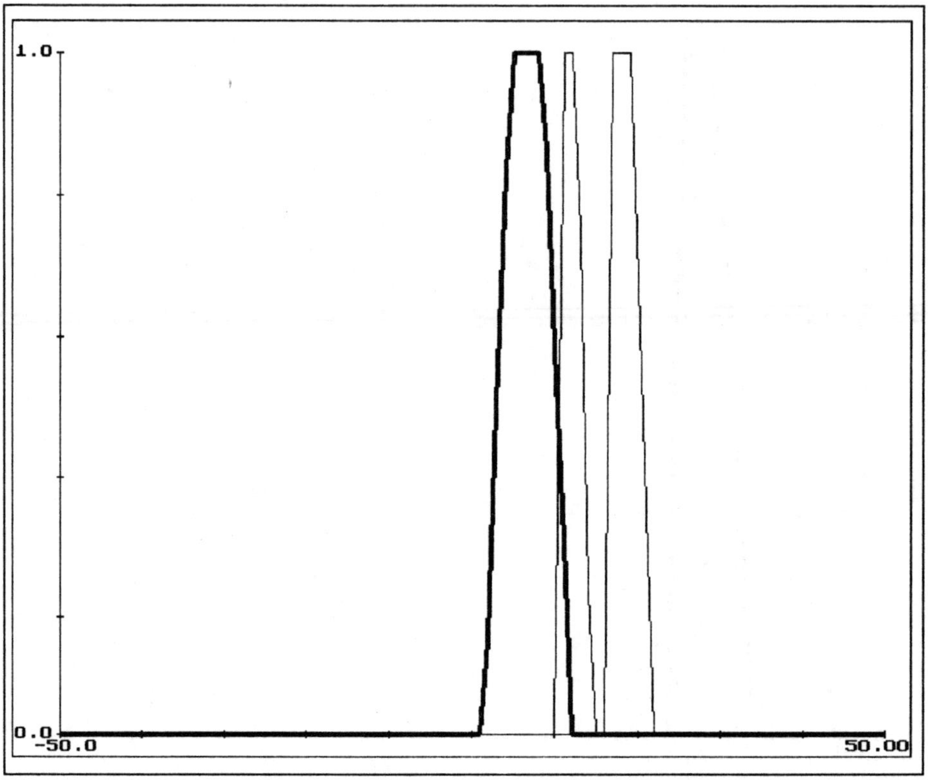

Bild 4.3: Subtraktion zweier unscharfer Intervalle (Ergebnis ist fett gezeichnet)

Für die Multiplikation, Division und Kehrwertbildung können keine exakten Formeln mehr aufgestellt werden, sondern nur Näherungsformeln. Eine von Dubois und Prade angegebene Näherungsformel für die Multiplikation zweier positiver Fuzzy-Intervalle (Zahlen) ist:

$$X_1 * X_2 = (m_1*m_2, n_1*n_2, m_1*\alpha_2 + m_2*\alpha_1 - \alpha_1*\alpha_2, n_1*\beta_2 + n_2*\beta_1 + \beta_1 *\beta_2)_{LR}$$

Diese Formel ist umso genauer, je "schärfer" die Fuzzy-Intervalle (Zahlen) sind. Unter Verwendung der Formel für die Vorzeichenumkehr kann die Multiplikationsformel auch auf das Produkt zweier negativer Intervalle und auf das Produkt eines positiven und eines negativen Intervalls ausgedehnt werden, wie es auch in der Unit **fnumber.pas** gemacht wurde. Zur Demonstration wieder ein Beispiel:

```
Program fmul;

uses dos,graph,operator,fnumber;

var  x1,x2,z:fuzzy_intervall;
```

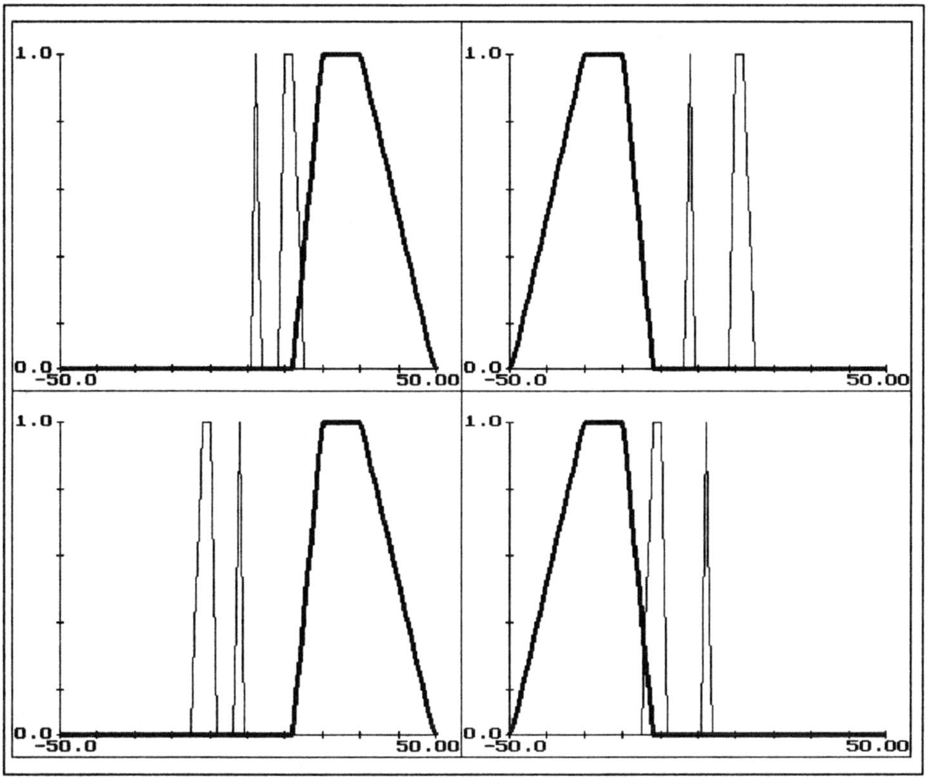

Bild 4.4: Multiplikation unscharfer Intervalle (Ergebnisse sind fett gezeichnet)

```
procedure init;
var grdrv,grmode:integer;
begin
    grdrv:=detect;
    initgraph(grdrv,grmode,'');
end;

begin
    init;
    x1.setx(-50.0,50.0);
    x2.setx(-50.0,50.0);
    z.setx(-50.0,50.0);
    x1.setname('');
    x2.setname('');
    z.setname('');
    x1.setparam(10.0,12.0,2.0,3.0);
    x2.setparam(2.0,2.5,0.5,0.8);
    z.setparam(10.0,15.0,2.0,3.0);
```

```
z.mul(x1,x2);
x1.setdisplaydat(0,getmaxy div 2,getmaxx div 2,getmaxy div 2,
   white,white);
x2.setdisplaydat(0,getmaxy div 2,getmaxx div 2,getmaxy div 2,
      white,white);
z.setdisplaydat(0,getmaxy div 2,getmaxx div 2,getmaxy div 2,
   white,white);
x1.rahmen;
x1.display;
x2.display;
setlinestyle(0,0,3);
z.display;
setlinestyle(0,0,1);

x1.setdisplaydat(getmaxx div 2,getmaxy div 2,getmaxx div 2,
   getmaxy div 2,white,white);
x2.setdisplaydat(getmaxx div 2,getmaxy div 2,getmaxx div 2,
   getmaxy div 2,white,white);
z.setdisplaydat(getmaxx div 2,getmaxy div 2,getmaxx div 2,
   getmaxy div 2,white,white);

x2.minus;
z.mul(x1,x2);

x1.rahmen;
x1.display;
x2.display;
setlinestyle(0,0,3);
z.display;
setlinestyle(0,0,1);

x1.setdisplaydat(0,0,getmaxx div 2,getmaxy div 2,white,white);

x2.setdisplaydat(0,0,getmaxx div 2,getmaxy div 2,white,white);
z.setdisplaydat(0,0,getmaxx div 2,getmaxy div 2,white,white);

x1.minus;
z.mul(x1,x2);

x1.rahmen;
x1.display;
x2.display;
setlinestyle(0,0,3);
z.display;
setlinestyle(0,0,1);

x2.minus;
z.mul(x1,x2);
x1.setdisplaydat(getmaxx div 2,0,getmaxx div 2,getmaxy div 2,
   white,white);
x2.setdisplaydat(getmaxx div 2,0,getmaxx div 2,getmaxy div 2,
   white,white);
```

Bild 4.5: Kehrwertbildung eines unscharfen Intervalls (Ergebnis ist fett gezeichnet)

```
    z.setdisplaydat(getmaxx div 2,0,getmaxx div 2,getmaxy div 2,
        white,white);
    x1.rahmen;
    x1.display;
    x2.display;
    setlinestyle(0,0,3);
    z.display;
    setlinestyle(0,0,1);
    readln;
    closegraph;
end.
```

In diesem Programm werden wieder drei unscharfe Intervalle x1,x2 und z definiert. Dann wird das Produkt z:=x1 *x2 mit der Anweisung **z.mul(x1,x2)** für alle möglichen Vorzeichenkombinationen der Intervalle x1 und x2 berechnet und angezeigt.

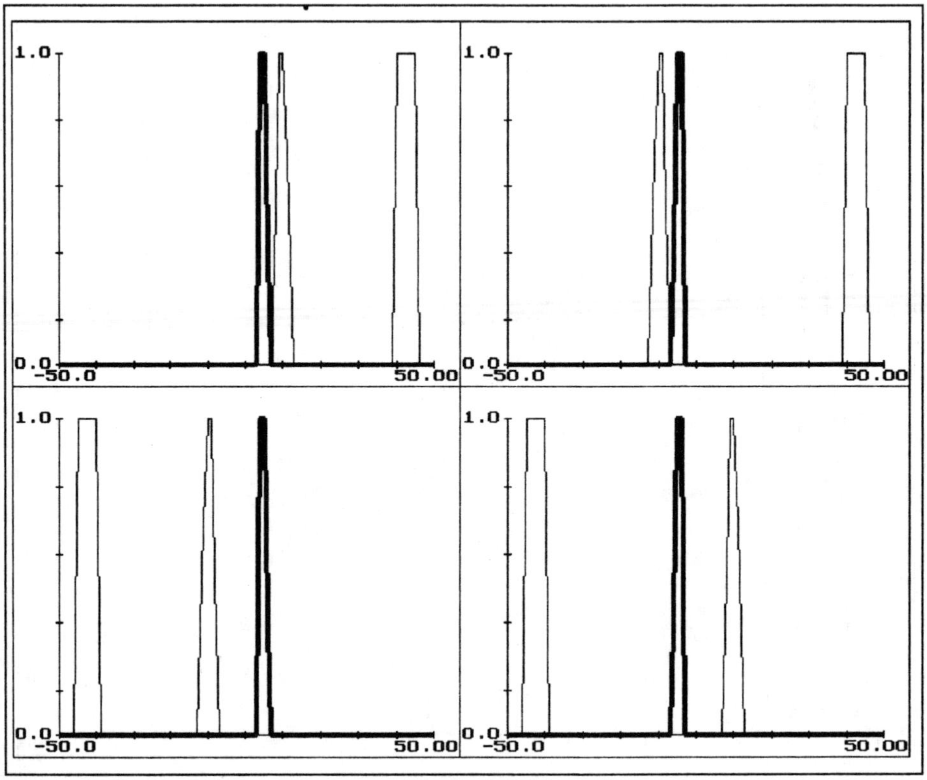

Bild 4.6: Division unscharfer Intervalle (Ergebnisse sind fett gezeichnet)

Als nächstes wollen wir die Kehrwertbildung eines unscharfen Intervalls (Zahl) behandeln. Auch diese Operationen sind nur für positive oder negative Intervalle (Zahlen) definiert und ebenfalls nur näherungsweise in LR-Darstellung möglich. Die Kehrwertbildung eines unscharfen Intervalls (Zahl) in LR-Darstellung erfolgt nach der Formel:

$1/X1 = (1/n_1,\ 1/m_1,\ \beta_1/(n_1(n_1+\beta_1)),\ \alpha_1/(m_1(m_1-\alpha_1)))_{LR}$ für L=R

Bild 4.5 zeigt ein Beispiel. Das Programm **finv** finden Sie ebenfalls auf der beiliegenden Diskette.

Zum Abschluß fehlt noch die Division zweier unscharfer Intervalle (Zahlen). Die Formel für die Division kann durch Kombination der Formel für die Multiplikation und der Formel für die Kehrwertbildung hergeleitet werden und man erhält folgendes Ergebnis für die Division zweier unscharfer Intervalle in LR-Darstellung (L=R):

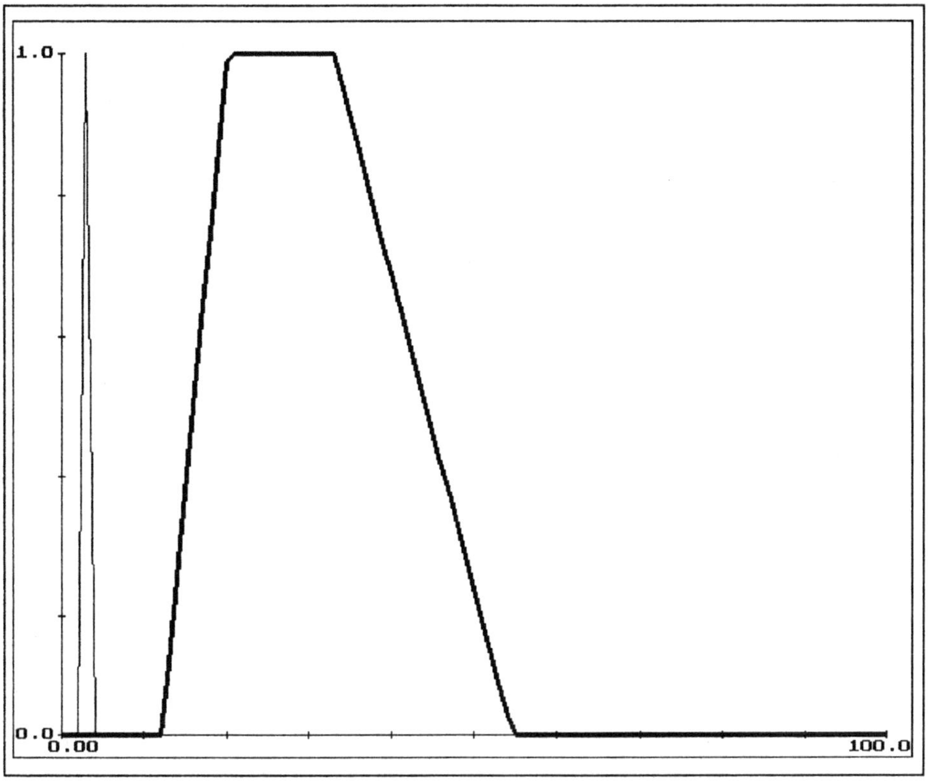

Bild 4.7: Anwendung der Exponentialfunktion auf ein unscharfes Intervall (Ergebniss ist fett gezeichnet)

$X1 \div X2 = (m_1/n_2, n_1/m_2, (m_1\beta_2+n_2\alpha_1)/(n_2(n_2+\beta_2)), (n_1\alpha_2+m_2\beta_1)/(m_2(m_2-\alpha_2)))_{LR}$

Bild 4.6 zeigt ein Beispiel für die unscharfe Division. Das Programm **fdiv** entspricht dem obigen Programm für die Multiplikation, lediglich die Intervalle wurden etwas modifiziert und alle Anweisungen z.mul(x1,x2) durch z.divid(x1,x2) ersetzt. Die Klasse **fuzzy_intervall** berechnet übrigens die Division durch Kehrwertbildung des Nenners und Multiplikation mit dem Zähler, da dies programmtechnisch einfacher ist und automatisch alle Vorzeichenkombinationen von Nenner und Zähler abgedeckt werden. Bild 4.6 dokumentiert dies.

Damit sind alle Grundrechenarten für Fuzzy-Intervalle und damit auch für Fuzzy-Zahlen, die ja nur ein Spezialfall der Fuzzy-Intervalle sind, realisiert. Selbstverständlich können auch höhere unscharfe Funktionen wie die Exponentialfunktion oder der Logarithmus definiert werden. Für die Exponentialfunktion ergibt sich folgende Näherungsformel:

$e^X = (e^m, e^n, e^m(1 - e^{-\alpha}), e^n(e^\beta-1))_{LR}$

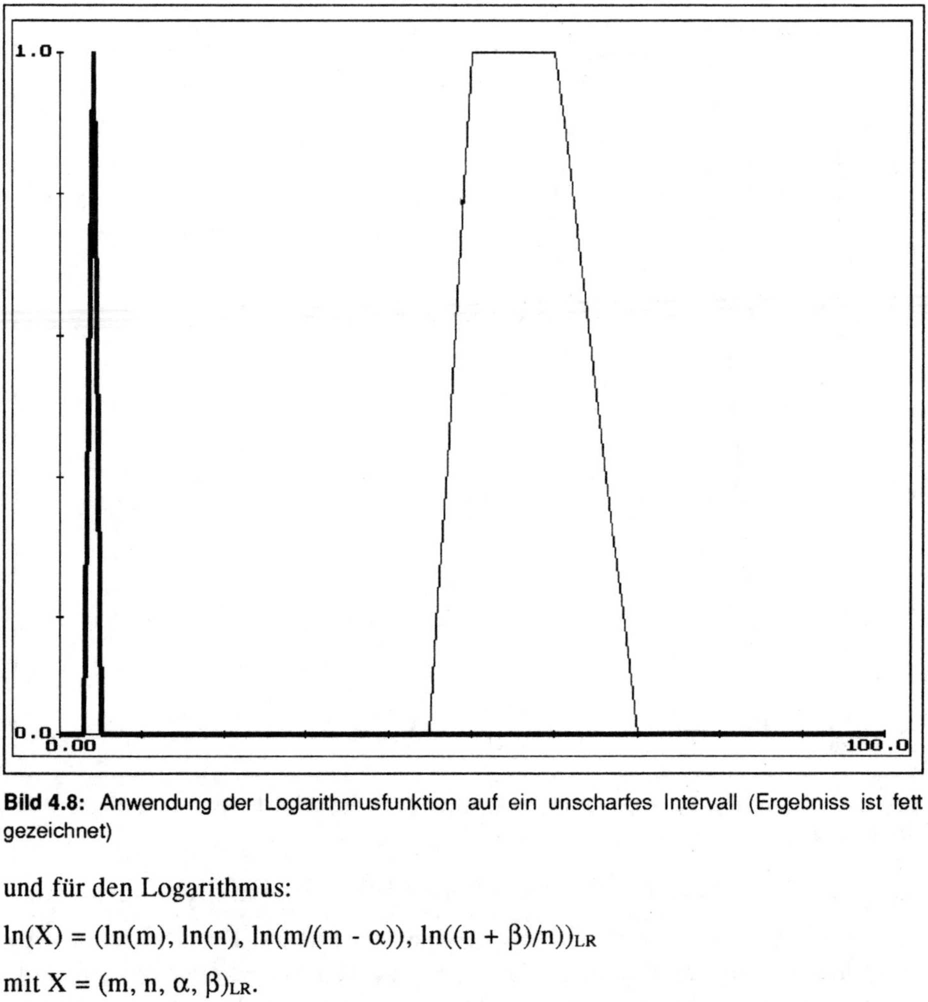

Bild 4.8: Anwendung der Logarithmusfunktion auf ein unscharfes Intervall (Ergebniss ist fett gezeichnet)

und für den Logarithmus:

$\ln(X) = (\ln(m), \ln(n), \ln(m/(m - \alpha)), \ln((n + \beta)/n))_{LR}$

mit $X = (m, n, \alpha, \beta)_{LR}$.

Die Bilder 4.7 und 4.8 zeigen je ein Beispiel für die Anwendung dieser Funktionen (Programme **fexp** und **fln** auf der Diskette).

Ein weiterer Schritt ist das Rechnen mit unscharfen Funktionen und darauf aufbauend unscharfe Differential- und Integralrechnung. Eine Einführung in diese Themen gibt z.B. das Buch von Prof. Zimmermann [Zimmermann, 1991]. Wir wollen an dieser Stelle jedoch darauf verzichten.

4.3 Anwendungsmöglichkeiten

Es gibt praktisch beliebig viele Anwendungen für das Rechnen mit unscharfen Zahlen, da in der Realität sehr häufig unscharfe Zahlen oder Intervalle auftreten. Allerdings sind wir uns dieser Tatsache nur selten bewußt. Um Ihnen die Anwendungsmöglichkeiten anzudeuten, will ich Ihnen zwei kleine Demonstrationsbeispiele vorstellen. Das erste Beispiel ist mehr ingenieurwissenschaftlich und das zweite mehr betriebswirtschaftlich orientiert.

Bei dem ersten Beispiel geht es um die Berechnung der elektrischen Leistung P aus den gemessenen Größen U (die elektrische Spannung) und I (dem elektrischen Strom). Da Meßgeräte keine beliebige Genauigkeit aufweisen, fassen wir die Meßgrößen U und I als Fuzzy-Zahlen auf, wobei die scharfen Meßwerte den Mittelwert m der unscharfen Zahl bestimmen. Die Aufweitung α und β bestimmen wir über den Meßfehler wie folgt:

$$\alpha_U = \beta_U = U_{max} * U_{err}$$

U_{max} ist die Spannung bei Vollanzeige des Voltmeters, U_{err} der Fehler in % bei Vollausschlag des Voltmeters. Für den Strom gilt entsprechendes. Die Leistung P wird dann als Produkt der unscharfen Zahlen U und I berechnet. Auf der Diskette finden Sie unter dem Verzweichnis Kap4 das Programm **fpower**, das dieses Beispiel realisiert und alle Größen grafisch anzeigt (siehe Bild 4.9). Sie können die Meßwerte für Strom und Spannung mit den Tasten 'i' , 'I' bzw. 'u', 'U' verkleinern bzw. vergrößern. Eine Betätigung der Taste 'Q' bricht das Programm ab.

Das zweite Beispiel ist eine sehr stark vereinfachte Anwendung aus der Betriebswirtschaft. Es geht um die Anlage eines Geldbetrags über einen bestimmten Zeitraum. Je nach Anlageform kann eine relativ geringe jährliche Rendite oder auch eine hohe jährliche Rendite erwartet werden. Allerdings sind die Anlageformen mit einer hohen Rendite in der Regel mit hohem Risiko behaftet, so daß nicht unbedingt ein Verlust ausgeschlossen werden kann. Mittels unscharfer Intervallrechung kann nun für jede Rendite ein unscharfes Intervall definiert werden, daß das Urteil des Geldanlegers über die zu erwartende Jahresrendite widerspiegelt. Das Programm **finvest** auf der Diskette bestimmt dann mittels der Formel:

$$\text{Endwert} = \text{Anfangswert}(1+\text{Zinssatz in }\%)^{\text{Laufzeit}}$$

den Endwert. Die Betriebswirte mögen mir diese stark vereinfachte Darstellung verzeihen, da es hier nur ums Prinzip geht und eine realistische Behandlung an dieser Stelle zu weit führt. Es sei aber erwähnt, daß mit Hilfe unscharfer Zahlen eine realitätsnahe Behandlung von Investitions- und Anlageproblemen möglich

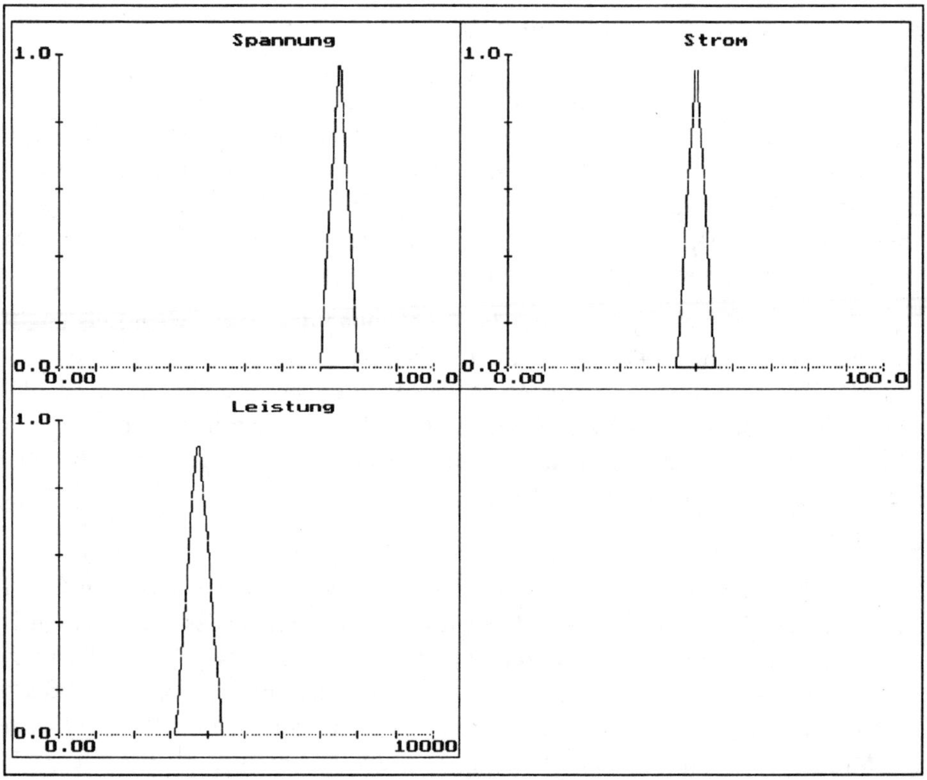

Bild 4.9: Unscharfe Leistung als Produkt von ungenauen Spannungs- und Strommessungen

ist und in Verbindung mit unscharfer Optimierung oder eines Expertensystems auf Fuzzy-Logik-Basis ein optimales Anlage- oder Investitionsprogramm bestimmt werden kann.

Im Programm **finvest** werden zwei alternative Anlageformen unterstellt, von denen eine eine sichere Rendite im Bereich zwischen 8% und 10% pro Jahr mit einer geringen Aufspreizung aufweist und die andere eine unsichere Rendite zwischen 16% und 25% pro Jahr mit einer linken Aufspreizung von 20% und einer rechten Aufspreizung von 5%. Bei der zweiten Anlageform wird also seitens des Anlegers eine recht hohe Rendite erwartet, er will jedoch nicht ausschließen, daß die Rendite auch negativ sein kann. Bild 4.10 zeigt den Output des Programms, der die starke Unsicherheit bei der Beurteilung der zweiten Anlageform anhand des berechneten Endwertes nach fünf Jahren sehr deutlich macht. Sie sehen daran den großen Vorteil beim Rechnen mit unscharfen Zahlen gegenüber herkömmlichen Berechnungen mit Mittelwerten, da der Entscheidungsfäller sein

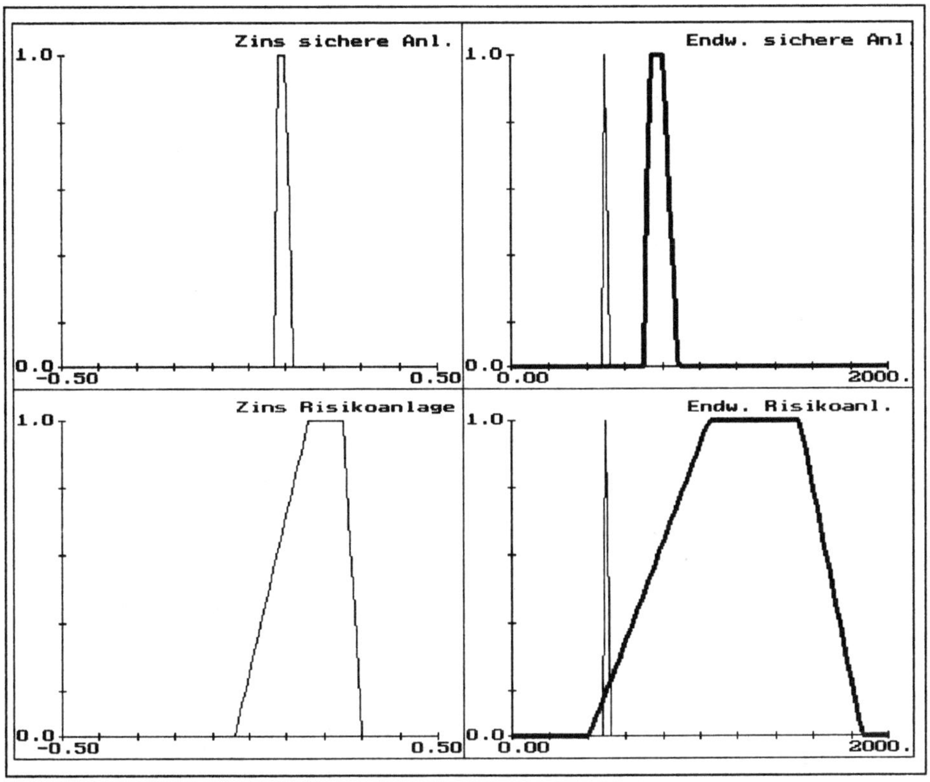

Bild 4.10: Alternative Anlageformen mit unscharfer jährlicher Rendite, Laufzeit 5 Jahre

subjektives Wissen in die Berechnung einfließen lassen kann und anhand des grafisch dargestellten Resultats sehr plastisch die Konsequenzen vor Augen geführt bekommt.

In dem Programm finvest können Sie auch noch als Erweiterungsmöglichkeit mit einer unscharfen Anzahl von Anlagejahren experimentieren. Allerdings müssen dann die Zinsen ein positives oder negatives unscharfes Intervall sein, da andernfalls die unscharfe Potenzfunktion nicht definiert ist. Bild 4.11 zeigt ein Beispielergebnis für eine unscharfe Anzahl von Jahren (die Anzahl von Jahren ist als ein trapezförmiges Fuzzy-Set definiert)

Ich hoffe, Sie haben jetzt mehr als nur eine vage Idee von den Möglichkeiten bekommen, und vielleicht beginnen Sie jetzt, die Realität mit Hilfe der Fuzzy-Set-Theorie in einem neuen mathematischen Licht zu sehen. Wenn nicht - es folgen ja noch eine ganze Reihe von Kapiteln, die weitere Möglichkeiten eröffnen.

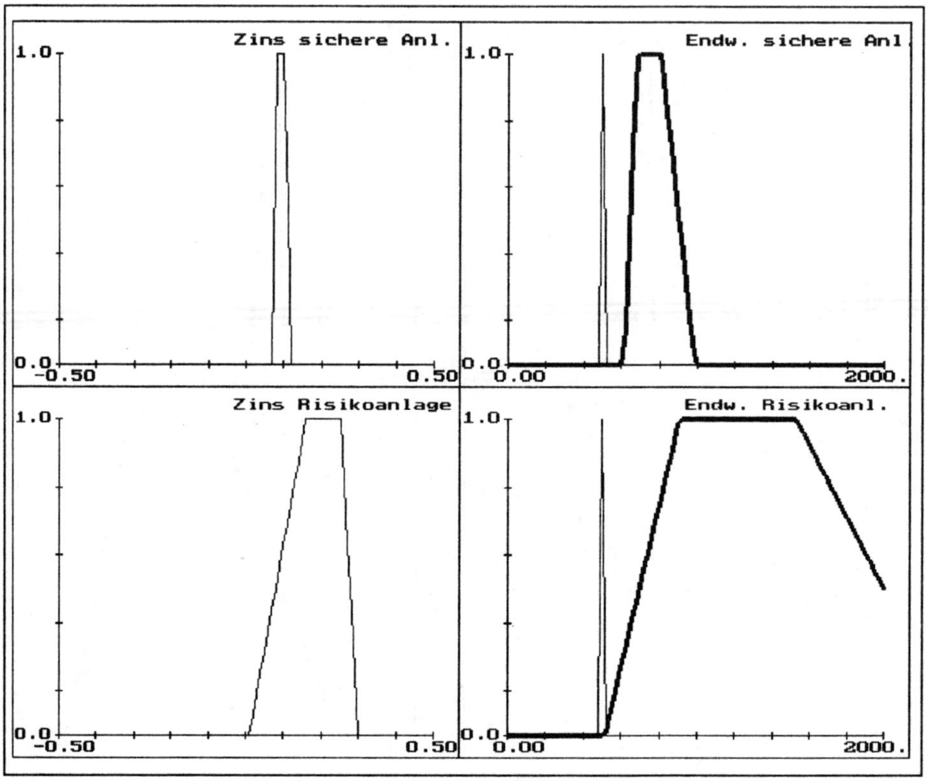

Bild 4.11: Alternative Anlageformen mit unscharfer jährlicher Rendite, Laufzeit etwa 4 bis 5 Jahre

In den folgenden Kapiteln wollen wir uns z.B. noch mit dem unscharfem Schließen befassen, daß sehr weitreichende Anwendungsmöglichkeiten in Expertensystemen, in der Regelungstechnik und in der Mustererkennung eröffnet.

5 Unscharfe Relationen

Neben unscharfen Mengen und unscharfen Zahlen sind unscharfe Relationen ein wichtiges Teilgebiet der Fuzzy-Set-Theorie. Unscharfe Relationen stellen die theoretische Basis für die Realisierung unscharfer Regler und Expertensysteme dar. In diesem Kapitel sollen nur einige elementare Grundlagen exemplarisch anhand binärer Relationen vorgestellt werden. Die Erweiterung auf n-äre Relationen ist jedoch leicht durchzuführen.

5.1 Grundlagen

Eine unscharfe Relation über dem Produktraum $X \times Y$ ist als

$$\mathbf{R} = \{((\mathbf{x}, \mathbf{y}), \mu_R(\mathbf{x},\mathbf{y})) \mid (\mathbf{x},\mathbf{y}) \in \mathbf{X} \times \mathbf{Y}\}$$

definiert. Zur Veranschaulichung einige Beispiele:

- X und Y seien die Menge aller reellen Zahlen oder eine Teilmenge davon. Dann kann eine unscharfe Relation zwischen X und Y durch eine Funktion dargestellt werden. Eine mögliche unscharfe Relation zwischen X und Y ist z.B. R = " x ist wesentlich kleiner als y". Dann ist die Zugehörigkeitsfunktion dieser unscharfen Relation ein Fuzzy-Set auf dem Produktraum von X und Y und hat z.B. die folgende Form:
  $\mu_R(x, y) =$ 1 falls $10x < y$, $(y-x)/0.9y$ falls $0.1y \leq x \leq y$, 0 falls $x > y$

- X und Y seien diskrete Mengen. Dann können unscharfe Relationen zwischen X und Y durch Matrizen definiert werden. Es sei z.B. die Menge X = {grün, gelb, rot } die Farbe einer Frucht und die Menge Y = {unreif, halbreif, reif} ihr Reifegrad. Tabelle 5.1 stellt dann den Zusammenhang zwischen Farbe und Reifegrad einer Frucht als unscharfe Relation dar.
  Weitere Beispiele sind zwei Relationen zwischen der Menge X = {1, 2, 3, 4, 5} und der Menge Y = {3, 4, 5, 6}. Die erste Relation R_1 = " Y ist größer als X" ist in Tabelle 5.2 dargestellt, die zweite Relation R_2 = "Y ist gleich X" in Tabelle 5.3.

X \ Y	unreif	halbreif	reif
grün	1.0	0.5	0.0
gelb	0.3	1.0	0.4
rot	0.0	0.2	1.0

Tabelle 5.1: Unscharfe Relation zwischen der Farbe und dem Reifegrad einer Frucht

X \ Y	3	4	5	6
1	0.5	0.9	1.0	1.0
2	0.3	0.5	0.9	1.0
3	0.0	0.3	0.5	0.9
4	0.0	0.0	0.3	0.5
5	0.0	0.0	0.0	0.3

Tabelle 5.2: Unscharfe Relation " Y ist größer als X"

X \ Y	3	4	5	6
1	0.3	0.0	0.0	0.0
2	0.7	0.3	0.0	0.0
3	1.0	0.7	0.3	0.0
4	0.7	1.0	0.7	0.3
5	0.3	0.7	1.0	0.7

Tabelle 5.3: Unscharfe Relation " Y ist gleich X"

5.2 Operatoren

Unscharfe Relationen sind offensichtlich Fuzzy-Sets in Produkträumen. Daher können mengentheoretische und algebraische Operationen in Analogie zu Kapitel 2 und 4 unter Benutzung des Erweiterungsprinzips formuliert werden. Im Prinzip können damit alle Operatoren der letzten Kapitel auch auf unscharfe Relationen angewendet werden. Wir wollen uns hier auf den Minimum- und den Maximumoperator beschränken, da die Erweiterung aller anderen Operatoren auf unscharfe Relationen leicht vom Leser durchgeführt werden kann. Seien R und P zwei unscharfe Relationen, die auf demselben Produktraum $X \times Y$ definiert sind. Dann ist die Vereinigung/Durchschnitt von R mit P:

$$\mu_{R \cup P}(\mathbf{x}, \mathbf{y}) = \mathbf{max} \{\mu_R(\mathbf{x}, \mathbf{y}), \mu_P(\mathbf{x},\mathbf{y})\} \quad (\mathbf{x},\mathbf{y}) \in \mathbf{X} \times \mathbf{Y}$$

$$\mu_{R \cap P}(\mathbf{x}, \mathbf{y}) = \mathbf{min} \{\mu_R(\mathbf{x}, \mathbf{y}), \mu_P(\mathbf{x},\mathbf{y})\} \quad (\mathbf{x},\mathbf{y}) \in \mathbf{X} \times \mathbf{Y}$$

Wir sehen, daß das kein großer Unterschied zu den Definitionen aus Kapitel 2 ist. Der einzige und wesentliche Unterschied ist, daß wir in Kapitel 2 nur einen eindimensionalen Raum X hatten, während wir jetzt den Operator in dem zweidimensionalen Produktraum $X \times Y$ anwenden müssen. Bei einer Implementation von Operatoren auf n-ären unscharfen Relationen haben wir dann einen Rechenaufwand von der Ordung $m_1 m_2..m_n$, d.h. bei $m_1 = m_2 = .. = m_n = 32$ Elemente je Menge haben wir bei normalen Fuzzy-Sets (n=1) einen Rechenaufwand von 32 Einzeloperationen, bei binären unscharfen Relationen 32^2 Einzeloperationen und

X \ Y	3	4	5	6
1	0.5	0.9	1.0	1.0
2	0.7	0.5	0.9	1.0
3	1.0	0.7	0.5	0.9
4	0.7	1.0	0.7	0.5
5	0.3	0.7	1.0	0.7

Tabelle 5.4: Unscharfe Relation $R_1 \cup R_2$

X \ Y	3	4	5	6
1	0.3	0.0	0.0	0.0
2	0.3	0.3	0.0	0.0
3	0.0	0.3	0.3	0.0
4	0.0	0.0	0.3	0.3
5	0.0	0.0	0.0	0.3

Tabelle 5.5: Unscharfe Relation $R_1 \cap R_2$

bei n-ären unscharfen Relationen einen Rechenaufwand von 32^n Einzeloperationen. Sie sehen, daß der schon bei normalen Fuzzy-Sets hohe Rechenaufwand bei unscharfen Relationen schnell ins unermeßliche wächst.

Zur Veranschaulichung der Vereinigung und der Durchschnittsbildung ziehen wir die beiden Relationen des letzten Beispiels heran. Die Vereinigung von R_1 =" y ist größer als x" und R_2 = "y ist gleich x" kann als " y ist größer gleich x" interpretiert werden und ergibt die in Tabelle 5.4 dargestellte Matrix. Tabelle 5.5 schließlich zeigt die resultierende unscharfe Relation des Durchschnitts der beiden Relationen.

Neben diesen auch für Fuzzy-Sets definierten Operatoren gibt es noch einige nur für unscharfe Relationen nützliche Konzepte. Das erste Konzept ist die Projektion und das zweite die zylindrische Erweiterung einer unscharfen Menge.

Sei R = $\{((x, y), \mu_R(x,y)) \mid (x,y) \in X \times Y\}$ eine binäre unscharfe Relation. Die *erste Projektion* von R ist dann definiert als:

$$\mathbf{R}^{(1)} = \{\mathbf{x}, \max_{y}(\mu_R(\mathbf{x},\mathbf{y})) \mid (\mathbf{x},\mathbf{y}) \in \mathbf{X} \times \mathbf{Y}\}$$

Die Maximumbildung ist dabei über alle y-Werte für einen festen x-Wert durchzuführen. In analoger Weise ist die *zweite Projektion* definiert:

$$\mathbf{R}^{(2)} = \{\mathbf{x}, \max_{x}(\mu_R(\mathbf{x},\mathbf{y})) \mid (\mathbf{x},\mathbf{y}) \in \mathbf{X} \times \mathbf{Y}\}$$

Die Maximumbildung ist dabei über alle x-Werte für einen festen y-Wert durchzuführen. Die totale Projektion ist schließlich als

$$\mathbf{R}^{(2)} = \{\max_{x} \max_{y}(\mu_R(\mathbf{x},\mathbf{y})) \mid (\mathbf{x},\mathbf{y}) \in \mathbf{X} \times \mathbf{Y}\}$$

definiert. Zur Veranschaulichung ziehen wir die Relation der Tabelle 5.2 heran. Die Ergebnisse sind in Tabelle 5.6 dargestellt.

Die zylindrische Erweiterung ist das Gegenstück zur Projektion. Die zylindrische Erweiterung der ersten Projektion unseres Beispiels in Tabelle 5.6 ist in Tabelle 5.7 und die zylindrische Erweiterung der zweiten Projektion ist in Bild 5.8 abgebildet. Wie aus Tabelle 5.7 und 5.8 zu erkennen ist, liefert die zylindrische Erweiterung einer Projektion die maximale Relation einer Projektion, das heißt es gibt keine Relation mit größeren Zugehörigkeitswerten als der zylindrischen Erweiterung, die die gleiche Projektion liefert.

X \ Y	3	4	5	6	Erste Projektion $R^{(1)}$
1	0.5	0.9	1.0	1.0	1.0
2	0.3	0.5	0.9	1.0	1.0
3	0.0	0.3	0.5	0.9	0.9
4	0.0	0.0	0.3	0.5	0.5
5	0.0	0.0	0.0	0.3	0.3
Zweite Projektion $R^{(2)}$	0.5	0.9	1.0	1.0	1.0
					Totale Projektion

Tabelle 5.6: Erste, zweite und totale Projektion einer Relation

X \ Y	3	4	5	6
1	1.0	1.0	1.0	1.0
2	1.0	1.0	1.0	1.0
3	0.9	0.9	0.9	0.9
4	0.5	0.5	0.5	0.5
5	0.3	0.3	0.3	0.3

Tabelle 5.7: Zylindrische Erweiterung der ersten Projektion aus Tabelle 5.6

X \ Y	3	4	5	6
1	0.5	0.9	1.0	1.0
2	0.5	0.9	1.0	1.0
3	0.5	0.9	1.0	1.0
4	0.5	0.9	1.0	1.0
5	0.5	0.9	1.0	1.0

Tabelle 5.8: Zylindrische Erweiterung der zweiten Projektion aus Tabelle 5.6

5.3 Kombination unscharfer Relationen

In Unterkapitel 5.2 behandelten wir Kombinationen unscharfer Relationen in gleichen Produkträumen. Unscharfe Relationen in verschiedenen Produkträumen können ebenfalls kombiniert werden und zwar mittels der "Kompositions"-Operation. Ähnlich wie bei den Mengenoperatoren wurden verschiedene "Kompositions"-Operatoren vorgeschlagen, wie die Max-Min-Komposition, die Max-Prod-Komposition und die Max-Average-Komposition. Die Berechnung der resultierenden Relation erfolgt bei diskreten Relationen ähnlich dem Matrix-Produkt, nur mit dem Unterschied, daß die Addition durch die Maximum-Bildung und die Produktbildung bei der Max-Min-Komposition durch die Minimum-Bildung, bei der Max-Average-Komposition durch die Mittelwertbildung ersetzt wird. Bei der Max-Prod-Komposition wird die Produktbildung wie bei der normalen Matrizenmultiplikation durchgeführt.

Zur Veranschaulichung definieren wir uns eine Relation in Ergänzung zu der Relation aus Tabelle 5.1, die die unscharfe Beziehung zwischen dem Reifegrad und dem Geschmack einer Frucht definiert (siehe Tabelle 5.9).

Mit Hilfe der verschiedenen Kompositions-Operatoren können wir nun aus den Relationen der Tabellen 5.1 und 5.9 die unscharfe Relation Q zwischen der Farbe und dem Geschmack einer Frucht bestimmen: $Q = R_1 \circledcirc R_2$ mit R_1 = Relation aus

Y \ Z	sauer	süßsauer	süß
unreif	1.0	0.2	0.0
halbreif	0.7	1.0	0.3
reif	0.0	0.7	1.0

Tabelle 5.9: Unscharfe Relation zwischen dem Reifegrad und dem Geschmack einer Frucht

Tabelle 5.1 und R_2 = Relation aus Tabelle 5.9. Die Berechnung der Elemente von Q erfolgt nun entsprechend obiger Ausführungen. Bei der Max-Min-Komposition ist die Rechnung wie folgt:

- 1. Zeile von R_1 und 1.Spalte von R_2 ergibt das Element Q_{11} wie folgt: $Q_{11} = \max(\min(1.0,1.0), \min(0.2, 0.7), \min(0.0,0.0)) = \max(1.0, 0.2, 0.0) = 1.0$
- 1. Zeile von R_1 und 2.Spalte von R_2 ergibt das Element Q_{12} wie folgt: $Q_{12} = \max(\min(1.0, 0.2), \min(0.2, 1.0), \min(0.0,0.7)) = \max(0.2, 0.2, 0.0)= 0.2$
- 1. Zeile von R_1 und 3.Spalte von R_2 ergibt das Element Q_{13} wie folgt: $Q_{13} = \max(\min(1.0, 0.0), \min(0.2, 0.3), \min(0.0,1.0)) = \max(0.0, 0.2, 0.0)= 0.2$
- usw.

X \ Z	sauer	süßsauer	süß
grün	1.0	0.2	0.2
gelb	0.3	1.0	0.4
rot	0.2	0.7	1.0

Tabelle 5.10: Unscharfe Relation zwischen der Farbe und dem Geschmack einer Frucht, berechnet mittels der Max-Min-Composition

X \ Z	sauer	süßsauer	süß
grün	1.0	0.2	0.06
gelb	0.7	1.0	0.40
rot	0.14	0.70	1.0

Tabelle 5.11: Unscharfe Relation zwischen der Farbe und dem Geschmack einer Frucht, berechnet mittels der Max-Prod-Composition

X \ Z	sauer	süßsauer	süß
grün	1.0	0.6	0.5
gelb	0.85	1.0	0.65
rot	0.5	0.85	1.0

Tabelle 5.12: Unscharfe Relation zwischen der Farbe und dem Geschmack einer Frucht, berechnet mittels der Max-Average-Composition

– 3. Zeile von R_1 und 3.Spalte von R_2 ergibt das Element Q_{33} wie folgt:
$Q_{33} = \max(\min(0.0, 0.0), \min(0.2, 0.7), \min(1.0,1.0)) = \max(0.2, 0.2, 0.0) = 0.2$

Bei der Max-Prod-Komposition sind alle Minimum-Operationen durch das Produkt und bei der Max-Average-Komposition durch die Mittelwertbildung zu ersetzen. Die Tabellen 5.10 bis 5.12 zeigen das jeweilige Ergebnis, das Sie übungshalber einmal nachrechnen sollten. Sie sehen, daß die Berechnung wirklich dem üblichen Matrizenprodukt entspricht, wenn auch mit anderen Operatoren.

6 Fuzzy-Set-Theorie gegen Wahrscheinlichkeitstheorie

Seit L. Zadeh 1965 die Fuzzy-Set-Theorie begründete, gibt es eine lange Diskussion über die Beziehungen und Unterschiede zwischen Fuzzy-Set-Theorie und Wahrscheinlichkeitstheorie. Darüber hinaus gibt es eine leidenschaftliche Debatte zwischen Anhängern und Verfechtern der Wahrscheinlichkeitstheorie und der Fuzzy-Set-Theorie, die als noch nicht abgeschlossen betrachtet werden kann und zum Teil recht emotionell geführt wurde. Verfechter der Wahrscheinlichkeitstheorie werfen der Fuzzy-Set-Theorie vor, daß sie kein adäquates Werkzeug zur Modellierung von Unsicherheiten sei und daß die Wahrscheinlichkeitstheorie ohnehin völlig ausreiche, um alle Arten von Unsicherheiten mathematisch zufriedenstellend zu modellieren. Außerdem könne bewiesen werden, daß wahrscheinlichkeitstheoretische Ansätze optimal seien, das heißt, daß keine andere mathematische Methode ein besseres Ergebnis liefern könne. Das bedeutet z.B., daß ein Spieler, der bei einem Glücksspiel nach den Gesetzen der Wahrscheinlichkeitstheorie setzt, immer besser als ein andererer, der z.B. nach den Gesetzen der Fuzzy-Logik setzt, abschneidet.

Anhänger der Fuzzy-Logik sagen dagegen, daß die Fuzzy-Logik ein allgemeineres mathematisches Werkzeug als die Wahrscheinlichkeitstheorie sei und die Wahrscheinlichkeitstheorie quasi einen Spezialfall darstelle. Außerdem sei es nicht richtig, daß alle Arten von Unsicherheit, wie z.B. linguistische Vagheit, wie alt, schön etc, durch den Begriff der Wahrscheinlichkeit abgedeckt werde.

Ich möchte diese Diskussion an dieser Stelle nicht weiter vertiefen, da sie in mancherlei Hinsicht relativ unergiebig ist, und will mich mit einigen Bemerkungen begnügen. Zuerst ist festzustellen, daß ein Vergleich, sei es von einem mathematischen oder von einem pragmatischen Standpunkt, zwischen Wahrscheinlichkeitstheorie und Fuzzy-Set-Theorie schwierig ist. Dafür gibt es mehrere Gründe. Der erste Grund ist, daß die Fuzzy-Set-Theorie keine einheitlich definierte Struktur wie z.B. die zweiwertige Logik aufweist, sondern mehr eine sehr allgemeine Familie von Theorien darstellt (denken Sie z.B. an die Viefalt möglicher Typen von Zugehörigkeitsfunktionen in Kapitel 1 und die vielen verschiedenen Mengenoperatoren in Kapitel 2). Außerdem ist auch die Wahrscheinlichkeitstheorie keine einheitlich definierte Theorie, so daß es verschiedene Definitionen und Interpretationen des Begriffs "Wahrscheinlichkeit" gibt. Eine sehr gebräuchliche Definition ist die der quantitativen Wahrscheinlichkeit (gegeben sei E, dann ist die Wahrscheinlichkeit von H gleich q). Zwei sehr wichtige und bedeutende Interpretationen der quantitativen Wahrscheinlichkeit sind die Interpretation als Grade der Wahrheit von Aussagen der zweiwertigen Logik seitens Koopman und die "statistische" Interpretation seitens Kolmogoroff, die die meisten als Wahrscheinlichkeit schlechthin ansehen, da sie in allen Lehrbücher der uni- und multivariaten Statistik (für Soziologen, Mediziner, Betriebs- und Volkswirte, Ingenieure und Naturwissenschaftler) praktisch ausschließlich behandelt wird, da sie die "objektive" Form ist. "Objektiv" deshalb, weil die Wahrscheinlichkeiten aufgrund von Erhebungen, Messungen etc. bestimmt werden und daher (scheinbar) objektiv sind.

Neben der Schwierigkeit, daß weder die Fuzzy-Set-Theorie noch die Wahrscheinlichkeitstheorie einheitliche Theorien sind, sondern eher Familien von Theorien mit einer Reihe von Definitionen und Interpretationen der Begriffe "Wahrscheinlichkeit" und "Fuzziness", sind, ist ein weiteres Problem, welche Aspekte beider Theoriegebäude überhaupt verglichen werden sollen. Für Mathematiker sind sicherlich die theoretischen Fundamente der jeweiligen Theoriefamilien bzw. Einzeltheorien besonders interessant. Für den Anwender sind solche Aspekte eher unwesentlich (vorausgesetzt er bekommt handhabbare Implementationen), er interessiert sich mehr für folgende Fragestellungen:

- Was kann ich mit der Wahrscheinlichkeitstheorie (Fuzzy-Set-Theorie) anfangen?
- Welche Theorie liefert in der Praxis bessere Ergebnisse?
- Welche Theorie liefert verständlichere Ergebnisse?
- Welche Theorie ist wann anzuwenden?
- usw.

Leider sind solche Fragen viel schwerer zu beantworten als Fragen hinsichtlich mathematischer Ähnlichkeiten bzw. Unterschiede und im allgemeinen auch unbeantwortbar. Eine Entscheidung kann nur von Fall zu Fall getroffen werden. Der Vorteil der Fuzzy-Set-Theorie ist, daß sie in wesentlich größerem Maße an den jeweiligen Kontext angepaßt werden kann als die Wahrscheinlichkeitstheorien, und somit in vielen Fällen bessere Ergebnisse liefern kann. Beide Theoriegebäude ergänzen einander und es gibt auch Bestrebungen beide Ansätze zu verbinden.

Allerdings steckt dies noch in den Kinderschuhen und führt häufig zu recht komplexen Gebilden, deren praktische Brauchbarkeit zumindestens anzuzweifeln ist.

Ich möchte auch noch erwähnen, daß viele praktische Problemstellungen, wie z.B. Mustererkennung, Prognose, Planung etc. so hochgradig komplex und unstrukturiert sind, daß sie sich jeder Art formaler Behandlung erfolgreich widersetzen. Auch die im Moment stark in Mode gekommenen "neuronalen" Netze haben eine Menge Probleme mit vielen realen Problemstellungen. Daher ist es kein Wunder, daß alle Ansätze bei der gleichen Problemstellung und etwa identischem Aufwand etwa gleichwertige Ergebnisse liefern. Ein irgendwie theoretisch begründeter Anspruch auf Überlegenheit eines Konzeptes hinsichtlich besserer Ergebnisse ist in der Praxis bei komplexen Aufgabenstellungen in der Regel nicht haltbar, so daß die Entscheidung nach rein pragmatischen Gesichtspunkten erfolgen sollte.

Eine Basis für eine Entscheidung kann die Art der Unsicherheit sein, die zu modellieren ist. Die Fuzzy-Set-Theorie ist besonders geeignet zur Modellierung vager und unscharfer Begriffe, wie sie häufig bei der Modellierung subjektiver Einschätzungen und Schlußfolgerungen anzutreffen sind. Bei solchen Anwendungen kann in der Regel auch nicht der Apparat der quantitativen Statistik eingesetzt werden, so daß die Methoden der quantitativen Wahrscheinlichkeitstheorie nach Kolmogoroff nicht anwendbar sind. Diese zuletzt genannten Verfahren sind in der Regel bei der Analyse von Massendaten, deren Ereignisse scharf und eindeutig sind, sehr gut einzusetzen.

Bei Anwendungen im Bereich der Mustererkennung kann eine Entscheidung für oder gegen ein bestimmtes Verfahren in der Regel nicht a priori getroffen werden, da es nicht möglich ist, die Art der Unsicherheit zu definieren. Wie ich bereits weiter oben ausführte, sind diese Probleme im Grunde genommen völlig unstrukturiert (eine Struktur ist erst da, wenn man sie erkannt hat) und daher nicht formalisierbar, was die Attraktivität neuronaler Netzwerke für solche Anwendungen erklärt. Eine Entscheidung für oder gegen eine Methode kann daher erst nach erfolgreicher (oder auch nicht erfolgreicher) Anwendung eines theoretischen Ansatzes auf ein spezielles Problem getroffen werden. Das Ergebnis ist außerdem nur begrenzt auf andere, ähnliche Problemstellungen übertragbar und keinesfalls zu verallgemeinern. Allerdings laufen alle Ansätze auf ein Lernverfahren hinaus (bei neuronalen Netzen ist unmittelbar zu erkennen, bei statistischen Verfahren werden Daten akkumuliert und analysiert), was die ähnliche Erfolgsquote in der Praxis erklärt.

Zusammenfassend ist festzustellen, daß Fuzzy-Set-Theorie kein Ersatz für die Wahrscheinlichkeitstheorie (und umgekehrt) ist, sondern daß sich beide Theorien ergänzen. Die Fuzzy-Set-Theorie hat eine recht große Anzahl von Freiheitsgraden (Arten von Zugehörigkeitsfunktionen, verschiedene Union- und Intersection-Operatoren usw.), während bei der Wahrscheinlichkeitstheorie die jeweilige Struktur und die Operationen eindeutig festgelegt sind. Dies bedeutet, daß die Fuzzy-Set-Theorie wesentlich besser an den jeweiligen Kontext angepaßt werden kann. Diese bedeutet natürlich auch, daß man die Fuzzy-Set-Theorie an den jeweiligen Kontext anpassen **muß**, wenn man sie als ein geeignetes Werkzeug zur Modellierung einsetzen will. Das heißt man muß die passenden Operatoren und Zugehörigkeitsfunktionen festlegen.

7 Unscharfes Schließen

Jeder Mensch ist täglich damit beschäftigt, auf der Basis von vorhandenem Wissen und vorhandenen Fakten Schlußfolgerungen zu ziehen. Grundsätzlich lassen sich verschiedene Arten des Schließens unterscheiden:

- *Deduktives Schließen* bedeutet, daß aus allgemeineren Sachverhalten speziellere Aussagen abgeleitet werden.
- *Induktives Schließen* bedeutet, daß aus beobachteten Einzelgegebenheiten allgemeinere Gesetzmäßigkeiten abgeleitet werden. Induktives Schließen stellt damit eine spezielle Form des Lernens aus Beispielen dar.
- *Analoges Schließen* bedeutet, daß bei unbekannten Sachverhalten Schlüsse aufgrund von Analogien gezogen werden.
- *Unscharfes* oder *nicht-exaktes Schließen* wird verwendet, wenn unsicheres oder vages Wissen vorliegt.

Alle diese Formen des Schließens werden von Menschen mehr oder weniger problemlos angewendet. Eine Übertragung dieser Schlußfolgerungsmethoden in einen Computer in Form von sogenannten 'Expertensystemen' (siehe Kapitel 8) ist jedoch nicht einfach. Analogieschluß - eine von Menschen häufig verwendete Form des Schließens - ist noch nicht einmal ansatzweise realisiert. Induktives Schließen ist in einfachen Formen teilweise realisiert. Die allgemein verwendete Form des Schließens in Expertensystemen ist das deduktive Schließen. Allerdings sind in der Realität die Begriffe häufig vage, unsicher und unscharf, so daß die herkömmliche mathematische Logik zur Modellierung nicht ausreicht. An diesem Punkt setzt ein Teilgebiet der Fuzzy-Set-Theorie - die Fuzzy-Logik - an, die Methoden für das unscharfe Schließen zur Verfügung stellt. Ein wichtiges Basiskonzept ist dabei der Begriff der linguistischen Variablen, das ein wichtiges Instrument zur Modellierung von unscharfen Sachverhalten ist. Anschließend werden wir uns mit den verschiedenen Formen des unscharfen Schließens auseinandersetzen.

7.1 Linguistische Variablen

Linguistische Variablen unterscheiden sich von numerischen Variablen dadurch, daß ihre Werte nicht Zahlen sind, sondern Wörter und Ausdrücke der Umgangssprache oder einer natürlichen Sprache. Da Wörter im allgemeinen nicht so präzise sind wie Zahlen, werden die einzelnen Werte der linguistischen Variablen durch Fuzzy-Sets dargestellt. Ein kleines Beispiel soll dieses Konzept deutlich machen. Wir definieren uns eine linguistische Variable *Temperatur*. Als interessierenden Bereich legen wir Temperaturen zwischen 0 und 50°C fest. Die Variable Temperatur selbst soll als Werte die natürlichsprachlichen Ausdrücke {kalt, etwas kalt, normal, etwas heiß, heiß } annehmen können. Diese Ausdrücke sind dabei Namen für die in Bild 7.1 dargestellten trapezförmigen Fuzzy-Sets.

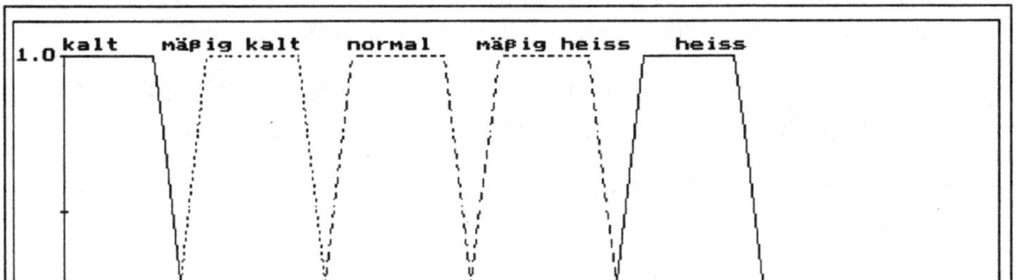

Bild 7.1: Linguistische Variable Temperatur

Bemerkenswert am Konzept der linguistischen Variablen ist vor allem die zusätzliche, schon bei Zadeh [1975] zu findende Vorstellung, daß die Gesamtheit der Werte einer solchen linguistischen Variablen ausgehend von gewissen grundlegenden Werten durch Verwendung von Fuzzy-Set-Operatoren generiert werden kann. Bei unserer linguistischen Variablen *Temperatur* können so zum Beispiel ausgehend von den angegebenen Werten Werte wie *nicht heiß, kalt oder mäßig kalt, normal und mäßig heiß* usw. konstruiert werden. Unter Zuhilfename der Modifikatoren wie der Konzentration als Operator für *sehr* bzw. der Dilation als Operator für *mehr oder weniger* können außerdem Werte wie *sehr heiß, mehr oder weniger kalt, sehr sehr kalt, nicht sehr kalt oder mäßig kalt* usw. erzeugt werden. Die Konsequenz dieser Vorstellung ist, daß auch komplexe Benennungen der Werte einer linguistischen Variablen mittels einer erzeugenden Grammatik aus gewissen Basiswerten erzeugt werden können.

Allerdings ist es derzeit eine theoretisch weitgehend ungeklärte Frage, wie die den modifizierenden Worten z.B. *sehr, etwas, ein wenig, ziemlich, mehr oder weniger, meistens, ungefähr, selten* usw. entsprechenden mengentheoretischen Operatoren definiert werden sollen. Außerdem sind viele Modifikatoren stark kontextabhängig. Für die logischen Verknüpfungen wie *UND, ODER, NICHT* existieren diese Probleme in weitaus geringerem Umfang, da sie durch geeignete mengentheoretische Operatoren modelliert werden können.

Ein weiteres Problem ist, daß durch Anwendung einer generativen Grammatik sehr komplexe Begriffe konstruiert werden können, deren Aussagekraft gegen Null geht, wie z.B *mehr oder weniger (heiß und etwas mäßig heiß) oder ziemlich (sehr mäßig heiß und sehr normal)* ?! Erforderlich wäre daher eine erzeugende Grammatik, die nur sinnvolle und verständliche Begriffe generiert. Eine solche Grammatik erfordert aber ein tiefgehendes Wissen natürlicher Sprachen und läßt sich nicht so einfach formulieren.

In diesem Zusammenhang muß kritisch angemerkt werden, daß das Konzept der linguistischen Variablen ausschließlich der Modellierung einzelner Begriffe gilt und von seiten der Fuzzy-Set-Theoretiker das Feld der Computerlinguistik praktisch vollständig ignoriert wurde. Das bedeutet, daß das Konzept der linguistischen Variablen praktisch isoliert dasteht und ein Verstehen natürlicher Sprache z.B. zwecks automatischer Sprachübersetzung oder Sprachinterpretation damit nicht möglich ist.

Daher wollen wir hier an dieser Stelle die linguistischen Variablen als eine Kollektion von Fuzzy-Sets auffassen, die als eine Variable mit einem Variablennamen aufgefaßt werden, wobei die einzelnen Fuzzy-Sets die verschiedenen Werte darstellen. Auf eine erzeugende Grammatik verzichten wir ganz.

Unsere Klassendefinition einer linguistischen Variablen sieht wie folgt aus:

```
unit lingvar;
interface
uses graph,operator,fuzzy,f_lr,f_array;

type
linguistic_var=  object
                   name : string;
                   fuzzysets:array[1..10] of ^fuzzyset;
                   anz:integer;
                   xmin,xmax:real;
                   x0,y0,width,height,rahmencolor,
                       fuzzycolor:integer;

                   procedure setname(n:string);
                   function  getname:string;

                   constructor setX(min,max:real);
                   function get_xmin:real;
                   function get_xmax:real;
                   procedure addfuzzyset(var f:fuzzyset);
                   function getanz:integer;
                   procedure getfuzzyset(nr:integer;var f:fuzzyset);

                   procedure setdisplaydat(xl,yu,w,h,rcol,
                       fcol:integer);
                   procedure display;virtual;
                   procedure rahmen;
                   procedure writenamen;
                 end;

implementation { siehe Diskette }
```

Einige Elemente dieser Klasse sind leicht verständlich, so die Variable **name** für den Namen der linguistischen Variablen mit den dazugehörenden Methoden **setname** und **getname**. Außerdem braucht die Klasse **linguistic_var** einen Konstruktur, der wie bei den Fuzzy-Set-Klassen die Angabe des x-Wertebereichs erfordert. Für die Darstellung auf dem Bildschirm werden ebenfalls wie bei den Fuzzy-Set-Klassen einige Daten und Methoden benötigt, die denen der Fuzzy-Set-Klassen vollkommen entsprechen. Die zusätzliche Methode **writenamen** schreibt die Namen aller Fuzzy-Sets der linguistischen Variablen von links nach rechts oben auf dem Bildschirm. Die Methode **display** gibt alle Fuzzy-Sets der linguistischen Variablen auf dem Bildschirm aus, wobei die Farbe des Fuzzy-Sets mit der Farbe seines Namens korrespondiert. Die Fuzzy-Sets werden der linguistischen Variable mittels der Methode **addfuzzyset** mitgeteilt. Diese Methode setzt dann den x-Werte-Bereich und die Display-Daten des übergebenen Fuzzy-Sets entsprechend der Daten der linguistischen Variablen. Bevor Sie ein Fuzzy-Set hinzufügen, muß es initialisiert sein!! Zur Initialisierung eines Fuzzy-Sets wurde ein zusätzlicher Konstruktor **init** in allen Fuzzy-Set-Klassen hinzugefügt, der keine Argumente benötigt. Der x-Werte-Bereich eines Fuzzy-Sets kann dann später mit der neuen Methode **changeX** festgelegt werden. Das folgende Programm veranschaulicht die Arbeitsweise mit den so definierten linguistischen Variablen und erzeugt außerdem das Bild 7.1:

```
Program tlingvar;
uses dos,graph,operator,f_lr,f_array,lingvar;
var Tkalt,Tmaessigkalt,Tnormal,Tmaessigheiss,Theiss:fuzzy_trapez;
    T:linguistic_var;

procedure init;
var grdrv,grmode:integer;
begin
    grdrv:=detect;
    initgraph(grdrv,grmode,'');
end;

begin
    init;
    T.setx(0.0,50.0); {Initialisierung der ling. Variablen }

    { jetzt Fuzzy-Sets init.}
    tkalt.init;
    tmaessigkalt.init;
    tnormal.init;
    tmaessigheiss.init;
    theiss.init;

    {Fuzzy-Sets Namen geben }
    Tkalt.setname('kalt');
    Tmaessigkalt.setname('maig kalt');
    Tnormal.setname('normal');
    Tmaessigheiss.setname('maig heiss');
    Theiss.setname('heiss');

    { Ling. Variablen Namen geben und Fuzzy-Sets hinzufügen}
    T.setname('Temperatur');
    T.addfuzzyset(Tkalt);
    T.addfuzzyset(Tmaessigkalt);
    T.addfuzzyset(Tnormal);
    T.addfuzzyset(Tmaessigheiss);
    T.addfuzzyset(Theiss);

    { Fuzzy-Sets definieren}
    Tkalt.setparam(0.0,5.0,5.0,5.0,0.0,1.0);
    Tmaessigkalt.setparam(8.0,13.0,5.0,5.0,0.0,1.0);
    Tnormal.setparam(16.0,21.0,5.0,5.0,0.0,1.0);
    Tmaessigheiss.setparam(24.0,29.0,5.0,5.0,0.0,1.0);
    Theiss.setparam(32.0,37.0,5.0,5.0,0.0,1.0);

    { und ling. Variable anzeigen }
    T.rahmen;
```

```
    T.display;
    T.writenamen;
    readln;
    closegraph;
end.
```

7.2 Unscharfes Schließen

7.2.1 Grundlagen

Die Repräsentation von Wissen und Fakten ist eine wesentliche Voraussetzung für das Ziehen von Schlußfolgerungen in einem Computer. Im folgenden wollen wir annehmen, daß das unseren Schlußfolgerungen zugrunde liegende Wissen in Form von Regeln dargestellt wird:

Regel 1: Wenn $X_1 = A_{11}$ ... und $X_i = A_{1i}$ ... und $X_n = X_{1n}$ dann $Y = B_1$

...

Regel j: Wenn $X_1 = A_{j1}$ ... und $X_i = A_{ji}$ ... und $X_n = X_{jn}$ dann $Y = B_j$

...

Regel m: Wenn $X_1 = A_{m1}$ ... und $X_i = A_{mi}$ ... und $X_n = X_{mn}$ dann $Y = B_m$

und die gegebenen Fakten in der Form $X_1 = A_1, \ldots, X_n$. Gesucht ist dann der Wert für Y, der aufgrund der gegebenen Regeln und Fakten zu bestimmen ist. Die Variablen X_1 bis X_n und Y sind linguistische Variablen und alle Begriffe und Fakten als Fuzzy-Sets gegeben.

Zur Veranschaulichung betrachten wir ein einfaches Beispiel mit einer Variablen T (Temperatur) und P (Leistung):

Regel 1: Wenn T = heiß dann P = kühlen

Regel 2: Wenn T = normal dann P = Null

Regel 3: Wenn T = kalt dann P = heizen

und gegeben sei T = etwas kalt (oder auch T = 15 °C). Zu bestimmen ist die Leistung P für diese Temperatur.

Die Aufgabe, aus solchen (unscharfen) Regeln und Fakten Schlüsse zu ziehen, heißt unscharfes Schließen. Diese Aufgabenstellung ist allerdings nur relativ vage definiert und es sind recht unterschiedliche Interpretationen möglich. Wir können z.B. hinsichtlich der Regeln folgende unterschiedlichen Annahmen treffen:

- Jede Regel wird als absolut wahr angenommen, das heißt wir sind uns absolut sicher, daß die betreffende Regel vollkommen zutreffend ist und die Schlußfolgerung dieser Regel in dem Maße zutrifft wie ihre Voraussetzung.
- Alternativ wird jede Regel nicht als absolut gültig angenommen. Jeder Regel wird in einer vereinfachten Form eine Zahl zwischen Null (kein Vertrauen in die Gültigkeit der Regel, d.h. vollkommene Unsicherheit) und Eins (volles Vertrauen in die Gültigkeit der Regel. d.h. vollkommene Sicherheit) zugeordnet. Dieses Sicherheits- oder Glaubensmaß läßt sich auch als Zugehörigkeitsgrad einer Regel zur Menge der absolut gültigen Regeln interpretieren.

Dieselben alternativen Ansätze lassen sich für die beobachteten Fakten A_i machen. Wenn wir nicht annehmen können, daß diese Fakten absolut sicher sind, können wir in äquivalenter Weise jedem Fakt eine Zahl zwischen Null (absolut unsicheres Fakt) und Eins (absolut sicheres Fakt) zuordnen.

Damit ergeben sich vier verschiedene Kombinationsmöglichkeiten:

- Alle Fakten und Regeln werden als sicher angenommen. Die einzige Unsicherheit ist die linguistische Unsicherheit, die wir durch Fuzzy-Sets bei den Aussagen und Fakten modellieren. Dieser Fall ist der einfachste.
- Alle Fakten werden als sicher angenommen, jede Regel jedoch nur mehr oder weniger sicher. Den Grad der Sicherheit modellieren wir wie besprochen durch eine Zahl zwischen Null und Eins. Ansonsten gibt es nur linguistische Unsicherheiten wie beim ersten Fall.
- Alle Regeln werden als sicher angenommen, die Fakten jedoch nur mehr oder weniger sicher. Den Grad der Sicherheit geben wir mit einer Zahl zwischen Null und Eins an. Ansonsten gilt das bereits Gesagte.
- Alle Regeln und Fakten werden als mehr oder weniger sicher angenommen. Den Grad der Sicherheit geben wir bei jedem Fakt und jeder Regel mit einem Zahlenwert zwischen Null und Eins an. Ansonsten gilt das bereits Gesagte. Dieser Fall ist der komplexeste der vier Möglichkeiten.

Natürlich ist dies erst ein Anfang. Zum einen läßt sich argumentieren, daß der Grad der Sicherheit sich besser durch eine linguistische Variable als durch einen einzelnen Zahlenwert modellieren läßt. Zum anderen gibt es bei Fakten und Regeln noch andere Arten von Unsicherheiten als linguistische Unsicherheiten und Glaubwürdigkeiten, wie z.B. stochastische Unsicherheit, die sich durch wahrscheinlichkeitstheoretische Ansätze modellieren ließe. Erforderlich wäre dazu z.B. die Integration von Fuzzy-Set-Theorie und diversen wahrscheinlichkeitstheoretischen Ansätzen. An dieser Stelle wollen wir es jedoch bei den oben aufgeführten vier Möglichkeiten belassen, da auch so die ganze Angelegenheit schon kompliziert genug ist. Außerdem stehen weiterführende Konzepte erst ganz am Anfang und praxistaugliche Ergebnisse sind in naher Zukunft kaum zu erwarten.

Bei der gegebenen Aufgabenstellung müssen wir jetzt noch folgende Möglichkeiten unterscheiden:

- Die gegebenen Fakten stimmen mit den Begriffen in den Regeln auf der Bedingungsseite voll überein. In diesem Fall wird die linke Seite irgendeiner oder mehrerer Regeln mit den Fakten übereinstimmen und als Ergebnis ihren vorgegebenen Wert auf der rechten Seite der Regel annehmen können. Für unser Beispiel heißt das, daß die Temperatur z.B. 'hoch' ist. Dann ist die Bedingung der 1. Regel voll erfüllt und sie wird das Ergebnis P='kühlen' als Ergebnis liefern.
- Die gegebenen Fakten stimmen mit den Bedingungen der Regeln nur teilweise überein.

In dem letzten Fall hat man nun folgende Alternativen:

- Da keine exakte Übereinstimmung der Fakten mit den Regeln vorliegen, können keine Schlüsse gezogen werden. Dies ist sicher die einfachste Methode, und alle Systeme die auf klassischer zweiwertiger Logik beruhen arbeiten so, da keine Grautöne zugelassen werden können. Dieser Ansatz ist allerdings etwas unbefriedigend, um das Mindeste zu sagen.
- Es wird untersucht, inwieweit die gegebenen Fakten mit den Bedingungen der Regeln übereinstimmen, d.h. daß wir eine Art Wahrheits- oder Übereinstimmungsmaß für jede Regel bestimmen, das die Übereinstimmung der Regel mit den Fakten widerspiegelt. Beim Ziehen der Schlußfolgerung anhand der betreffenden Regel wird dieses Übereinstimmungsmaß mit verrechnet. Diese Methode wird bei den einfachen Formen des unscharfen Schließens benutzt und im folgenden Unterkapitel im Detail besprochen; Vor- und Nachteile werden beleuchtet.
- Es wird der Grad der Abweichung und die Verteilung der Unschärfe sowohl bei den Fakten als auch bei den Bedingungen auf der linken Seite der Regeln als auch bei den Schlußfolgerungen in Betracht gezogen; die Schlußfolgerungen werden entsprechend modifiziert. Diese Form des unscharfen Schließens

heißt *plausibles Schließen* und ist sowohl komplex als auch leistungsfähig. Es wird zum Schluß dieses Kapitels ausführlich behandelt. Bei unserem Beispiel kann mit Hilfe des plausiblen Schließens für ein T = 'etwas kalt' der Schluß P= 'null und heizen' also P =' etwas heizen' gezogen werden.

Wir wollen an dieser Stelle die Diskussion zunächst unterbrechen, um die einfachen Formen des unscharfen Schließens zu untersuchen. Im Anschluß daran werden wir im Unterkapitel über das plausible Schließen diese Diskussion in anderer Hinsicht noch weiter vertiefen. Für das einfache unscharfe Schließen und für das plausible Schließen werde ich Ihnen selbstverständlich wieder Programme geben, mit denen Sie Ihre eigenen Regelsysteme aufbauen und testen können. Außerdem gibt es wie immer wieder viele Beispiele.

7.2.2 Simple Formen des unscharfen Schließens

Bei den einfachen Formen des unscharfen Schließens wird, wie bereits weiter oben ausgeführt wurde, für jeden Begriff in einer Regel ein Übereinstimmungsmaß mit dem aktuellen Fakt berechnet. Für die Regel j des weiter oben aufgeführten Regelsystems sind also folgende Werte zu bestimmen, wenn die Fakten $X_1 = A_1^*$, ..., $X_n = A_n^*$ gegeben sind:

$$\mathbf{a_{j1} = match(A_1^*, A_{j1})}$$

$$\mathbf{a_{j2} = match(A_2^*, A_{j2})}$$

$$\cdots$$

$$\mathbf{a_{ji} = match(A_i^*, A_{ji})}$$

$$\cdot\cdot$$

$$\mathbf{a_{jn} = match(A_n^*, A_{jn})}$$

Die Fakten sind dabei entweder Fuzzy-Sets oder einzelne scharfe Werte, die Begriffe A_{ji} sind Fuzzy-Sets, und die einzelnen Kompatibilitätsmaße sind reelle Größen zwischen Null und Eins. Auf die Berechnung dieser Kompatibilitätsmaße mit dem Operator **match** kommen wir weiter unten noch zu sprechen.

Als nächster Schritt sind diese Kompatibilitätsmaße zu einer Gesamtkompatibilität für die gesamte linke Seite einer Regel zu aggregieren. Diese Größe drückt dann den Grad der Übereinstimmung einer Regel mit den aktuellen Fakten aus. Wenn laut Regel alle Größen mittels 'Und' zu verknüpfen sind, kann ein beliebiger (aber der Situation angemessener!) Und-Operator aus Kapitel 2 verwendet werden, wie z.B. der Minimum-Operator. Wenn alle Größen mittels 'Oder' zu verknüpfen sind, bietet sich ein Oder-Operator aus Kapitel 2, wie z.B. der Maximum-Operator an. In vielen Fällen ist es auch sinnvol,l einen passenden kompensatorischen Operator zu verwenden und seinen Parameter entsprechend zu justieren. Mathematisch läßt sich das wie folgt formulieren (**aggop** ist irgendein Mengenoperator zur Aggregation)

$$\mathbf{a_j = aggop(a_{j1}, a_{j2}, ..., a_{ji}, ..., a_{jn})}$$

Der nächste Schritt ist jetzt die Bestimmung des Ergebnisses B_j* jeder Regel unter Verwendung der rechten Seite B_j und der Gesamtkompatibilität a_j mit einem Inferenzoperator , auf den wir ebenfalls noch zu sprechen kommen,:

$$\mathbf{B_j^* = Inferenz(a_j, B_j)}$$

Bis auf das Gesamtkompatibilitätsmaß a_j sind alle Größen in dieser Formel Fuzzy-Sets.

Als letzter Schritt bleibt noch die Bestimmung des Gesamtresultats B* durch eine akkumulierende Verknüpfung aller Ergebnisse B_j*:

$$\mathbf{B^* = accop(B_1^*, B_2^*, ..., B_j^*, ..., B_m^*)}$$

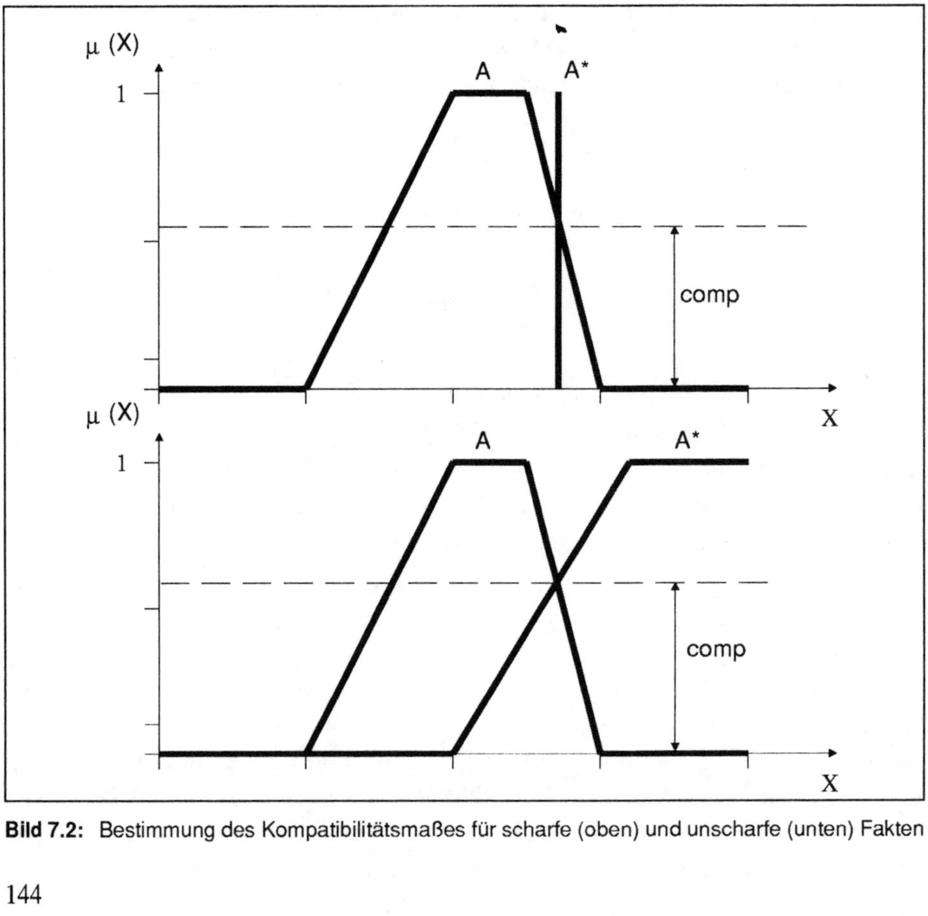

Bild 7.2: Bestimmung des Kompatibilitätsmaßes für scharfe (oben) und unscharfe (unten) Fakten

Der Operator **accop** kann je nach Anforderung ein Und-Operator, ein Oder-Operator oder ein parametrisierter Operator zwischen Und- und Oder sein. Wir erkennen unmittelbar, daß diese Prozedur für den Fall, daß die Fakten mit den Regeln exakt übereinstimmen, das Ergebnis B* = B liefert.

Wir müssen jetzt allerdings noch klären, wie die jeweiligen Kompatibilitätsmaße überhaupt bestimmt werden. Bild 7.2 zeigt dies grafisch anhand eines Beispiels mit einem scharfen Fakt und einem unscharfen Fakt. In beiden Fällen wird einfach der maximale Zugehörigkeitswert der Minimumverknüpfung beider Fuzzy-Sets bestimmt. Bei einem scharfen Fakt reduziert sich diese Prozedur natürlich auf die Bestimmung des Zugehörigkeitswertes von A_{ij} für den x-Wert des scharfen Fakts.

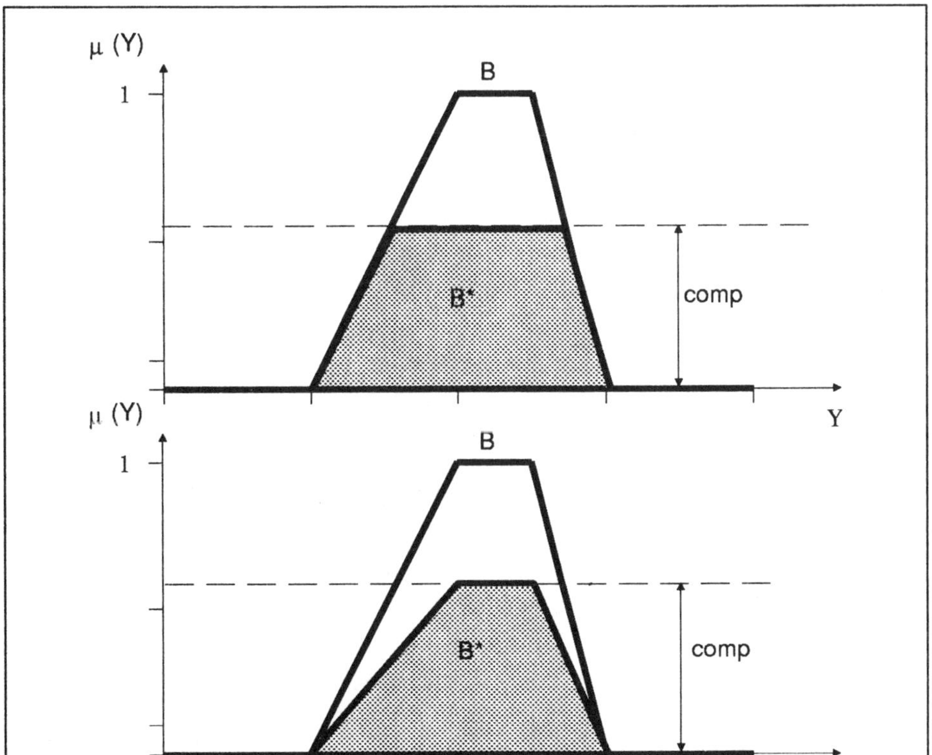

Bild 7.3: Bestimmung der Schlußfolgerung mittels Minimum- (oben) bzw. Produktbildung (unten) von Kompatibilitätsmaß und Fuzzy-Set B

Was jetzt noch fehlt ist die Bestimmung der Schlußfolgerungen B_j* aus den B_j's und den Kompatibilitätsmaßen a_j. Bild 7.3 zeigt die beiden gebräuchlichen Methoden. Bei der ersten Methode wird das Minimum des Kompatibilitätsmaßes a_j und den Werten der Zugehörigkeitsfunktion von B_j gebildet und bei der zweiten Methode das Produkt.

Wir können jetzt auch erkennen, wie wir unsichere Regeln berücksichtigen können. Unsichere Regeln werden ja durch einen Sicherheitsfaktor zwischen Null und Eins gekennzeichnet. Dieser Wert wird einfach bei der Berechnung des Gesamtkompatibilitätsmaßes mittels einer Minimumoperation (es kann auch ein anderer nicht kompensatorischer Intersection-Operator verwendet werden) mit berücksichtigt:

$$\mathbf{a_j^* = min\ (a_j, c_j)}$$

Der Wert a_j ist unser bisheriges Gesamtkompatibilitätsmaß, c_j ist der Sicherheitsfaktor (engl. certainty-factor) der jeweiligen Regel und a_j* unser neues, bei der Ableitung der B_j* einzurechnendes Gesamtkompatibilitätsmaß. Wir sehen, daß bei einer Regel, die als sicher bezeichnet wird ($c_j = 1.0$), sich nichts gegenüber vorher geändert hat. Eine absolut unsichere Regel ($c_j=0$) hingegen trägt überhaupt nichts zum Ergebnis bei und eine mehr oder weniger sichere Regel trägt mehr oder weniger zum Gesamtergebnis bei.

Um die Ausführungen zu vervollständigen, ist noch auf die Bildung scharfer Ausgangswerte einzugehen, die häufig erforderlich ist (vor allem bei regelungstechnischen Anwendungen). Eine häufig verwendete Methode ist die Bildung des Schwerpunktes von B* (engl. Center of Gravity, kurz cog). Dazu ist die Gesamtfläche (A) und das Moment (M) von B* zu berechnen, was durch numerische Integration erfolgen kann. Der Schwerpunkt ist somit:

$$\mathbf{b^* = cog(B^*) = M(B^*)/A(B^*)\ mit}$$

$$\mathbf{M(B^*) = \Sigma\ x_i\ \mu_i(B^*)\ und\ A(B^*) = \Sigma\ \mu_i(B^*)}$$

Der Wert von b* ist dann das scharfe Resultat unserer Schlußfolgerungen.

Kommen wir nun zur Implementierung. Es erscheint sinnvoll, für die Definition und die Abarbeitung von Regelsystemen eine eigene Klasse **ruleset** zu definieren. Diese Klasse benötigt einen Konstruktor, außerdem Methoden, um die Operatoren **aggop** für die Aggregation, **accop** für die Akkumulation und **infop** für die Inferenz zu definieren. Eine weitere Methode ist erforderlich, um die Variablen, die die aktuellen Fakten enthalten, an die Regelbasis anzukoppeln. Außerdem werden Methoden benötigt, um Regeln hinzuzufügen, um die Aggregation von

Kompatibilitätsgraden und um die Inferenz durchzuführen. Zu guter Letzt brauchen wir noch eine Methode, die aus den aktuellen Fakten die Schlußfolgerung bestimmt.

Bevor wir nun die Klasse **ruleset** in Angriff nehmen, müssen wir alle Fuzzy-Set-Klassen um eine Methode erweitern, die den Kompatibiltätsgrad zwischen zwei Fuzzy-Sets bestimmt und um eine Methode, die den Kompatibilitätsgrad zwischen einem Fuzzy-Set und einem scharfen Wert bestimmt. Diese Methoden werden in der Klasse **fuzzyset** definiert und in den einzelnen Unterklassen implementiert. Auf der beiliegenden Diskette finden Sie unter dem Verzeichnis Kap7 die Methoden **cc** und **fc** in den Fuzzy-Set-Klassen, die den Kompatibilitätsgrad bestimmen. Diese aktualisierten Klassen enthalten auch eine Methode **cog**, die den Schwerpunkt eines Fuzzy-Sets bestimmen.

Kommen wir nun zur Klasse **ruleset.** Zunächst die Klassendefinition:

```
unit rules;
interface
uses graph,operator,parops,fuzzy,f_array,f_Lr;

const maxrules = 500;

type
   lhstype = array[1..8] of pointer;
   rhstype = fuzzyset;
   ruletype = record
                 uncertainty:real;
                 lhs:lhstype;
                 rhs:^rhstype;
              end;

   ruleset = object
              rules : array[1..maxrules] of ruletype;
              paragg:real;     { fuer LHS }
              paracc:real;     { fuer RHS  }
              agg:fuzzyop8;    { fuer LHS }
              accund:fuzzyop;    { fuer RHS }
              accoder:fuzzyop;   { fuer RHS }
              evalop:fuzzyop;
              lhsist: lhstype;
              anzrules:integer;
              anzvars:integer;
              infres:^fuzzy_array;
              constructor init(anzlhs:integer;var result:fuzzy_array);
              procedure setoperatoren(aggop:fuzzyop8;
                 accundop,accoderop,infop:fuzzyop);
              procedure setaggpar(x:real);
              procedure setaccpar(x:real);
              procedure xist(x1,x2,x3,x4,x5,x6,x7,x8:pointer;
              procedure adduncertainrule(cer:real;varerg:fuzzyset;
                 f1,f2,f3,f4,f5,f6,f7,f8:pointer);
```

```
        procedure addrule(var erg:fuzzyset;
           f1,f2,f3,f4,f5,f6,f7,f8:pointer);
        procedure eval;
        function aggregate(var rule:ruletype):real;
        procedure inferenz(match:real;var fsoll:fuzzyset;
           var fres:fuzzy_array);
     end;

implementation {siehe Diskette}
```

Fangen wir mit den Erläuterungen ganz oben an. Zunächst entdecken Sie sicher die neue Unit **parops**. Diese Unit enthält lediglich eine Umdefinition aller parametrischer Operatoren, um sie wie einen normalen Operator an die Methode **setoperatoren** übergeben zu können. Diese Unit definiert außerdem eine globale Variable **param** und eine Methode **setparam,** um diese zu verändern. Sie wird als Parameter von den Methoden dieser Unit benutzt.

Weiter mit der Unit **rules.** Als nächstes wird eine Konstante definiert, die die maximale Anzahl Regeln pro Regelbasis festlegt. Dann folgt eine Typdefinition **lhstype**, die die linke Seite einer Regel (left hand side, lhs)definiert. Dieser Typ legt für die linke Seite ein Array von acht typlosen Pointern fest, die entweder auf ein Fuzzy-Set oder auf NIL zeigen sollen. Damit sind also Regeln mit maximal acht Variablen auf der linken Seite möglich. Der Typ **rhstype** definiert für die rechte Seite einer Regel ein Fuzzy-Set. Der nächste Datentype **ruletype** setzt die Typen **lhstype** und **rhstype** zu einer kompletten Regel zusammen und fügt noch eine Variable **uncertainty** hinzu, die die Sicherheit einer Regel definiert.

Nun zur Klasse **ruleset**. Als erstes kommt die Variable **rules**, die bis zu **maxzahl** Regeln aufnehmen kann. Die aktuelle Anzahl Regeln wird in der Variablen **anzrules** festgehalten. Die Variablen **paragg** und **paracc** legen die Parameter für parametrisierte Operatoren für die linke Seite der Regelbasis (**paragg**) und für die rechte Seite (**paracc**) fest. Die Variable **agg** definiert den Aggregationsoperator für die linke Seite der Regelbasis. Als Operatoren können alle nicht parametrisierten Operatoren der Unit **operatoren** und alle Operatoren der Unit **parops** verwendet werden. Beachten Sie bitte, daß dieser Aggregationsoperator für alle Regeln einer Regelbasis identisch ist. Dies erscheint sinnvoll, da alle Regeln einer Regelbasis Beziehungen zwischen den gleichen linguistischen Variablen definieren.

Für die rechte Seite einer Regelgruppe werden in der Klasse **ruleset** ein Und-(**accund**) und ein Oder(**accoder**)-Operator definiert. Dies mag auf dem ersten Blick merkwürdig erscheinen, ist es aber nicht. Das Problem bei der Akkumulation aller Resultate der rechten Seite einer Regelgruppe ist die große Anzahl zu verknüpfender Fuzzy-Sets. Es ist daher notwendig, die Akkumulation rekursiv durchzuführen. Voraussetzung dafür ist, daß der Akkumulationsoperator assoziativ ist. Die meisten parametrischen Operatoren erfüllen diese Voraussetzung nicht. Um trotzdem für die rechte Seite einstellbare Operatoren zu haben, definieren wir einen Und-Operator (dieser muß eine T-Norm sein, siehe Kap2, z.B. der Minimum-Operator) und einen Oder-Operator (dieser muß eine S-Norm sein, am besten die zum Und-Operator passende S-Norm, also z.B. der Maximum-Operator). Mit dem Parameter **paracc**, der Werte zwischen Null und Eins haben muß, kann dann ein Operator zwischen Und und Oder eingestellt werden. Der Operator **evalop** legt den Inferenz-Operator , wie z.B. Minimum- oder Algebraic-Product-Operator, entsprechend obiger Ausführungen fest.

Die Variable **lhsist** zeigt auf die aktuellen Fakten und die Variable **anzvars** legt die Anzahl linguistischer Variablen der linken Seite einer Regelgruppe fest. Sie muß größer als Eins und kleiner als Neun sein. Die Variable **infres** schließlich zeigt auf ein Fuzzy-Set vom Typ **fuzzy_array,** das die aktuelle Schlußfolgerung enthält.

Nun zu den Methoden der Klasse **ruleset.** Da einige Methoden dieser Klasse stark erklärungsbedürftig sind, werde ich sie nachfolgend etwas näher erläutern. Zunächst der Konstruktor:

```
constructor ruleset.init(anzlhs:integer;var result:fuzzy_array);
begin
    anzrules:=0;
    anzvars:=anzlhs;
    infres:=@result;
    accoder:=max;         {Maximum-Operator fuer RHS Standard }
    accund:=min;
    paracc:=0.0;
    paragg:=0.0;
    evalop:=min;
    agg:=min8;
end;
```

Diese Methode muß als allererstes aufgerufen werden. Als Parameter sind die Anzahl Variablen für die linke Seite und ein initialisiertes Fuzzy-Set, das die aktuelle Schlußfolgerung enthalten soll, zu übergeben. Der Konstruktor überprüft die Anzahl **anzlhs** nicht auf Zulässigkeit! - wenn Sie Lust haben, können Sie dies hinzuprogrammieren. Der Konstruktor legt eine Reihe Defaultwerte für die Parameter und die Operatoren fest, so wird als Aggregationsoperator der Minimum-Operator, für die rechte Seite der Minimum- und der Maximum-Operator (der Parameter **paracc** ist so eingestellt, daß nur der Oder-Operator aktiv ist), und für die Inferenz der Minimum-Operator ausgewählt.

Die Definition dieser Operatoren kann mit der folgenden Methode überschrieben werden:

```
procedure ruleset.setoperatoren(aggop:fuzzyop8;
            accundop,accoderop,infop:fuzzyop);
begin
    accund:=accundop;
    accoder:=accoderop;
    evalop:=infop;
    agg:=aggop;
end;
```

Diese Methode ist sehr einfach -aber übergeben Sie alle Operatoren an der richtigen Position!

Die aktuellen Parameter bei parametrisierten Operatoren können mit folgenden Methoden geändert werden:

```
procedure ruleset.setaggpar(x:real);
begin
    paragg:=x;
end;

procedure ruleset.setaccpar(x:real);
begin
    paracc:=x;
end;
```

Die folgende Methode erlaubt die Definition der Variablen, die die aktuellen Fakten enthalten:

```
procedure ruleset.xist(x1,x2,x3,x4,x5,x6,x7,x8:pointer);
begin
    lhsist[1]:=x1;
    lhsist[2]:=x2;
    lhsist[3]:=x3;
    lhsist[4]:=x4;
    lhsist[5]:=x5;
    lhsist[6]:=x6;
    lhsist[7]:=x7;
    lhsist[8]:=x8;
end;
```

Dieser Methode dürfen nur initialisierte Fuzzy-Sets oder NIL übergeben werden! Wenn Sie eine Regelbasis mit zwei Variablen auf der linken Seite definiert haben, müssen Sie dieser Methode zwei Fuzzy-Sets als Inputvariablen für die Regelbasis wie folgt übergeben:

```
    ruleset.xist(@x1, @x2, nil, nil, nil, nil, nil,nil)
```

Zwischen den Inputvariablen darf kein NIL auftauchen!!

Die folgenden Methoden fügen Regeln zur Regelbasis hinzu:

```
procedure ruleset.adduncertainrule(cer:real;var erg:fuzzyset;
                f1,f2,f3,f4,f5,f6,f7,f8:pointer);
begin
    inc(anzrules);
```

```
    rules[anzrules].rhs:=@erg;
    with rules[anzrules] do
    begin
        uncertainty:=1.0-cer;
        lhs[1]:=f1;
        lhs[2]:=f2;
        lhs[3]:=f3;
        lhs[4]:=f4;
        lhs[5]:=f5;
        lhs[6]:=f6;
        lhs[7]:=f7;
        lhs[8]:=f8
    end;
end;

procedure ruleset.addrule(var erg:fuzzset;
                f1,f2,f3,f4,f5,f6,f7,f8:pointer);
begin
    adduncertainrule(1.0,erg,f1,f2,f3,f4,f5,f6,f7,f8);
end;
```

Diese beiden Methoden sind fast identisch, die letzte Methode ist zum Hinzufügen von absolut sicheren Regeln gedacht. Diese Methoden erwarten als erstes Argument ein Fuzzy-Set für die rechte Seite der Regel (B_j) und dann für die linke Seite Fuzzy-Sets (die A_{ij}). Es muß mindestens ein Fuzzy-Set für die linke Seite übergeben werden, alle anderen Werte können gleich NIL sein. Beachten Sie, daß auch hier die Positionen in der Argumentliste von links nach rechts gezählt werden. Wenn Sie eine Regelbasis mit drei Variablen auf der linken Seite aufbauen, müssen Sie die Regeln z.B. wie folgt hinzufügen:

```
    ruleset.addrule(B1, @A11, nil, @A13, nil, nil, nil,nil, nil);
    ruleset.addrule(B2, @A21, @A22, nil, nil, nil, nil,nil, nil);
    ruleset.addrule(B3, nil, @A32, @A33, nil, nil, nil,nil, nil);
```

Dies ist das Äquivalent zu

Regel 1: Wenn X1=A11 und X3=A13 dann Y=B1

Regel 2: Wenn X1=A21 und X2=A22 dann Y=B2

Regel 3: Wenn X2=A32 und X3=A33 dann Y=B3

Falls Ihnen das noch unklar ist - es kommen noch einige Beipielprogramme!

Die folgende Methode bestimmt für die linke Seite einer Regel den Grad der Übereinstimmung mit den aktuellen Fakten :

```
function ruleset.aggregate(var rule:ruletype):real;
var i:integer;
    ms:feld8;
    amatch:real;
    anzahl:integer;
    fsoll,fist:^fuzzyset;
```

```
begin
   anzahl:=0;
   for i:=1 to anzvars do with rule do
   begin
      if lhs[i]<>nil then
      begin
         inc(anzahl);
         fsoll:=lhs[i];
         fist:=lhsist[i];
         if fist^.isset = false
            then amatch:=fsoll^.cc(fist^.getwert)
            else  amatch:=fsoll^.fc(fist^);
         ms[anzahl]:=amatch;
      end;
   end;
   setparam(paragg);
   amatch:=agg(anzahl,ms);
   aggregate:=min(1.0-rule.uncertainty,amatch);
end;
```

Diese Methode durchsucht eine gegebene Regel von links nach rechts nach Werten ungleich NIL. Für jedes gefundene Fuzzy-Set wird dann der Grad der Übereinstimmung mit dem dazugehörenden Fakt bestimmt. Dabei wird bei scharfen Fakten die entsprechende Methode **cc** der Klasse **fuzzyset** benutzt und für unscharfe Fakten die Methode **fc** der Klasse **fuzzyset.** Für scharfe Fakten wurde in der Unit **f_LR** eine Unterklasse **singleton** der Klasse **fuzzy_dreieck** definiert. Diese Klasse definiert ein Set, das nur für einen x-Wert einen Zugehörigkeitswert gleich Eins enthält. Für alle anderen x-Werte ist der Zugehörigkeitsgrad gleich Null. Die Klasse **fuzzyset** definiert außerdem eine Methode **isset,** die für alle Fuzzy-Set-Klassen die Nachricht **true** sendet und für die Klasse **singleton** die Nachricht **false.** Damit kann die Methode **aggregate** die richigte Methode für die Berechnung des Kompatibilitätsgrades auswählen. Alle bestimmten Kompatibilitätsgrade für eine Regel werden zwischengespeichert und zum Schluß zu einem Gesamtkompatibilitätsgrad mit dem Operator **agg** aggregiert, und zuletzt wird noch mit dem Minimum-Operator die Unsicherheit der Regel berücksichtigt.

Die folgende Methode bestimmt für ein gegebenes B_j (=**fsoll**) der rechten Seite und einem Kompatibilitätsgrad die aktuelle Schlußfolgerung B_j^* und schreibt sie nach **fres**:

```
procedure ruleset.inferenz(match:real;var fsoll:fuzzyset;
                 var fres:fuzzy_array);
var i:integer;
   x:real;
   xl,xh,dx:real;
begin
   xl:=fsoll.get_xmin;
   xh:=fsoll.get_xmax;
   dx:=xh-xl;
```

```
    for i:=0 to resx do
    begin
        x:=xl+i*dx/resx;
        fres.set_u(x,evalop(match,fsoll.u(x)));
    end;
end;
```

Diese Methode ist sehr einfach, deshalb gehen wir direkt zur nächsten über:

```
procedure ruleset.eval;
var i:integer;
    ergund,ergoder:fuzzy_array;
    aund,aoder:fuzzy_array;
    matchlhs:real;
    nomatch:boolean;

begin
    nomatch:=false;
    ergund.setx(infres^.get_xmin,infres^.get_xmax);
    ergoder.setx(infres^.get_xmin,infres^.get_xmax);
    aoder.setx(infres^.get_xmin,infres^.get_xmax);
    aund.setx(infres^.get_xmin,infres^.get_xmax);
    matchlhs:=aggregate(rules[1]);
    if anzrules = 1 then
    begin
        matchlhs:=aggregate(rules[1]);
        inferenz(matchlhs,rules[1].rhs^,infres^);
    end else
    begin
        if paracc = 0.0 then        { Nur oder-Operator anwenden }
        begin
            matchlhs:=aggregate(rules[1]);
            inferenz(matchlhs,rules[1].rhs^,infres^);
            for i:=2 to anzrules do
            begin
                matchlhs:=aggregate(rules[i]);
                if matchlhs > 0.0 then
                begin
                    inferenz(matchlhs,rules[i].rhs^,ergoder);
                    infres^.op(accoder,ergoder,infres^);
                end;
            end;
        end;
        if paracc = 1.0 then      { Nur Und-Operator anwenden }
        begin
            matchlhs:=aggregate(rules[1]);
            inferenz(matchlhs,rules[1].rhs^,infres^);
            for i:=2 to anzrules do
            begin
                if nomatch=false then
                begin
                    matchlhs:=aggregate(rules[i]);
                    inferenz(matchlhs,rules[i].rhs^,ergund);
                    infres^.op(accund,ergund,infres^);
                end;
```

```
            if matchlhs =0.0 then nomatch:=true;
         end;
      end;
      if (paracc> 0.0) and (paracc < 1.0) then
      begin
         matchlhs:=aggregate(rules[1]);
         inferenz(matchlhs,rules[1].rhs^,aund);
         inferenz(matchlhs,rules[1].rhs^,aoder);
         for i:=2 to anzrules do
         begin
            matchlhs:=aggregate(rules[i]);
            if matchlhs > 0.0 then
            begin
               inferenz(matchlhs,rules[i].rhs^,ergund);
               if nomatch=false then aund.op(accund,ergund,aund);
               aoder.op(accoder,ergund,aoder);
            end else nomatch:=true;
         end;
         infres^.compop(paracc,aund,aoder);
      end;
   end;
end;
```

Diese Methode erscheint auf den ersten Blick etwas unübersichtlich. Dies liegt daran, daß wir aus Effizienzgründen drei verschiedene Fälle in Abhängigkeit des Parameters **accpar** unterscheiden müssen. Die prinzipielle Aufgabe dieser Methode ist, für alle Regeln die Kompatibilität der linken Seite mit den aktuellen Fakten zu bestimmen, daraus für jede Regel die aktuelle Schlußfolgerung zu ziehen und dann diese Teilergebnisse zu einem Gesamtergebnis zu akkumulieren. Diese Methode wertet somit die ganze Regelbasis aus. Es sind jetzt drei Fälle bei der Berechnung des Gesamtergebnisses zu unterscheiden:

- Der Parameter **accpar** ist gleich Null. Das heißt, es sollen alle Teilergebnisse ausschließlich mit einem reinen Oder-Operator zu einem Gesamtergebnis verknüpft werden. In diesem Fall ist es nicht nötig, ein Teilergebnis zu berücksichtigen, bei dem alle Zugehörigkeitswerte gleich Null sind. Dies ist der Fall, wenn eine Regel keinerlei Übereinstimmung mit den Fakten hat, also die Variable **matchlhs** gleich Null ist. Beachten Sie, daß wir ein solches Ergebnis nur unter den Tisch fallenlassen können, wenn der Oder-Operator eine S-Norm ist, da bei einer S-Norm laut Definition (vgl. Kapitel 2) gilt : $S(0,\mu(x)) = \mu(x)$! Daher dürfen Sie der Regelbasis als Oder-Operator nur eine S-Norm vorsetzen, da ansonsten mit größter Wahrscheinlichkeit Unfug berechnet wird. Da bei einer großen Regelbasis die meisten Regeln mit den Fakten überhaupt nicht übereinstimmen, wird durch die oben beschriebene Vorgehensweise eine Menge Arbeit bei der Akkumulation aller Teilergebnisse gespart. Dies wirkt sich sehr drastisch auf die Gesamtrechenzeit aus, wenn alle Fakten scharfe Werte (also Instanzen der Klasse **singleton**) sind, da dann die

Berechnung des Übereinstimmungsgrades sehr wenig Aufwand erfordert. Wenn alle Fakten unscharf sind, ist die Ersparnis nicht so groß. Aber auch bei unscharfen Fakten könnte die Berechnung des Kompatibilitätsgrades sehr schnell erfolgen, wenn wir nur trapezförmige Fuzzy-Sets zulassen würden. An dieser Stelle soll jedoch eine solche Einschränkung nicht gemacht werden.

– Der Fall **accpar** = 1.0 bedeutet, daß alle Teilergebnisse mit einem Und-Operator zu akkumulieren sind. In diesem Fall ist es so, daß das Gesamtergebnis Null ist, wenn irgendeine Regel mit den Fakten überhaupt nicht übereinstimmt, also der Wert matchlhs gleich Null ist. In diesem Fall weist die aktuelle Schlußfolgerung nur Zugehörigkeitswerte gleich Null auf und unter der Voraussetzung, daß der Und-Operator eine T-Norm ist, ergibt sich für das Gesamtergebnis, daß alle Zugehörigkeitswerte gleich Null sind. Mit Hilfe der logischen Variablen **nomatch** wird diese Tatsache berücksichtigt. Ansonsten treffen die oben gemachten Aussagen auch hier zu.

– Der Fall **accpar** > 0.0 und < 1.0 ist einfach eine Kombination der beiden Spezialfälle, die wir bereits diskutierten.

Damit ist die Besprechung der Klasse ruleset vollständig und wir können zu einigen erläuternden Beispielen übergehen. Unser erstes Beispiel sind die oben angegebenen Beispielregeln:

Regel 1: Wenn T = heiß dann P = kühlen;
Regel 2: Wenn T = normal dann P = Null;
Regel 3: Wenn T = kalt dann P = heizen;

Diese werden wie folgt in ein Programm umgesetzt. Zuerst müssen wir alle Units einbinden und dann die linguistischen Variablen und Fuzzy-Sets sowie eine Regelbasis deklarieren:

```
Program Sheizen;
uses dos,crt,graph,operator,parops,fuzzy,f_lr,f_array,lingvar,rules;

const  delta=0.5;

var tkalt,tnormal,theiss:fuzzy_trapez;
    pkuehlen,pnull,pheizen:fuzzy_trapez;
    pres:fuzzy_array;
    t,p:linguistic_var;
    tin,pout:singleton;
    tr:real;
    regeln:ruleset;
    ch:char;

procedure init;
var grdrv,grmode:integer;
begin
```

```
    grdrv:=detect;
    initgraph(grdrv,grmode,'');
end;
```

Anschließend müssen alle Fuzzy-Sets und linguistische Variablen initialisiert und ihre Parameter gesetzt werden:

```
begin
    init;
    t.setx(0.0,50.0);
    p.setx(-100.0,100.0);
    p.setdisplaydat(0,0,getmaxx,getmaxy div 2,white,white);
    t.setdisplaydat(10,10+getmaxy div 2,getmaxx,getmaxy div 2,
        white,white);
    t.setname('Temperatur');
    p.setname('Leistung');
    pkuehlen.init;
    pnull.init;
    pheizen.init;
    pres.init;
    pout.init;

    tkalt.init;
    normal.init;
    theiss.init;
    tin.init;
    tkalt.setname('kalt');
    tnormal.setname('normal');
    theiss.setname('heiss');
    pkuehlen.setname('kuehlen');
    pnull.setname('Null');
    pheizen.setname('heizen');

    t.addfuzzyset(tkalt);
    t.addfuzzyset(tnormal);
    t.addfuzzyset(theiss);
    t.addfuzzyset(tin);

    p.addfuzzyset(pkuehlen);
    p.addfuzzyset(pnull);
    p.addfuzzyset(pheizen);
    p.addfuzzyset(pres);
    p.addfuzzyset(pout);
    tkalt.setparam(0.0,8.0,0.0,10.0,0.0,1.0);
    tnormal.setparam(18.0,22.0,10.0,8.0,0.0,1.0);
    theiss.setparam(30.0,35.0,8.0,10.0,0.0,1.0);

    pkuehlen.setparam(-100.0,-50.0,0.0,50.0,0.0,1.0);
    pnull.setparam(-20.0,20.0,30.0,30.0,0.0,1.0);
    pheizen.setparam(50.0,100.0,50.0,0.0,0.0,1.0);
```

Nun können wir die Regelbasis aufbauen. Wir initialisieren das Objekt **regeln** und teilen ihm mit, daß wir eine Variable auf der linken Seite haben und daß die Outputvariable das Fuzzy-Sets **pres** sein soll:

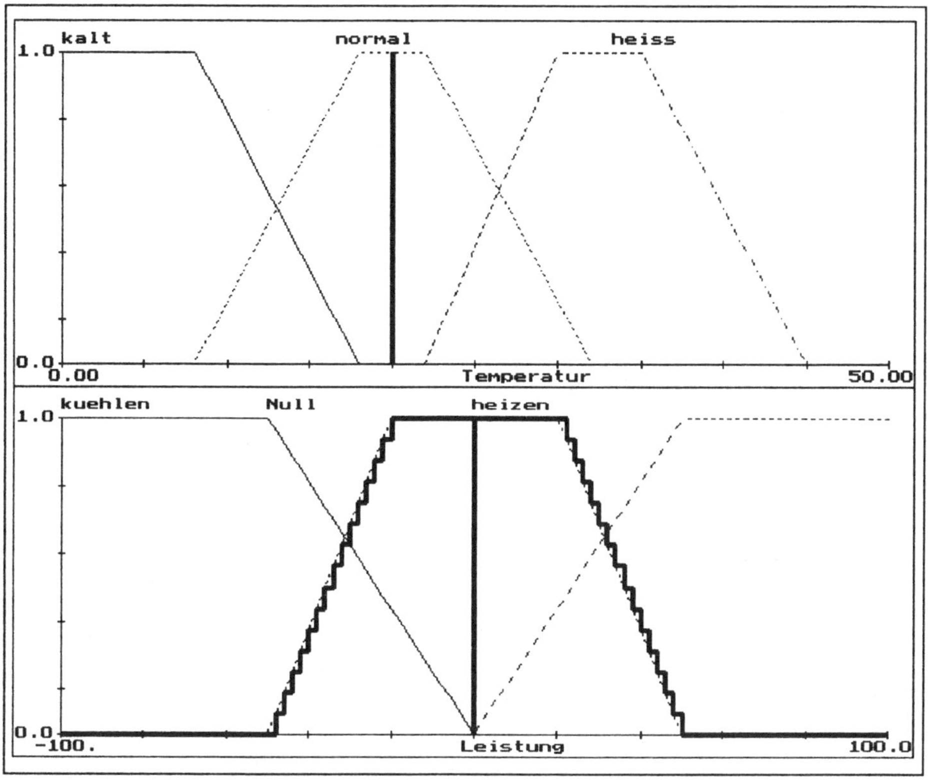

Bild 7.4: Ausgabe des Programms **sheizen**, aktuelle Fakten und Schlußfolgerung sind fett gezeichnet

```
regeln.init(1,pres);
```

Dann teilen wir der Regelbasis mit, daß das Singleton **tin** die aktuellen Fakten liefert:

```
regeln.xist(@tin,nil,nil,nil,nil,nil,nil,nil);
```

Nun kommen unsere drei Regeln:

```
regeln.addrule(pheizen,@tkalt,nil,nil,nil,nil,nil,nil,nil);
regeln.addrule(pnull,@tnormal,nil,nil,nil,nil,nil,nil,nil);
regeln.addrule(pkuehlen,@theiss,nil,nil,nil,nil,nil,nil,nil);
```

Der noch folgende Rest des Programms wertet die Regelbasis für gegebene Temperaturen, die als scharfe Größen aufgefaßt werden, aus. Mit den Tasten 't' bzw. 'T' kann diese Temperatur verkleinert bzw. vergößert werden. Die Taste 'Q' dient zum Beenden des Programms. Das Programm gibt sowohl die unscharfe Schlußfolgerung **pres** als auch das scharfe Ergebnis **pout** (berechnet mit

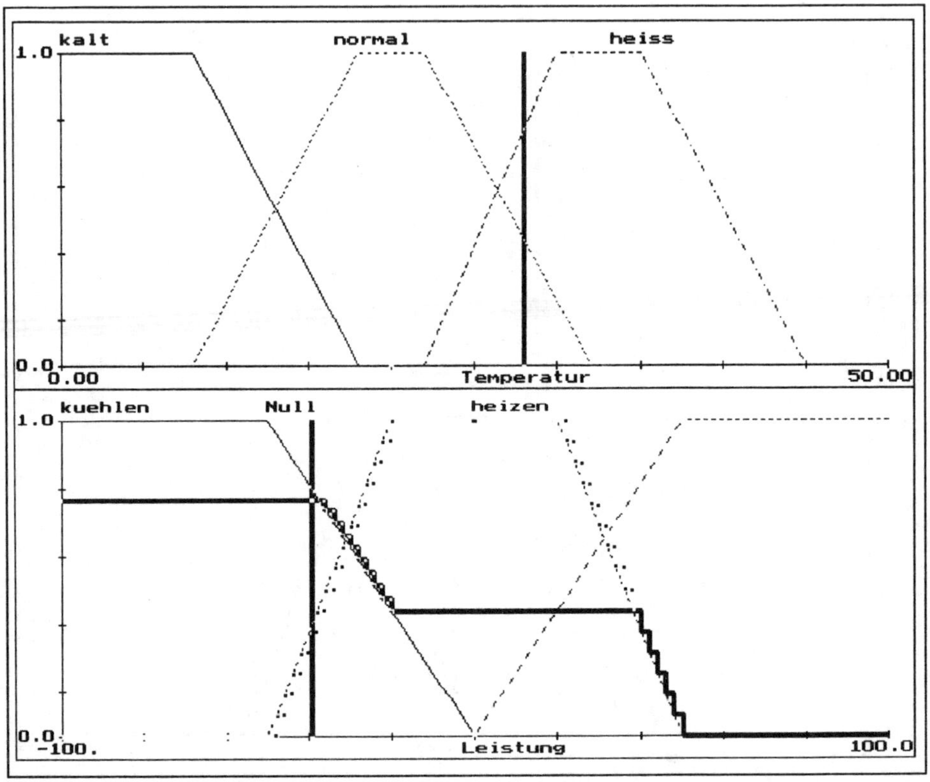

Bild 7.5: Ausgabe des Programms **sheizen** für eine andere Temperatur, aktuelle Fakten und Schlußfolgerung sind fett gezeichnet

pout.changex(pres.cog)) auf dem Bildschirm aus. Bild 7.4 und 7.5 zeigen die berechneten Schlußfolgerungen für zwei verschiedene Temperaturen. Hier noch der fehlende Programmteil:

```
t.rahmen;
t.writenamen;
p.rahmen;
p.writenamen;

tr:=20.0;
tin.changex(tr);
regeln.eval;
pout.changex(pres.cog);
t.display;
p.display;

setlinestyle(0,0,3);
pres.display;
setwritemode(xorput);
repeat
```

```
        ch:=readkey;
        case ch of
        't' : if tr > delta then tr:=tr-delta;
        'T' : if tr < 50.0-delta then tr:=tr+delta;
        end;
        tin.display;
        pres.display;
        pout.display;
        tin.changex(tr);
        regeln.eval;
        pout.changex(pres.cog);
        tin.display;
        pres.display;
        pout.display;
    until ch ='Q';
    closegraph;
end.
```

Im folgenden werde ich Ihnen nur nur noch die Programmteile für den Aufbau der Regelbasis abdrucken, da die Initialisierung der linguistischen Variablen und der Fuzzy-Sets immer auf ähnliche Weise erfolgt und Sie sämtliche Programme auf der beliegenden Diskette finden. Unser nächstes Beispiel ist die folgende Regelbasis:

Wenn X = A1 und Y = B1 dann Z = C1;
Wenn X = A2 und Y = B1 dann Z = C1;
Wenn X = A3 und Y = B1 dann Z = C2;
Wenn X = A1 und Y = B2 dann Z = C1;
Wenn X = A2 und Y = B2 dann Z = C2;
Wenn X = A3 und Y = B2 dann Z = C2;
Wenn X = A1 und Y = B3 dann Z = C2;
Wenn X = A2 und Y = B3 dann Z = C3;
Wenn X = A3 und Y = B3 dann Z = C3;

Die Prämissen A1 bis A3, B1 bis B3 und die Schlußfolgerungen sind trapezförmige Fuzzy-Sets. Die aktuellen Fakten x und y sind scharfe Größen . Folgendes Programmfragment (Programm **tregeln** auf der Diskette) realisiert die Regelbasis:

```
    regeln.init(2,cist);
    {
    regeln.setoperatoren(min8,min,max,algebraic_prod);
    }
    regeln.xist(@x,@y,nil,nil,nil,nil,nil,nil);
    regeln.addrule(c1,@a1,@b1,nil,nil,nil,nil,nil,nil);
    regeln.addrule(c1,@a2,@b1,nil,nil,nil,nil,nil,nil);
    regeln.addrule(c2,@a3,@b1,nil,nil,nil,nil,nil,nil);
    regeln.addrule(c2,@a1,@b2,nil,nil,nil,nil,nil,nil);
    regeln.addrule(c2,@a2,@b2,nil,nil,nil,nil,nil,nil);
    regeln.addrule(c2,@a3,@b2,nil,nil,nil,nil,nil,nil);
```

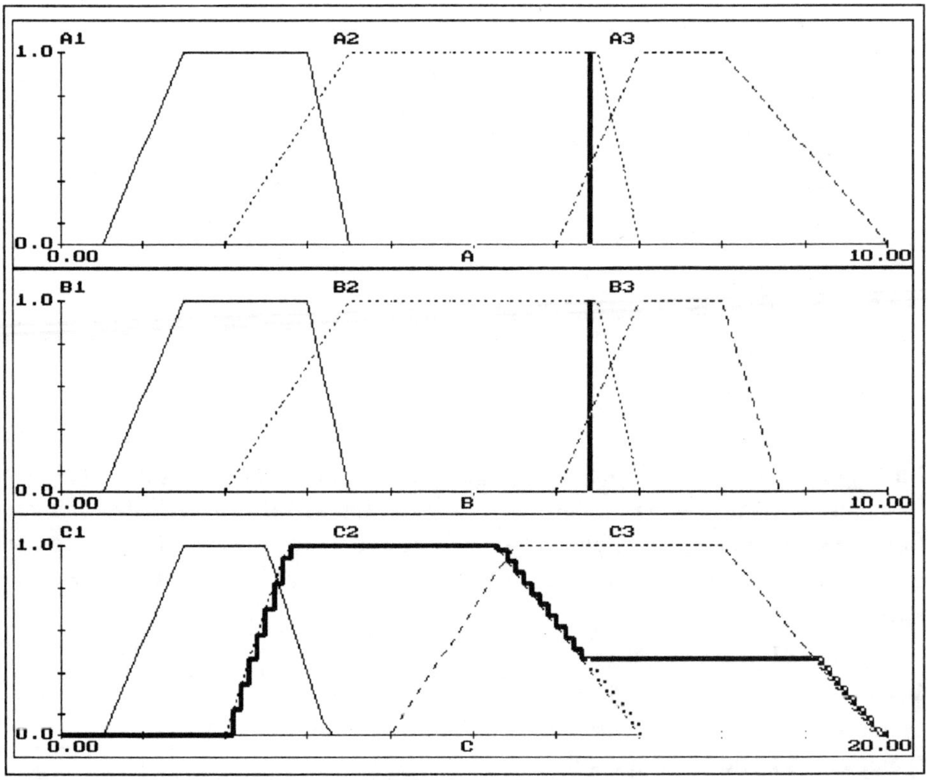

Bild 7.6: Ausgabe des Programms **tregeln**, aktuelle Fakten und Schlußfolgerung sind fett gezeichnet

```
regeln.addrule(c2,@a1,@b3,nil,nil,nil,nil,nil,nil);
regeln.addrule(c3,@a2,@b3,nil,nil,nil,nil,nil,nil);
regeln.addrule(c3,@a3,@b3,nil,nil,nil,nil,nil,nil);
```

Auch bei diesem Programm können Sie die Fakten x und y mittels der Tasten 'x', 'X', 'y' und 'Y' verändern und das Resultat studieren. Bild 7.6 zeigt eine Schlußfolgerung. Wenn Sie die geschweiften Klammern entfernen, benutzt das Programm den Algebraic-Product-Operator für die Inferenz. Bild 7.7 zeigt ein Resultat mit diesem Inferenzoperator bei identischer Regelbasis.

Sie sollten nun einmal unterschiedliche Operatoren für die Aggregation und Akkumulation verwenden und die Ergebnisse studieren. Eine weitere interessante Aufgabe ist es, einmal mit unsicheren Regeln zu experimentieren. Hier ist ein Beispiel, das die oben angegebene Regelbasis durch unsichere Regeln ersetzt:

```
regeln.adduncertainrule(1.0,c1,@a1,@b1,nil,nil,nil,nil,nil,nil);
regeln.adduncertainrule(0.7,c1,@a2,@b1,nil,nil,nil,nil,nil,nil);
regeln.adduncertainrule(0.5,c2,@a3,@b1,nil,nil,nil,nil,nil,nil);
regeln.adduncertainrule(0.6,c2,@a1,@b2,nil,nil,nil,nil,nil,nil);
```

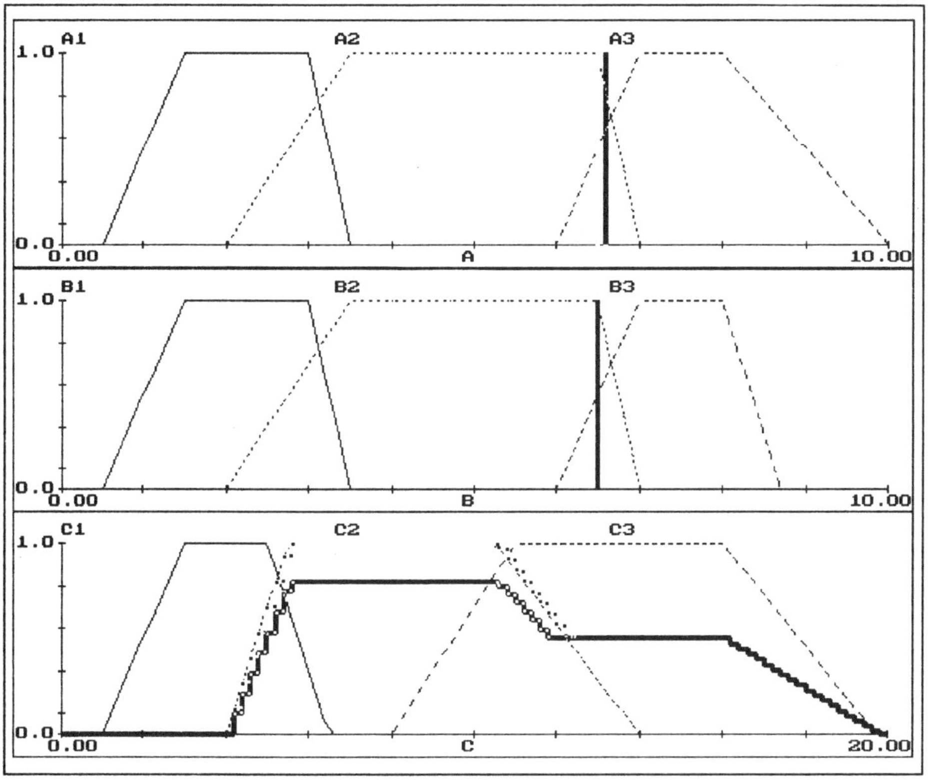

Bild 7.7: Ausgabe des Programms **tregeln** bei Verwendung des Algebraic-Produkt-Operators für die Inferenz, aktuelle Fakten und Schlußfolgerung sind fett gezeichnet

```
regeln.adduncertainrule(1.0,c2,@a2,@b2,nil,nil,nil,nil,nil,nil);
regeln.adduncertainrule(0.7,c2,@a3,@b2,nil,nil,nil,nil,nil,nil);
regeln.adduncertainrule(0.5,c2,@a1,@b3,nil,nil,nil,nil,nil,nil);
regeln.adduncertainrule(0.7,c3,@a2,@b3,nil,nil,nil,nil,nil,nil);
regeln.adduncertainrule(1.0,c3,@a3,@b3,nil,nil,nil,nil,nil,nil);
```

Die Bilder 7.8 und 7.9 verdeutlichen den Unterschied zwischen der sicheren und der unsicheren Regelbasis.

Das letzte Demonstrationsbeispiel soll zum plausiblen Schließen überleiten und behandelt das sogenannte Chaining von Regelbasen. Damit ist gemeint, daß die Schlußfolgerungen einer Regelbasis als Input für eine weitere Regelbasis dienen. Zur Demonstration wollen wir eine Regelbasis definieren, die den Zusammenhang zwischen der Farbe einer Frucht und ihrem Reifegrad beschreibt. Die Schlußfolgerung dieser Regelbasis dient als Input für eine Regelbasis, die den Zusammenhang zwischen dem Reifegrad und dem Geschmack einer Frucht definiert. Auf diese Weise können wir im Prinzip dann von der Farbe einer Frucht auf ihren

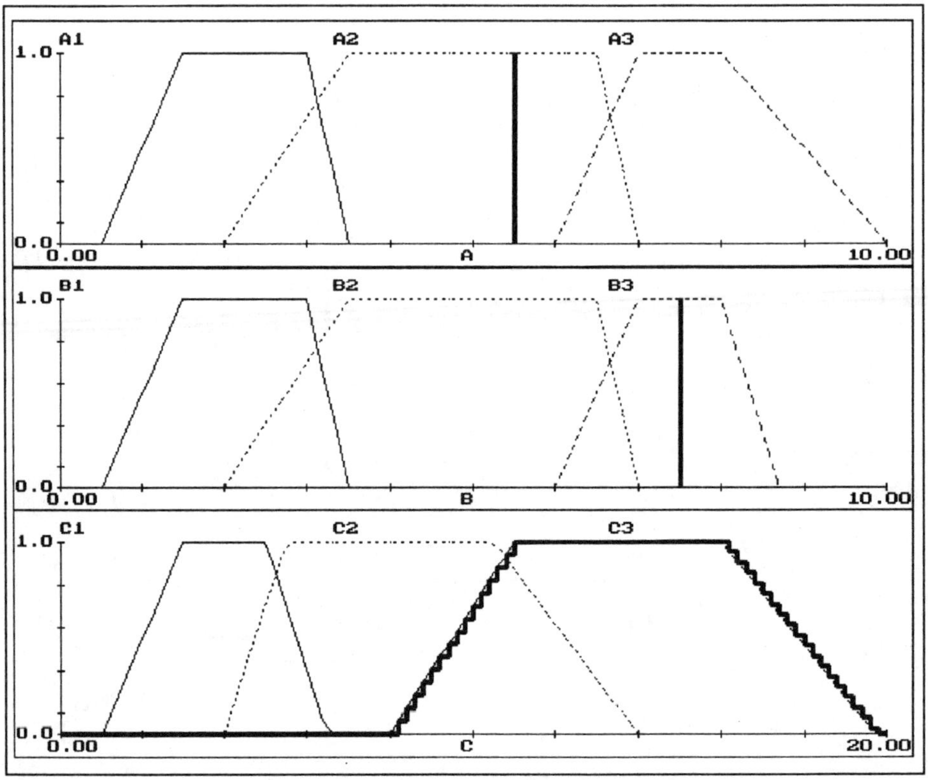

Bild 7.8: Ausgabe des Programms **tregeln** bei Verwendung des Algebraic-Produkt-Operators für die Inferenz, aktuelle Fakten und Schlußfolgerung sind fett gezeichnet

Geschmack schließen. Nun zur ersten Regelbasis. Die Farbe definieren wir als linguistische Variable mit den Werten {grün, gelb, rot}, die wir als trapezförmige Fuzzy-Sets definieren. Der Reifegrad ist eine linguistische Variable mit den Werten {unreif, halbreif, reif}. Unsere Regelbasis sieht dann so aus:

Wenn Farbe = grün dann Reife = unreif;
Wenn Farbe = gelb dann Reife = halbreif;
Wenn Farbe = rot dann Reife = reif;

In dem Programm **sreife.pas** auf der Diskette finden Sie diese Regelbasis unter dem Namen **farbe_reife:**

```
farbe_reife.init(1,rist);
farbe_reife.xist(@x,nil,nil,nil,nil,nil,nil,nil);
farbe_reife.xist(@x,nil,nil,nil,nil,nil,nil,nil);
farbe_reife.addrule(sreife[1],@sfar-
be[1],nil,nil,nil,nil,nil,nil,nil);  farbe_reife.addrule(srei-
fe[2],@sfarbe[2],nil,nil,nil,nil,nil,nil,
```

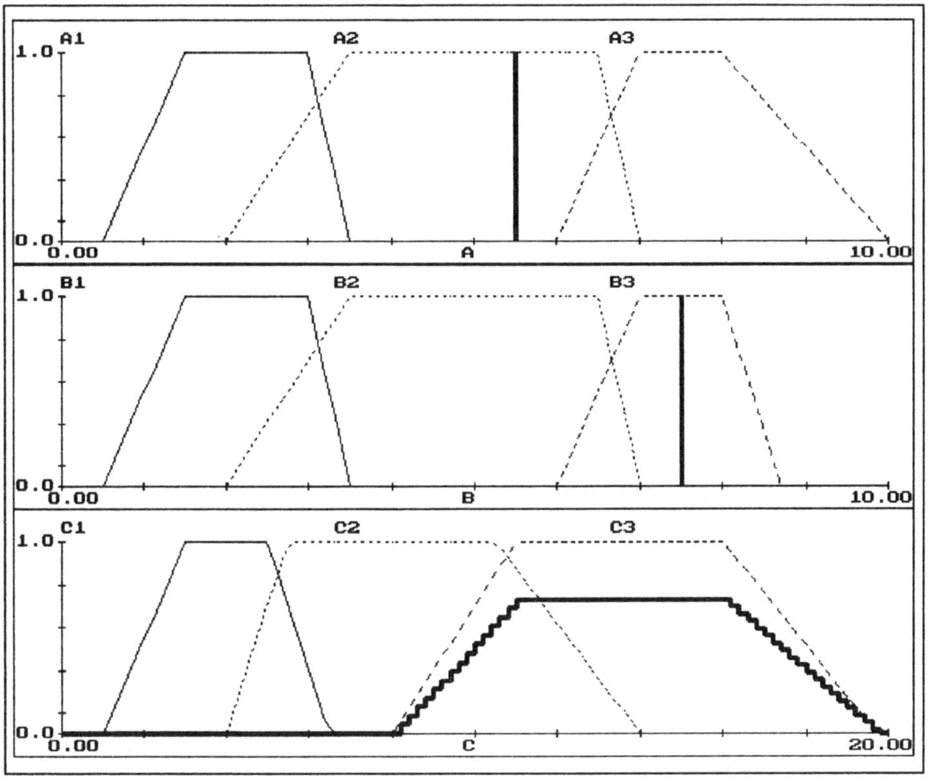

Bild 7.9: Ausgabe des Programms **tregeln** bei Verwendung des Algebraic-Produkt-Operators für die Inferenz für eine unsichere Regelbasis, aktuelle Fakten und Schlußfolgerung sind fett gezeichnet

```
   nil);
farbe_reife.addrule(sreife[3],@sfarbe[3],nil,nil,nil,nil,nil,nil,
   nil);
```

Als Inputvariable dient **fist** und das Ergebnis wird nach **rist** geschrieben. Unsere zweite Regelbasis sieht wie folgt aus:

Wenn Reife = unreif dann Geschmack = sauer;
Wenn Reife = halbreif dann Geschmack = süß-sauer;
Wenn Reife = reif dann Geschmack = süß;

In unseren Programm sieht das so aus:

```
reife_geschmack.init(1,gist);
reife_geschmack.xist(@rist,nil,nil,nil,nil,nil,nil,nil);
reife_geschmack.addrule(sgeschmack[1],@sreife[1],nil,nil,nil,nil,
   nil,nil,nil);
reife_geschmack.addrule(sgeschmack[2],@sreife[2],nil,nil,nil,nil,
```

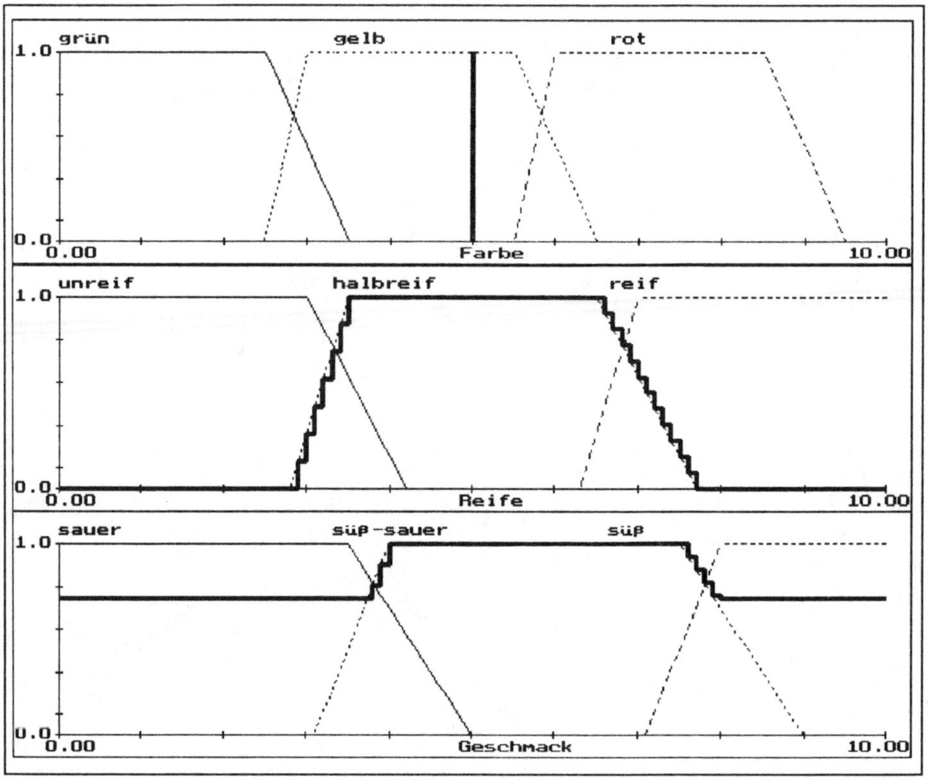

Bild 7.10: Ausgabe des Programms **sreife**, aktuelle Fakten und Schlußfolgerungen sind fett gezeichnet

```
    nil,nil,nil);
reife_geschmack.addrule(sgeschmack[3],@sreife[3],nil,nil,nil,nil,
    nil,nil,nil);
```

Sie sehen, daß diese Regelbasis als Input das Ergebnis der ersten Regelbasis erhält. Für das Ziehen der Schlußfolgerungen müssen wir die beiden Regelbasen nacheinander anstoßen:

```
farbe_reife.eval;
reife_geschmack.eval;
```

Sie können die aktuelle Farbe mit den Tasten 'f' und 'F' verändern. Die Farbe ist als scharfe Größe in dem Programm definiert. Wenn Sie mit dem Programm ein wenig spielen, so werden Sie feststellen, daß sich der Reifegrad noch ganz gut ermitteln läßt, daß der Geschmack aber nur mehr oder weniger undefiniert ist, da sich die Unschärfe durch das Hintereinanderhängen der Regelsysteme immer weiter vergrößert, so daß die endgültige Schlußfolgerung nahezu unbrauchbar ist (siehe Bilder 7.10 und 7.11).Dieser Effekt läßt sich zwar durch feinere Abstufung

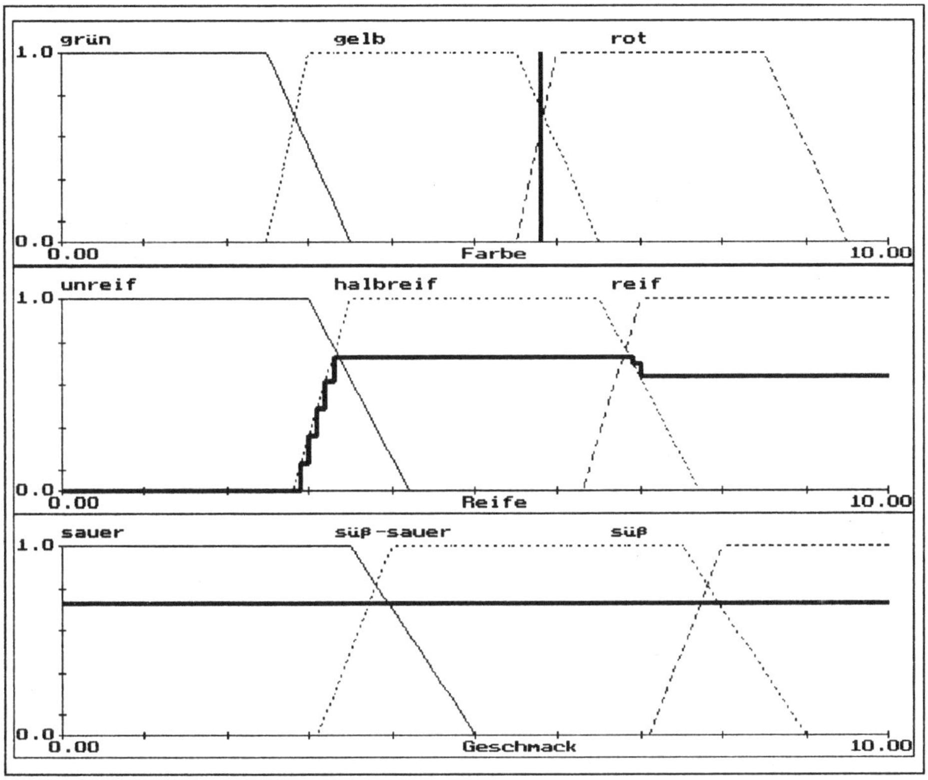

Bild 7.11: Ausgabe des Programms **sreife**, aktuelle Fakten und Schlußfolgerungen sind fett gezeichnet

der Farben, des Reifegrads und des Geschmacks und zusätzlichen Regeln abschwächen, aus der Welt zu schaffen ist er aber nicht. Selbstverständlich kann man nicht erwarten, daß bei unscharfen Schlußfolgerungen die Ergebnisse genauer als die Voraussetzungen sind, aber es sollte doch möglich sein, die aktuellen Informationen besser auszunutzen, als es bei der simplen Form des unscharfen Schließens der Fall ist. Die Ursache für dieses ungünstige Verhalten ist, daß weder die Art der Unsicherheit noch die Verteilung der Unschärfe bei den Fakten und Regeln bei der simplen Form des unscharfen Schließens berücksichtigt wird.

Daher wollen wir uns nun mit einer komplexeren Form des unscharfen Schließens befassen - dem plausiblen Schließen.

7.2.3 Plausibles Schließen

Ziel des plausiblen Schließens ist die Realisierung von Inferenzmechanismen, die unscharfe und unsichere Informationen in einer Weise verarbeiten, die ein Mensch "plausibel" nennen würde. Dieses Thema ist Gegenstand aktueller Forschung und ist noch nicht erschöpfend studiert worden. Die theoretischen Grundlagen sind einigermaßen schwierig und mit ziemlich viel Mathematik verziert. Um Ihnen die mathematischen Ableitungen zu ersparen, werde ich die Dinge anhand von Computergrafiken erläutern.

Ausgangspunkt sind wieder die mittlerweile bekannten Regeln. Um die Grundlagen zu studieren, ist es sinnvoll, sich zunächst auf eine einzelne Regel mit einer einzigen Prämisse zu beschränken:

Wenn X = A dann Y = B

Der gegebene Fakt sei X = A', dann soll die Schlußfolgerung Y = B' sein. Für die Berechnung von B' ist die folgende, in der Literatur unter dem Namen "Compositional rule of inference" bekannte Methode, eingehend studiert worden:

$$\mu_{B'}(v) = \sup T(\mu A'(u), I(\mu_A(u), \mu_B(v)))$$

Dies sieht einigermaßen scheußlich aus. Das Symbol I steht für Implikation und das Symbol T für T-Norm. T-Normen habe ich Ihnen schon in Kapitel 2 vorgestellt, Implikationen noch nicht. Implikationen stellen wie T-Normen eine Abbildung dar - allerdings sehen Implikationsoperatoren anders aus als T-Normen. Bevor ich Ihnen eine Reihe verschiedener Implikationsoperatoren vorstelle, möchte ich Ihnen erst einmal die Pascal-Implementierung der oben angegebenen Formel geben, da sie zeigt, daß das ganze nicht so wild ist, wie es aussieht. Dazu definieren wir uns eine Methode namens 'modus_ponens', da die Art der Schlußfolgerung in der Logik unter diesem Namen bekannt ist. Diese Methode wird in der Klasse **fuzzyset** wie folgt vereinbart:

```
procedure modus_ponens(tnorm:fuzzyop; impl: implikation;
          var fist, fsoll, fresult: fuzzyset):virtual;
```

Der Parameter **tnorm** steht für die T-Norm in der oben angegebenen Formel und ist natürlich vom Typ **fuzzyop**. Der nächste Parameter **impl** steht für die Implikation und hat den Typ **implikation**, der wie folgt definiert ist:

```
type implikation = function(x,y:real):real;
```

also genauso wie der Typ **fuzzyop**. Als nächstes kommen die Parameter **fist** (steht für das Fuzzy-Set A'), **fsoll** (steht für das Fuzzy-Set A) und **fresult** (steht für das Fuzzy-Set B). Das Fuzzy-Set B' ist das Fuzzy-Set, das die Nachricht **modus_ponens** mit diesen Argumenten erhält. Die Klasse **fuzzyset** kann diese Methode natürlich nicht implementieren - dies tun wir zuerst einmal in der Klasse **fuzzy_array**, da unsere Formel ja auch für einzelne Zugehörigkeitswerte definiert ist. Die Implementation in der Klasse **fuzzy_array** sieht wie folgt aus:

```
procedure fuzzy_array.modus_ponens(tnorm:fuzzyop;impl:implication;
                   var fist,fsoll,fresult:fuzzyset);
var i,j:integer;
    x,y:real;
    wert:real;
begin
    for i:=0 to resx do
    begin
        y:=fresult.get_xmin+
                i*(fresult.get_xmax-fresult.get_xmin)/resx;
        j:=0;
        x:=fsoll.get_xmin+j*(fsoll.get_xmax-fsoll.get_xmin)/resx;
        set_u(y,tnorm(fist.u(x),impl(fsoll.u(x),fresult.u(y))));
        for j:=1 to resx do
        begin
            x:=fsoll.get_xmin+j*(fsoll.get_xmax-fsoll.get_xmin)/resx;
            set_u(y,max(self.u(y),tnorm(fist.u(x),
                impl(fsoll.u(x),fresult.u(y)))));
        end;
    end;
end;
```

Wenn wir uns den Ausdruck **set_u(...)** ansehen, erkennen wir die Übereinstimmung mit der oben angegebenen Formel. Die beiden For-Schleifen haben jetzt die Aufgabe, diese Formel auf den gesamten Produktraum von A und B anzuwenden und das Ergebnis abzuspeichern. Diese ineinandergeschachtelten For-Schleifen riechen geradezu nach großem Rechenaufwand und Ineffizienz, was uns aber im Augenblick nicht stört, da wir zunächst einmal mit diesen Grundlagen auf experimentelle Weise befassen wollen. Dazu müssen wir aber die oben angegebene Formel exakt implementieren. Später können wir uns immer noch Gedanken über eine schnelle Abarbeitung machen.

Es ist Ihnen sicher nicht entgangen, daß wir mit dieser Implementation noch gar keine Festlegung hinsichtlich einer bestimmten T-Norm oder eines Implikationsoperators getroffen haben, da beide Operatoren als prozedurale Parameter definiert sind. In der Unit **operatoren.pas** haben wir natürlich einige T-Normen zur Auswahl, die Frage ist natürlich, welche wir nehmen sollen. Ich werde Ihnen in Kürze zeigen, daß die Wahl der T-Norm von dem Implikationsoperator abhängt. Es überrascht Sie wahrscheinlich nicht, wenn ich Ihnen jetzt sage, daß es mehr als einen Implikationsoperator gibt. In der Tat sind eine ganze Menge Implikationsoperatoren vorgeschlagen worden, und ich will Ihnen sofort einige davon vorstellen:

– Zadeh-Implikation $I_m(x,y) = \max(1 - x, \min(x,y))$

- Lukasiewicz-Implikation $I_a(x,y) = \min(1, 1 - x + y)$
- Mamdani-Implikation $I_c(x,y) = \min(x,y)$
- Standard-Strict-Implikation $I_s(x,y) =$ 1 falls $x <= y$ ansonsten 0
- Gödel-Implikation $I_g(x,y) = 1$ falls $x<= y$ ansonsten y
- Standard-Strict-Star-Implikation $I_{sg}(x,y) = \min(I_s(x,y), I_g(1-x,1-y))$
- Standard-Star-Strict-Implikation $I_{sg}(x,y) = \min(I_g(x,y), I_s(1-x,1-y))$
- Standard-Star-Star-Implikation $I_{gg}(x,y) = \min(I_g(x,y), I_g(1-x,1-y))$
- Standard-Strict-Strict-Implikation $I_{ss}(x,y) = \min(I_s(x,y), I_s(1-x,1-y))$
- Kleene-Dienes-Implikation $Ib(x,y) = \max(1-x,y)$
- Gaines-Implikation $I_G(x,y) = 1$ falls $x<= y$ ansonsten y/x
- Modified-Gaines-Implikation $I_{mG}(x,y) = \min(1, y/x, (1-x)/(1-y))$ falls $x> 0$ und $y < 1$ ansonsten 1
- Kleene-Dienes-Lukasiewicz $I_*(x,y) = 1-x+xy$
- Willmott-Implikation $I_{\#}(x,y) = \min(\max(1-x,y), \max(x, 1-x), \max(y, 1-y))$
- Standard-Sharp-Implikation $I(x,y) = 1$ falls $x < 1$ or $y=1$ ansonsten 0
- Wu1-Implikation $I_{1b}(x,y) = 1$ falls $x<= y$ ansonsten $\min(1-x,y)$
- Wu2-Implikation $I_{1c}(x,y) = 0$ falls $x < y$ ansonsten y

Diese Liste von Implikationsoperatoren ist ziemlich lang und bezeugt, daß das plausible Schließen intensiv erforscht wird. Irgendwie müssen wir es nun allerdings schaffen, diese lange Liste nach irgendeinem Kriterium zu sortieren. In der Literatur werden die Implikationsoperatoren häufig nach irgendwelchen mathematischen Schönheitskriterien (d.h. ob sie bestimmte Axiome erfüllen) sortiert, was ich jetzt aber hier nicht wiedergeben möchte. Allerdings möchte ich Ihnen nicht verschweigen, daß die Lukasiewicz-Implikation alle geforderten Axiome erfüllt. Gute Implikationen in mathematischer Hinsicht sind noch die Kleene-Dienes- und die Kleene-Dienes-Lukasiewicz-Implikation, sowie die Gödel- und die Willmott-Implikation (sie erfüllen fast alle der geforderten Axiome). Alle anderen Implikationsoperatoren sind mathematisch nicht so "schön". Dies ist einer der Gründe, warum die genannten fünf Operatoren in der Fuzzy-Set-Literatur dominieren.

Unser eigentliches Interesse gilt jedoch dem plausiblen Schließen. Daher werden wir die oben aufgeführten Implikationen erst einmal implementieren und sie dann erst einmal grafisch darstellen. Der nächste logische Schritt besteht darin, daß wir darüber nachdenken, was wir überhaupt als plausible Schlußfolgerungen auffassen wollen. Wenn wir uns darüber im klaren sind, können wir die verschiedenen Implikationen in Verbindung mit einigen T-Normen der Methode modus_ponens übergeben und untersuchen, welche Schlußfolgerungen diese Methode dann für verschiedene Fakten produziert. Wenn diese Schlußfolgerungen dann plausibel sind, akzeptieren wir diese Implikation in Verbindung mit der T-Norm, ansonsten landet sie im Papierkorb. In der Literatur wird dies mit Hilfe der Mathematik untersucht, wir werden es mit Hilfe eines Progamms anhand von Beispielen machen. Dies ist zwar nicht mathematisch exakt, aber wesentlich leichter zu verstehen. Die Implikationen, die dann sowohl mathematisch "schön" sind als auch die plausibelsten Schlußfolgerungen liefern, werden wir dann in die engere Wahl ziehen.

Kommen wir nun zunächst zur Implementation der Implikationsoperatoren. Sie ist denkbar einfach, und Sie finden sie in der Unit **impl.pas** auf der Diskette. Ich will Ihnen daher hier nur das Interface dieser Unit zeigen:

```
unit impl;
interface
uses operator;
type    implication=function(x,y:real):real;
        function zadeh_impl(x,y:real):real;
        function lukasiewicz_impl(x,y:real):real;
        function mamdani_impl(x,y:real):real;
        function standard_strict_impl(x,y:real):real;
        function goedel_impl(x,y:real):real;
        function standard_strict_star_impl(x,y:real):real;
        function standard_star_strict_impl(x,y:real):real;
        function standard_star_star_impl(x,y:real):real;
        function standard_strict_strict_impl(x,y:real):real;
        function kleene_dienes_impl(x,y:real):real;
        function gaines_impl(x,y:real):real;
        function modified_gaines_impl(x,y:real):real;
        function kle_die_luk_impl(x,y:real):real;
        function willmott_impl(x,y:real):real;
        function standard_sharp_impl(x,y:real):real;
        function wu1_impl(x,y:real):real;
        function wu2_impl(x,y:real):real;

implementation {Siehe Diskette}
```

Bild 7.12 bis 7.28: Wertetabellen verschiedener Implikationsoperatoren

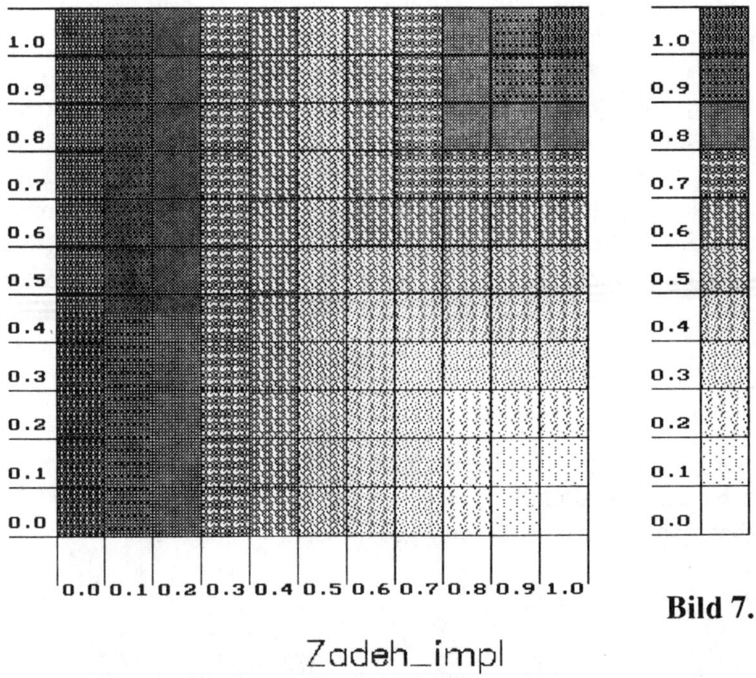

Bild 7.12

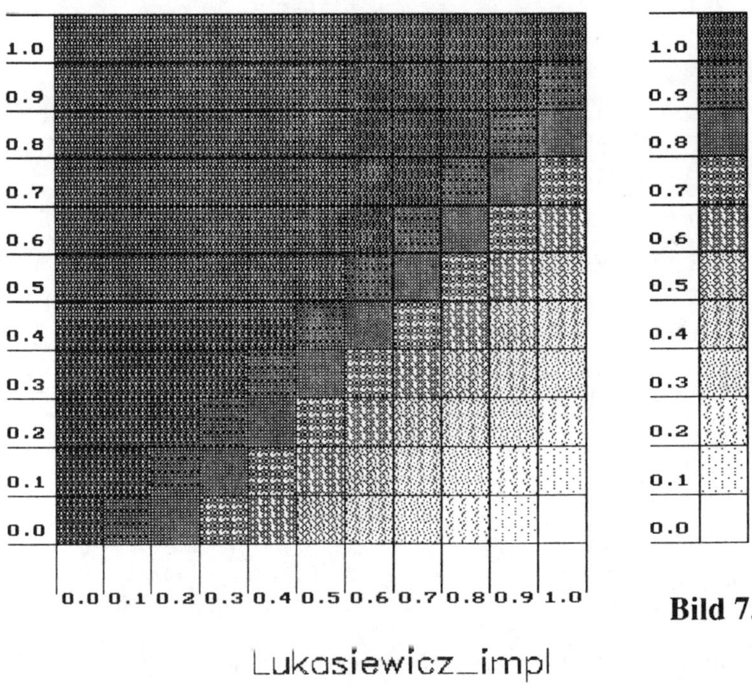

Bild 7.13

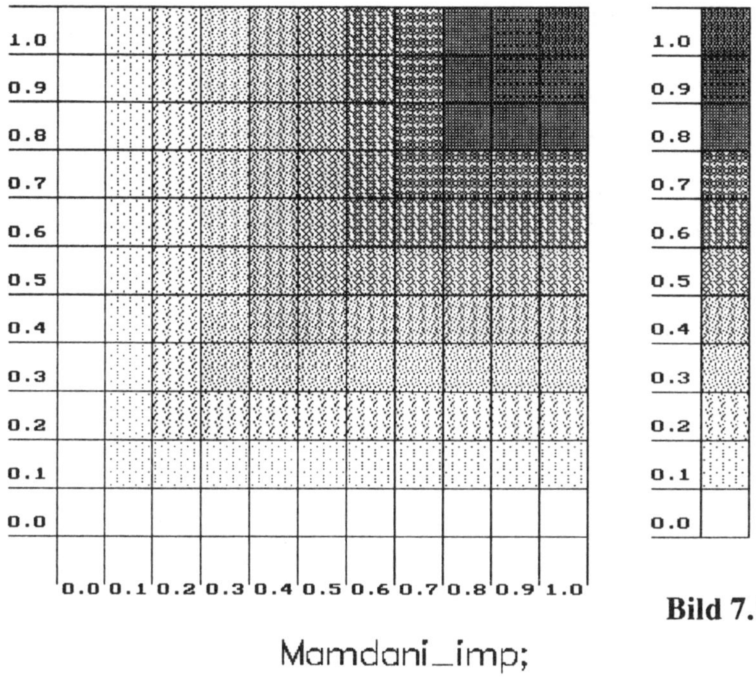

Bild 7.14

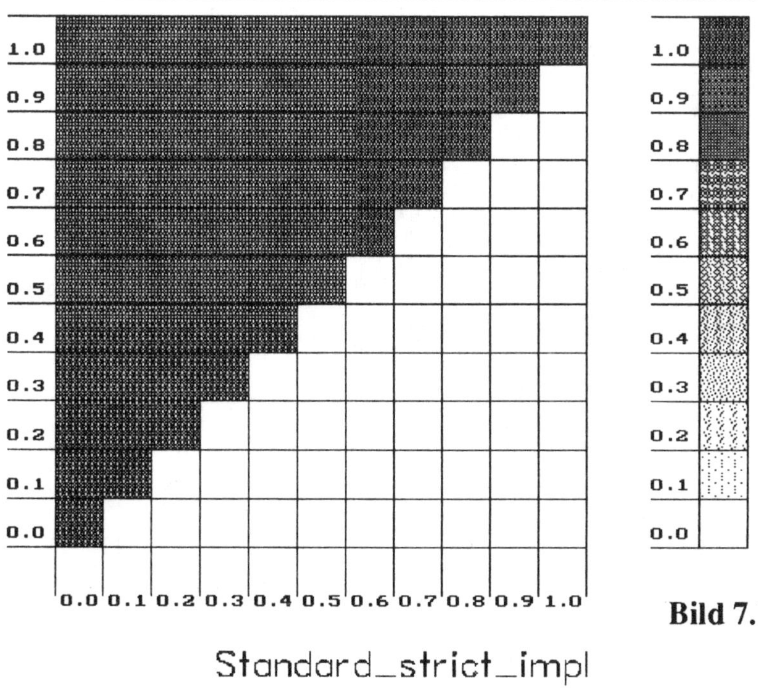

Bild 7.15

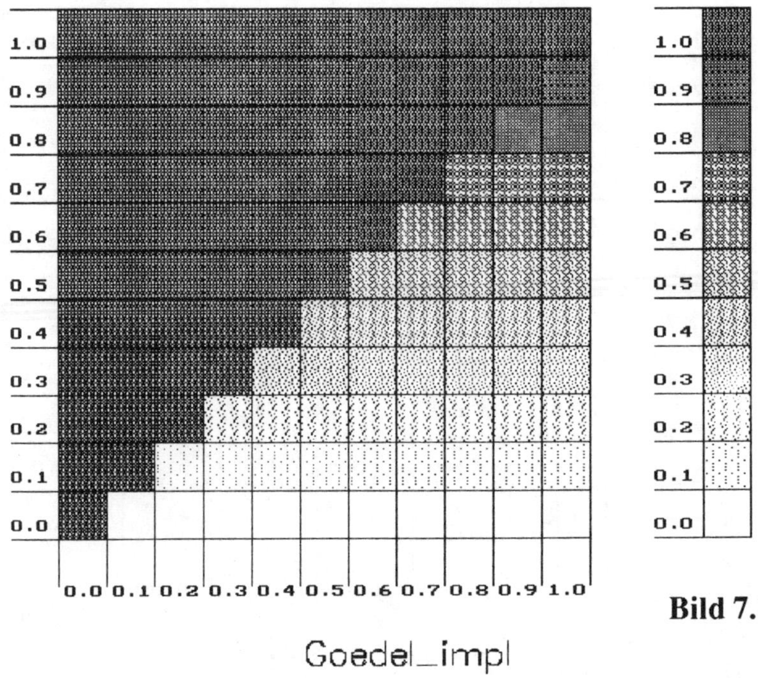

Bild 7.16

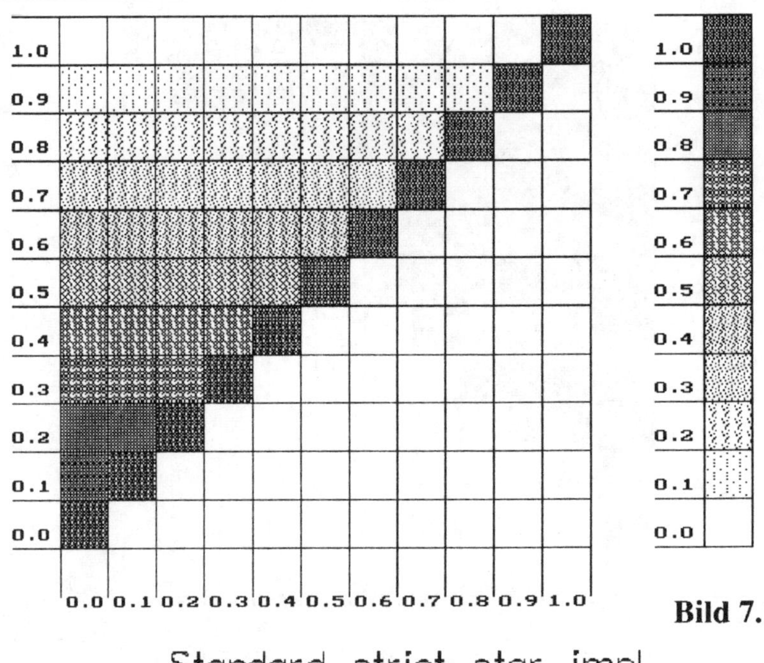

Bild 7.17

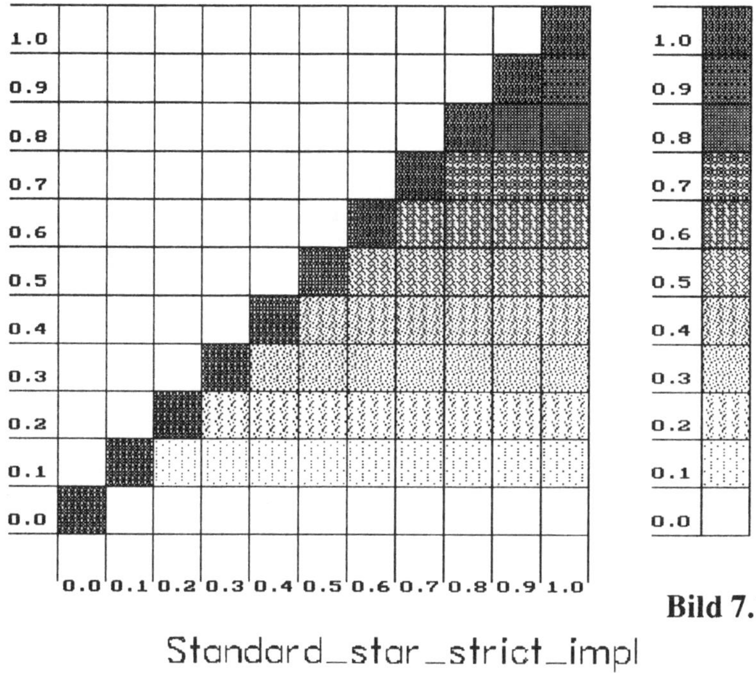

Bild 7.18

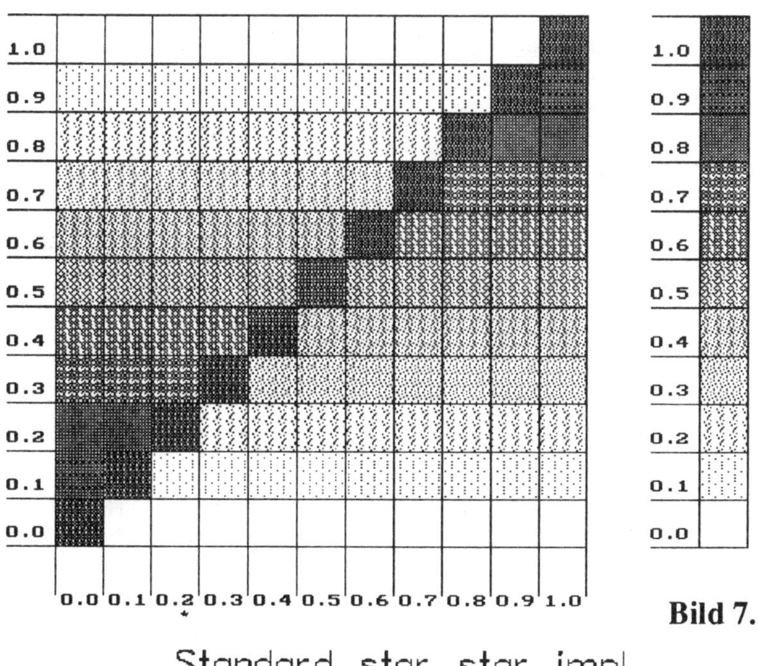

Bild 7.19

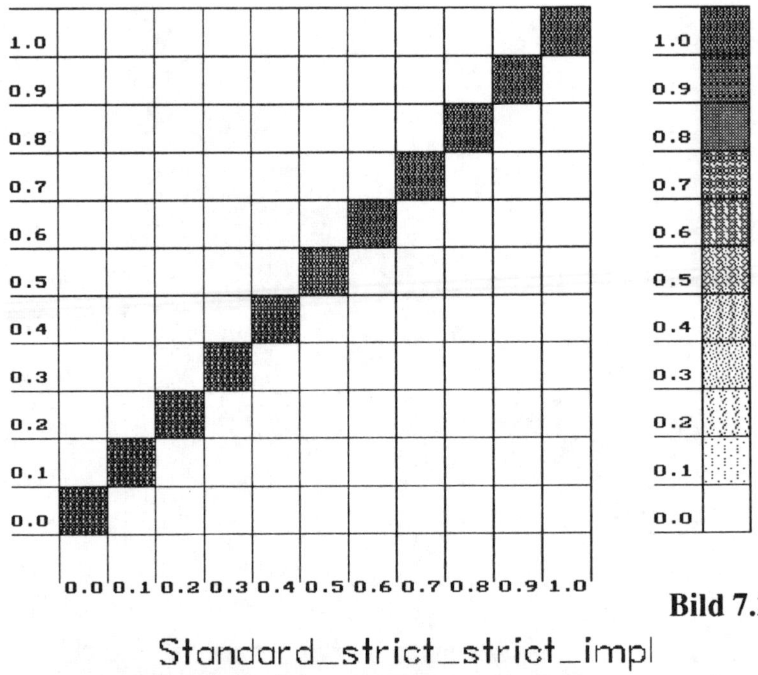

Bild 7.20

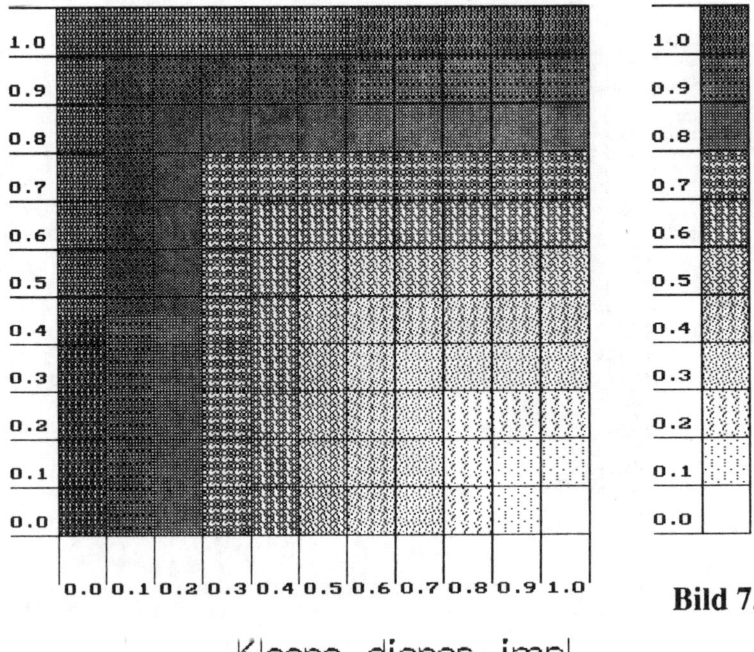

Bild 7.21

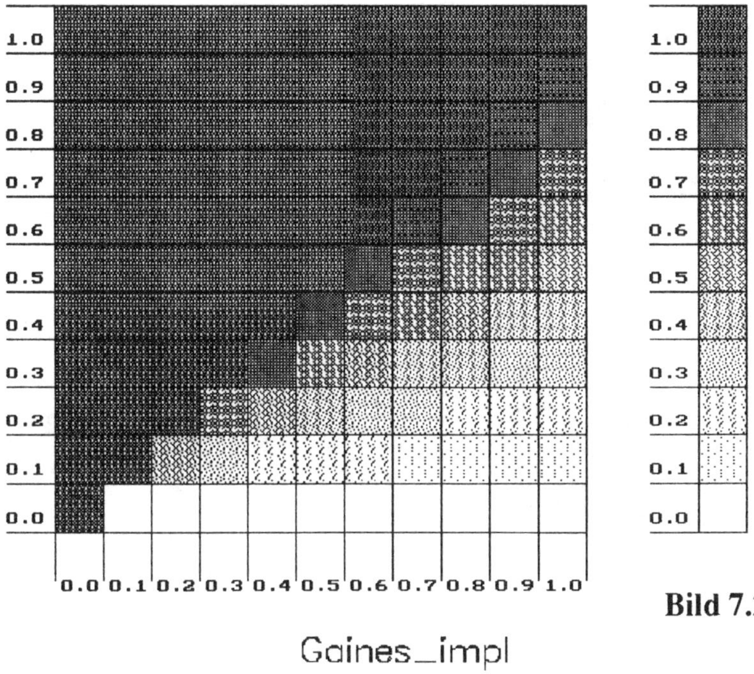

Bild 7.22

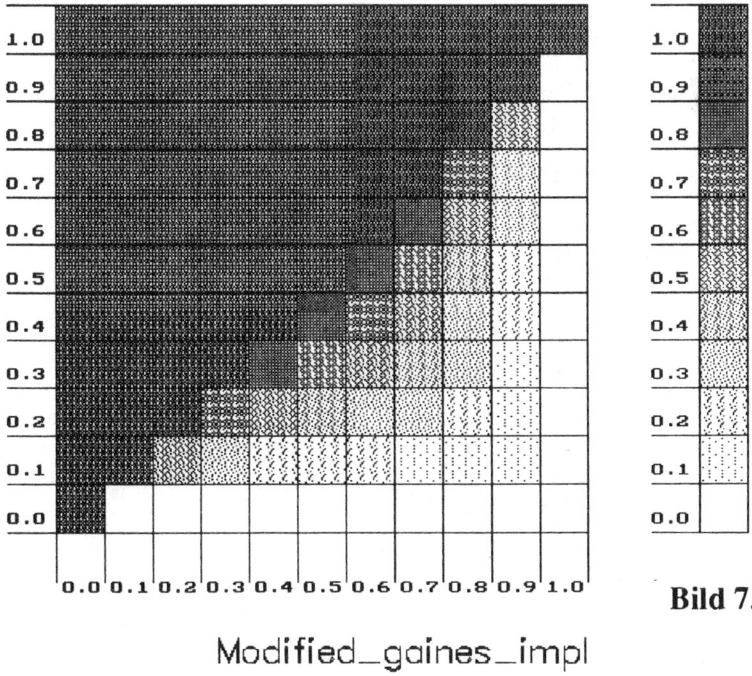

Bild 7.23

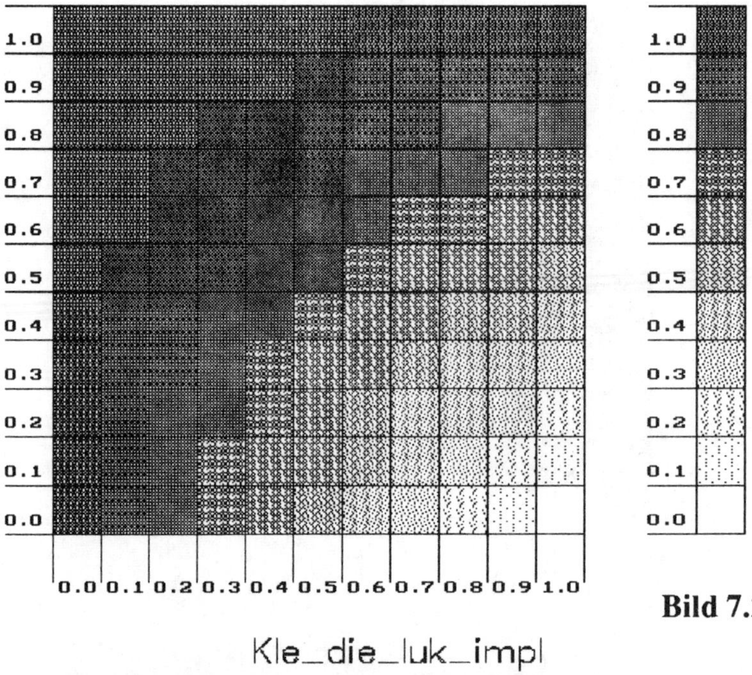

Bild 7.24

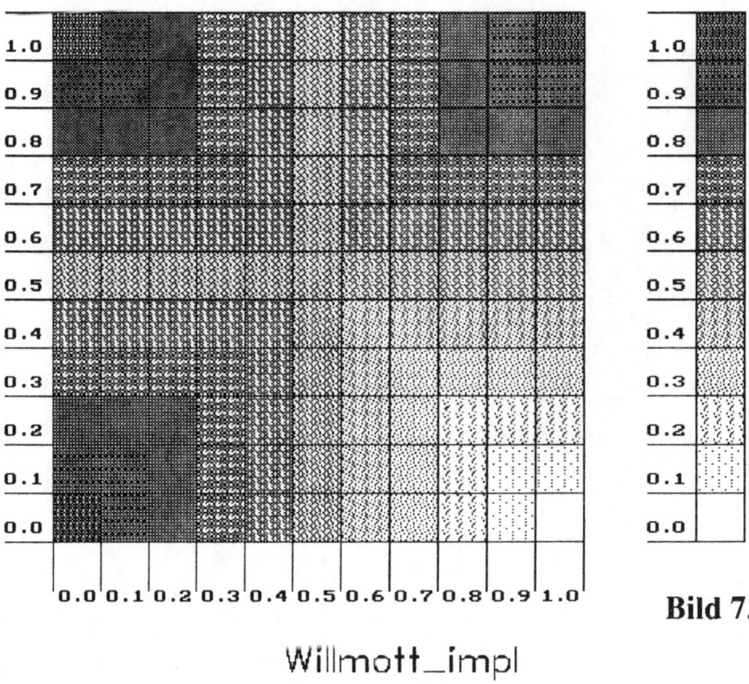

Bild 7.25

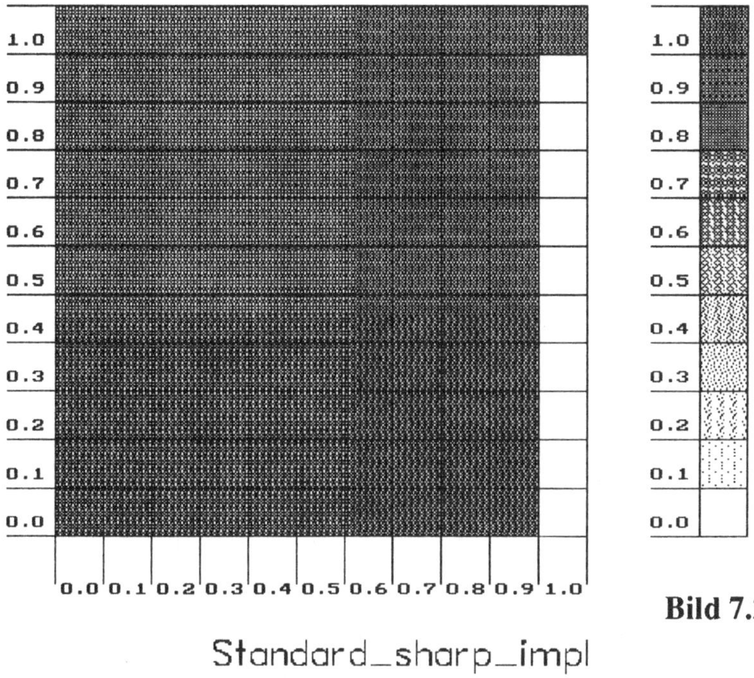

Bild 7.26

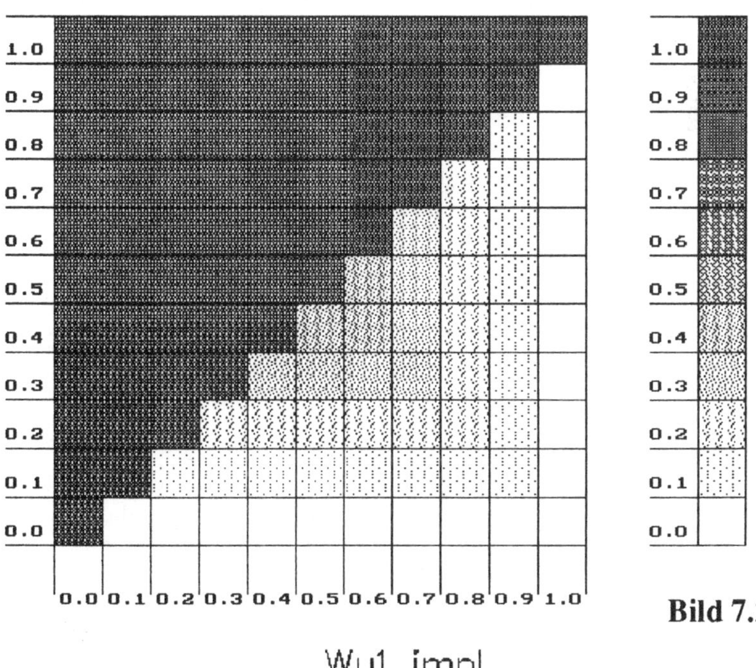

Bild 7.27

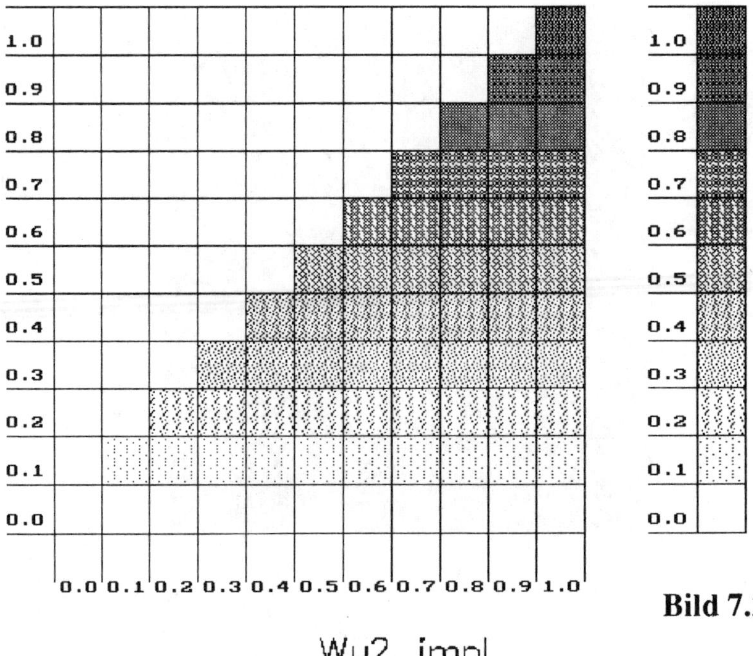

Bild 7.28

Auf der Diskette finden Sie außerdem das Programm **imp.pas**, das diese Operatoren grafisch anzeigt. Es arbeitet genauso wie das Programm **op.pas** aus dem Kapitel 2, so daß ich auf eine Beschreibung an dieser Stelle verzichten kann. Auf den vorhergehenden Seiten finden Sie die mit diesem Programm erzeugten Wertetabellen der Implikationsoperatoren.

Wie Sie sehen, gibt es einige Implikationen, die "scharf" sind, da sie keine Werte zwischen Null und Eins aufweisen, so die Standard-Strict-Implikation, die Standard-Strict-Strict-Implikation und die Standard-Sharp-Implikation. Alle anderen sind mehr oder weniger 'fuzzy'.

Kommen wir nun zu mehr praktisch orientierten Dingen. Wir wollen die verschiedenen Implikationen auf ihre Brauchbarkeit hinsichtlich des plausiblen Schließens überprüfen. Dazu kommen wir auf unsere oben angegebene Regel:

Wenn X = A dann Y=B

zurück. Eine erste sinnvolle Forderung ist, daß eine Methode für das plausible Schließen die Schlußfolgerung Y=B liefern sollte, wenn X=A erfüllt ist. Die zweite sinnvolle Forderung ist, daß Y=Unbekannt aus X=nicht A folgen sollte, da für dieses Fakt kein anderer Schluß gezogen werden kann. Das Ergebnis 'Unbekannt' ist ein Fuzzy-Set, dessen Zugehörigkeitsgrad überall Eins ist. Eine weitere plausible Forderung ist, daß die Schlußfolgerung B' nicht 'schärfer' als B sein sollte, wenn der Fakt A' 'unschärfer' als A ist, da wir nicht genauere Ergebnisse mit unschärferen Fakten erzielen können. Eine naheliegende Frage ist nun, was mit Fakten ist, die 'schärfer' als die Prämisse sind, wie z.B. der Fall X = sehr A. Es gibt zwei Alternativen. Die erste plausible Schlußfolgerung, die auch den Gesetzen der Logik gehorcht, ist, daß wir bestenfalls Y = B daraus folgern können, da die Schlußfolgerung für kein Fakt schärfer sein kann, als die gegebene Regel besagt. Die zweite Alternative ist, daß wir Y = sehr B schließen. Dies sieht sehr überzeugend aus und in der Fuzzy-Set-Literatur trifft man häufig auf diesen Vorschlag. Er ist jedoch sehr kritisch zu sehen, da es eine Menge guter Gegenargumente gibt. Der erste Einwand ist, daß in einer Regel:

wenn X=A dann Y=B,

nichts über einen Zusammenhang steht, der besagt 'je mehr X, desto mehr Y'! Wenn wir die zweite Alternative plausibel finden, so liegt das daran, daß wir eine Zusatzinformation benutzen, die nicht in der Regel selbst formuliert ist. Haben wir zum Beispiel die Regel:

wenn die Tomate rot ist dann ist sie reif,

und den Fakt, daß die Tomate sehr rot ist, dann erscheint der Schluß, daß sie sehr reif ist, äußerst plausibel. Bei diesem Schluß haben wir jedoch einen Zusammenhang zwischen Farbtiefe und Reifegrad benutzt, der in der obigen Regel überhaupt nicht 'drinsteckt'. Wäre die Regel zum Beispiel:

wenn das Eisen rot ist dann ist es heiß,

müßten wir ja dann bei einem sehr roten (also dunkelrotem) Eisen den Schluß ziehen, daß es sehr heiß ist. Dies ist allerdings Unfug, da dunkelrotes Eisen *kälter* als rotes Eisen ist und *gelb* leuchtendes Eisen heißer als rot leuchtendes Eisen ist. Ich hoffe, daß ich Ihnen damit gezeigt habe, daß die Schlußfolgerung von 'sehr A' auf 'sehr B' auf ziemlich wackeligen Füßen steht und wir daher besser mit der ersten Alternative arbeiten, da für sie mehr spricht.

Unsere Aufgabe ist es nun für die Regel:

wenn X = A und Y = B ,

und den Fakten

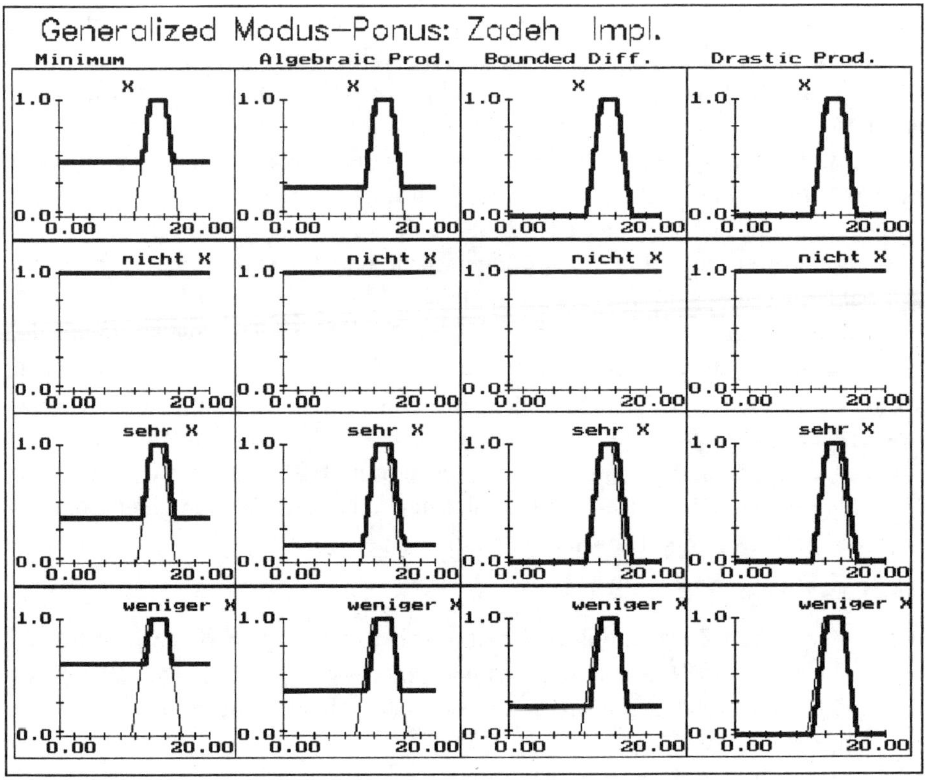

Bild 7.29: Schlußfolgerungen bei Verwendung des Zadeh-Implikationsoperators

- X = A, Ergebnis sollte Y = B sein;
- X = not A, Ergebnis sollte Y = U (Unbekannt) sein;
- X = mehr oder weniger A (also unschärfer als A), Ergebnis sollte Y=B oder besser Y = mehr oder weniger B sein;
- X = sehr A, Ergebnis sollte B sein;

mit Hilfe der Methode **modus_ponens** die verschiedenen Implikationsoperatoren auf ihre Qualitäten für das plausible Schließen hin zu überprüfen. Die Methode **modus_ponens** erwartet außerdem noch eine passende T-Norm. Um die zu dem jeweiligen Implikations-Operator passende T-Norm zu finden, versuchen wir unser Glück mit den folgenden vier T-Normen:

- Minimum-Operator
- Algebraic-Product-Operator

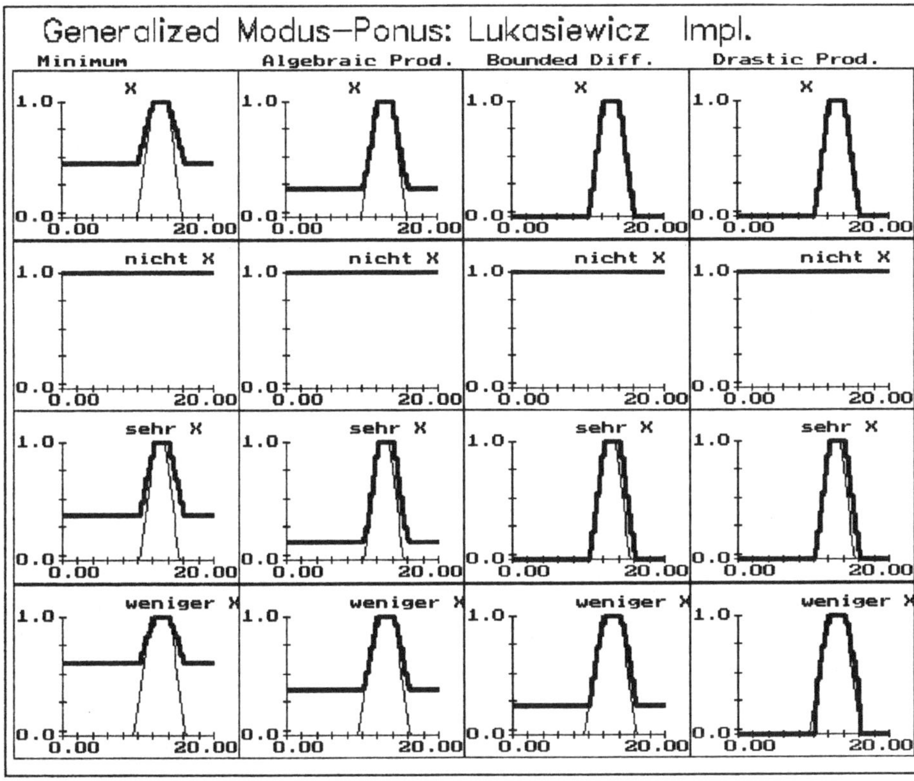

Bild 7.30: Schlußfolgerungen bei Verwendung des Lukasiewicz-Implikationsoperators

- Bounded-Difference-Operator
- Drastic-Product-Operator

Zur Überprüfung schreiben wir uns am besten ein Programm, das für alle Kombinationen von T-Normen und Implikationen und den vier oben angegebenen Fakten die Schlußfolgerung mittels der Methode **modus_ponens** bestimmt und sie grafisch darstellt. Genau dies tut das Programm **plausib.pas,** das Sie auf der Diskette unter dem Verzeichnis Kap7 finden. Wenn Sie es aufrufen, erscheint ein kleines Menü auf dem Bildschirm, das Ihnen die Auswahl eines Implikationsoperators ermöglicht. Nach Auswahl einer Implikation beginnt das Programm mit der Berechnung der Schlußfolgerungen. Dies ist leider sehr rechenaufwendig und nur auf Rechnern mit 80386/80387- oder 80486-Prozessoren erträglich - ansonsten können Sie reichlich Kaffee trinken. Um Sie nicht zu übermäßigem Kaffeegenuß oder der Anschaffung eines neuen Rechners zu verführen, finden Sie hier alle Ergebnisse als Bildschirmausdrucke (Bilder 7.29 bis 7.45)

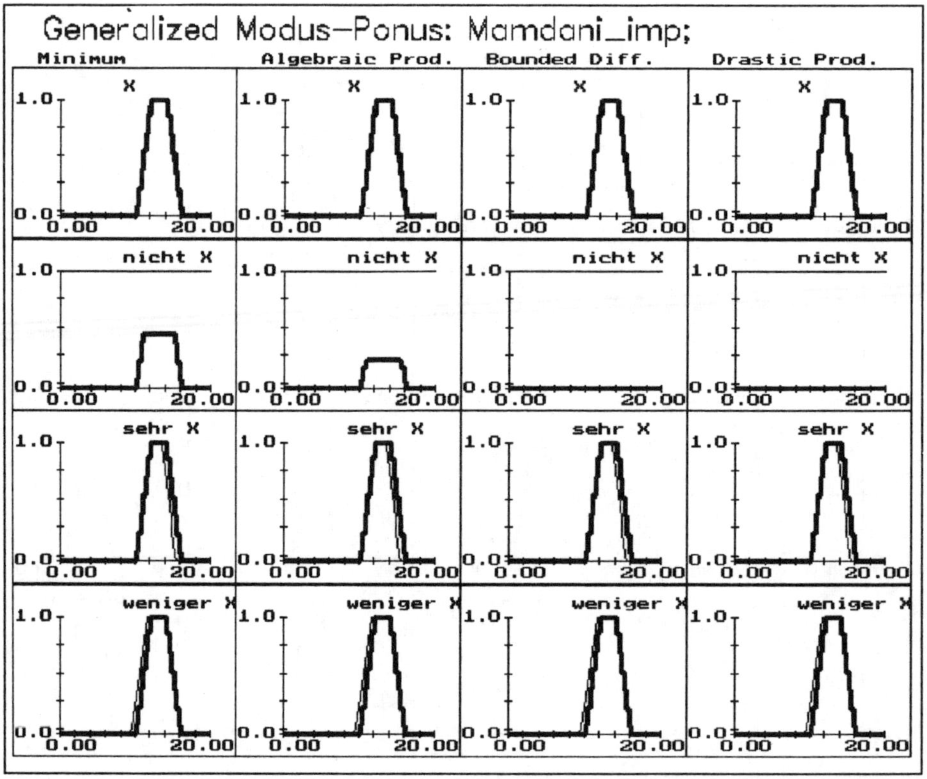

Bild 7.31: Schlußfolgerungen bei Verwendung des Mamdani-Implikationsoperators

Auf den Bildern finden Sie ganz oben zunächst den Namen des Implikationsoperators. Außerdem finden Sie ingesamt 16 Teilbildchen, die in vier Reihen zu je vier Spalten angeordnet sind. Über jeder Spalte finden Sie den Namen der verwendeten T-Norm und zwar von links nach rechts Minimum, Algebraic-Product, Bounded-Difference und Drastic-Product. Von oben nach unten sind die berechneten Schlußfolgerungen für die Fakten X=A, X= not A, X= mehr oder weniger A (wird mit dem Dilationsoperator aus A berechnet) und X= sehr A (wird mit demKonzentrationsoperator aus A berechnet) und X= mehr oder weniger A (wird mit dem Dilationsoperator aus A berechnet) dargestellt. Bis auf die zweitoberste Zeile enthalten alle Bilder das Ergebnis Y=B als Referenz (dünn gezeichnet). In der zweiten Zeile von oben ist als Referenz dünn das Fuzzy-Set "Unbekannt" eingezeichnet. Alle berechneten Schlußfolgerungen sind fett eingezeichnet.

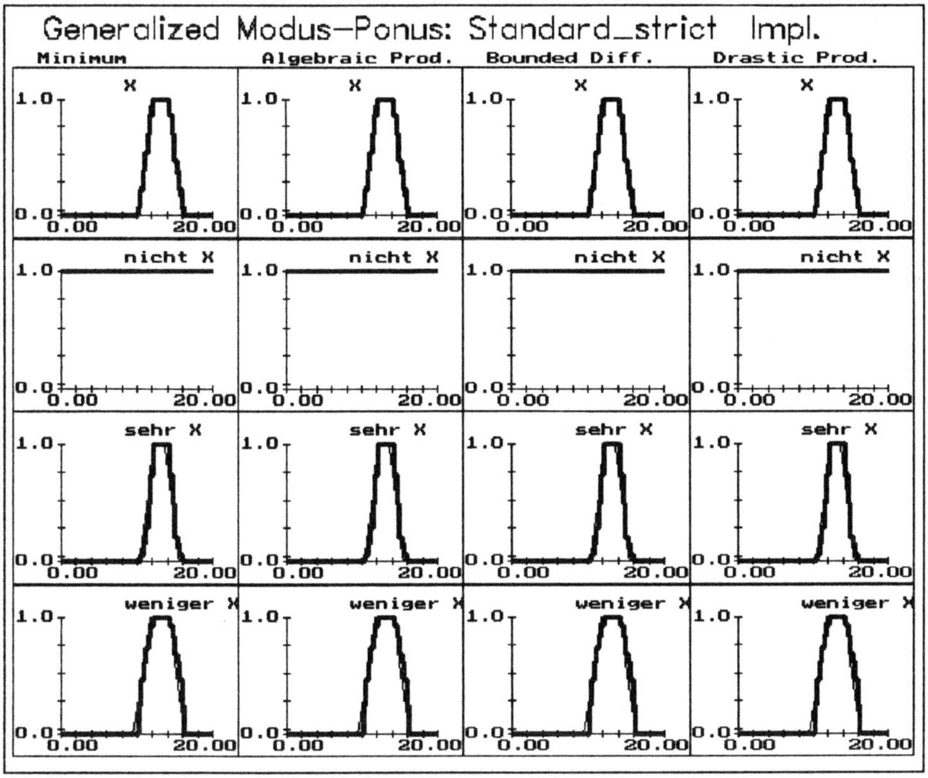

Bild 7.32: Schlußfolgerungen bei Verwendung des Standard-Strict-Implikationsoperators

Fangen wir mit dem Zadeh-Implikationsoperator an. Bei Verwendung des Minimum- und des Algebraic-Product-Operators als T-Norm wird nicht die korrekte Schlußfolgerung Y=B für X=A gezogen, da diese T-Normen nicht zu dieser Implikation passen. Für den Bounded-Difference-Operator sind die Ergebnisse in den ersten drei Zeilen korrekt, für die letzte Zeile ergibt sich etwas Ähnliches wie Y=b, nur daß ymin > 0 ist. Diese Anhebung gegenüber Null kann als Unsicherheitsmaß aufgefaßt werden, das die größere Unschärfe des Fakt X = mehr oder weniger A gegenüber der Prämisse der Regel erfaßt. Für die letzte Spalte sind die Ergebnisse der ersten drei Spalten ebenfalls korrekt, für die letzte Zeile ergibt sich Y = B, was etwas fragwürdig ist, da es zu exakt erscheint. Insgesamt muß man feststellen, daß der Zadeh-Implikationoperator keine besonders guten Ergebnisse im Hinblick auf unsere Forderungen liefert. Unter Berücksichtigung der Tatsache, daß er auch hinsichtlich der Erfüllung bestimmter mathematischer Axiome nicht besonders gut abschneidet, treffen wir die Entscheidung, ihn nicht in die engere Wahl zu ziehen.

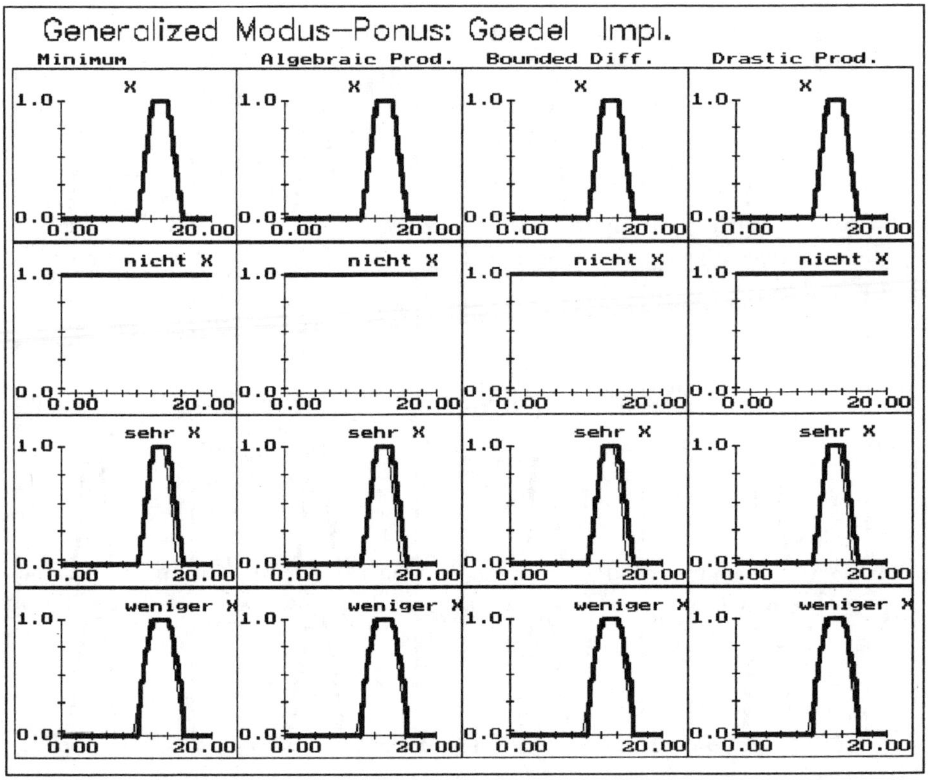

Bild 7.33: Schlußfolgerungen bei Verwendung des Gödel-Implikationsoperators

Die nächste Implikation ist die Lukasiwiecz-Implikation, die hinsichtlich der Erfüllung der mathematischen Axiome am besten abschneidet. Bild 7.30 zeigt, daß diese Implikation bei Verwendung des Bounded-Difference-Operators die Ergebnisse B, Unbekannt, B und mehr oder weniger B liefert. In dem letzten Fall gibt es wieder eine Anhebung, die als Unsicherheitsmaß interpretiert werden kann. Bei Einsatz des Drastic-Product-Operators als T-Norm ergeben sich dieselben Ergebnisse mit Ausnahme der letzten Zeile, wo jetzt das Unsicherheitsmaß gleich Null ist. Wir sehen, daß die Lukasiewicz-Implikation bei Verwendung beider T-Normen plausible Schlußfolgerungen liefert, so daß wir diese Implikation in die engere Wahl ziehen.

Die Mamdani-Implikation (Bild 7.31) fällt aus dem Rahmen, da sie für X= nicht A, statt Y=Unbekannt Y=Null liefert. Im Fall X = weniger X liefert sie Y=B. Insgesamt erzeugt sie nur bedingt das gewünschte Ergebnis, so daß wir sie nicht weiter berücksichtigen.

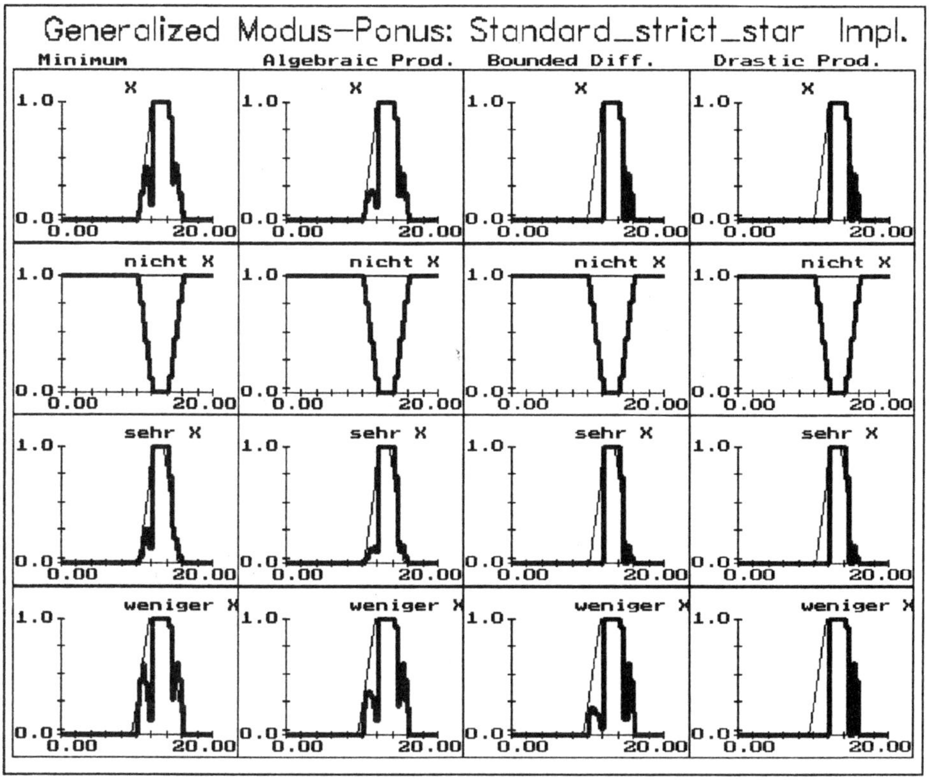

Bild 7.34: Schlußfolgerungen bei Verwendung des Standard-Strict-Star-Implikationsoperators

Die nächste Implikation ist die Standard-Strict-Implikation, Bild 7.32. Sie liefert für X=sehr A offensichtlich Y = sehr B. Die Ursache dafür ist, daß sie eine scharfe Implikation ist, wie wir weiter vorne feststellten. Daher gibt sie haarklein alles an die Schlußfolgerung weiter, was sich vorne bei den Fakten abspielt. Da wir das Ergebnis Y = sehr B als Schlußfolgerung aufgrund des Fakts X=sehr A und unserer Regel allein für nicht akzeptabel halten, verwerfen wir diese Implikation ebenfalls.

Die Gödel-Implikation (Bild 7.33) hingegen liefert die Ergebnisse B, Unbekannt, B, mehr oder weniger B für jede der betrachteten T-Normen. Auch sie erfüllt die meisten mathematischen Axiome und wird in die engere Wahl gezogen.

Die Bilder 7.34 bis 7.37 zeigen die Ergebnisse für die Standard-Strict-Star-, Standard-Star-Strict-, Standard-Star-Star- und Standard-Strict-Strict-Implikationen. Alle liefern das Ergebnis Y=nicht B für X = nicht A, was wir als falsch bezeichneten. Daher werden wir auch diese Implikationen verwerfen. Wir sehen

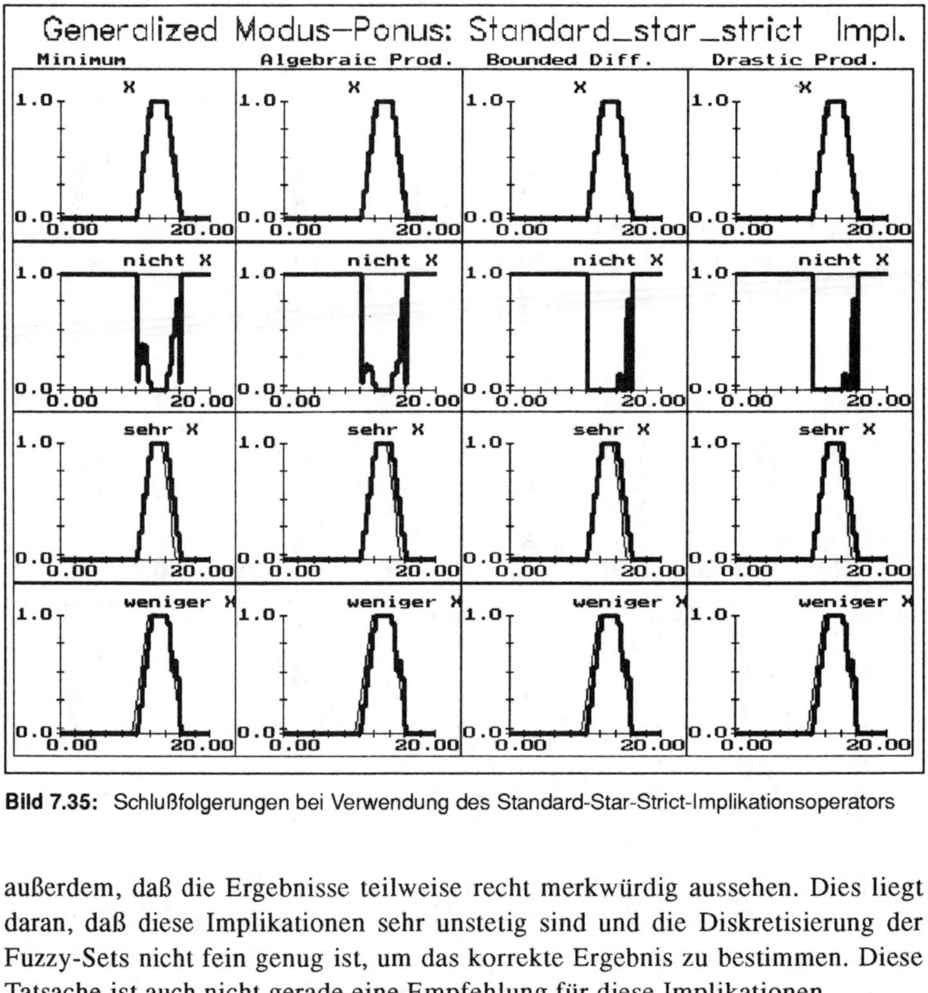

Bild 7.35: Schlußfolgerungen bei Verwendung des Standard-Star-Strict-Implikationsoperators

außerdem, daß die Ergebnisse teilweise recht merkwürdig aussehen. Dies liegt daran, daß diese Implikationen sehr unstetig sind und die Diskretisierung der Fuzzy-Sets nicht fein genug ist, um das korrekte Ergebnis zu bestimmen. Diese Tatsache ist auch nicht gerade eine Empfehlung für diese Implikationen.

Als nächste Implikation folgt die Kleene-Dienes-Implikation in Bild 7.39. Die Resultate entsprechen den Ergebnissen der Zadeh-Implikation. Allerdings erfüllt die Kleene-Dienes-Implikation wesentlich mehr mathematische Axiome als die Zadeh-Implikation. Daher wollen wir sie mit Einschränkungen in die engere Wahl ziehen.

Bild 7.39 zeigt das Resultat für die Gaines-Implikation, das wieder für jede T-Norm korrekt ist. Daher ziehen wir auch diese Implikation in die engere Wahl.

Das Ergebnis der Modified-Gaines-Implikation in Bild 7.40 zeigt wieder das Resultat Y =sehr B für X=sehr A. Daher verwerfen wir diese Implikation.

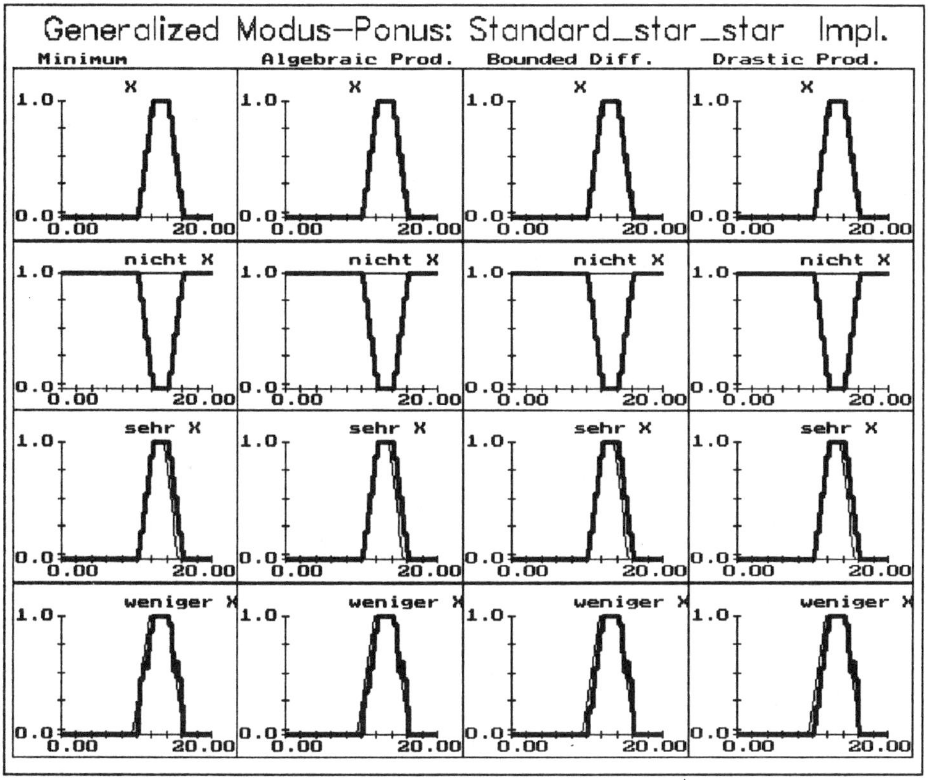

Bild 7.36: Schlußfolgerungen bei Verwendung des Standard-Star-Star-Implikationsoperators

Die Kleene-Dienes-Lukasiwiecz-Implikation, Bild 7.41 liefert ein Ergebnis, das den Ergebnissen der Kleene-Dienes-Implikation entspricht. Wir nehmen sie ebenfalls in die engere Wahl auf.

Die Willmott-Implikation, Bild 7.42, liefert ein nicht akzeptables Ergebnis für X= nicht A, so daß wir sie verwerfen.

Der Standard-Sharp-Implikationsoperator, Bild 7.43, liefert für alle Fakten nicht akzeptable Schlüsse, so daß wir ihn auch verwerfen.

Der Wu1-Operator, Bild 7.44, liefert wieder Y =sehr B für X=sehr A, so daß wir ihn ebenfalls nicht weiter berücksichtigen.

Der Wu2-Operator, Bild 7.45, liefert für X = mehr oder weniger A das Ergebnis Y = B, das heißt, daß unschärfere Fakten zu derselben Schlußfolgerung führen. Daher wollen wir diese Implikation ebenfalls nicht weiter berücksichtigen.

Damit sind folgende Implikationen übriggeblieben:

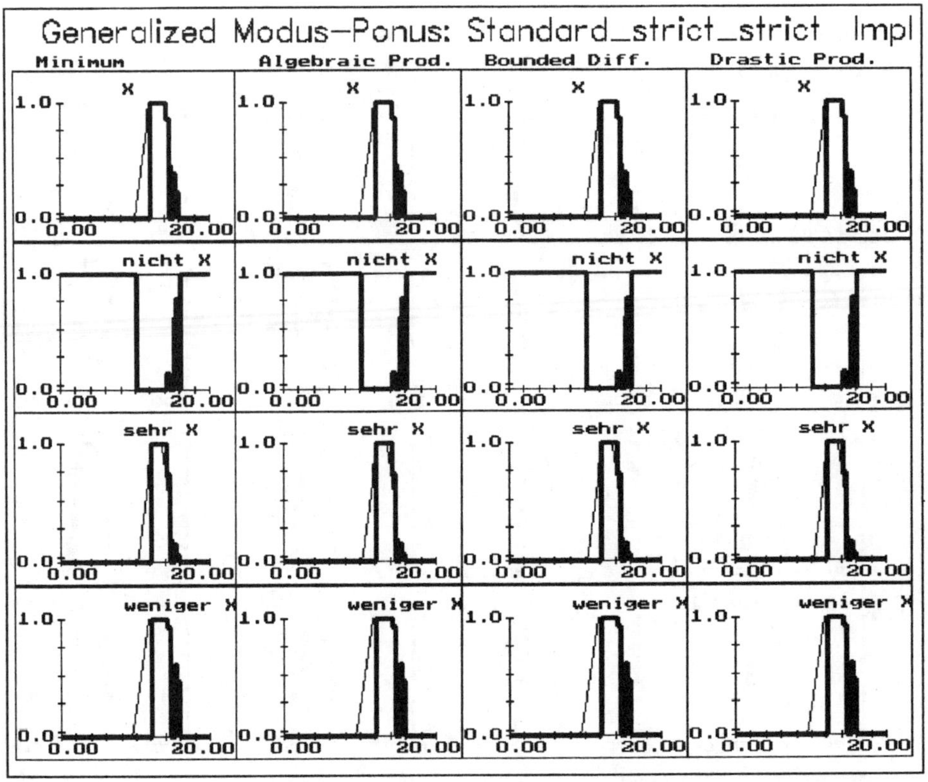

Bild 7.37: Schlußfolgerungen bei Verwendung des Standard-Strict-Strict-Implikationsoperators

- Lukasiewicz-Implikation in Verbindung mit dem Bounded-Difference-Operator. Diese Kombination liefert für X = A die Aussage Y=A, für X=nicht A das Ergebnis Y = Unbekannt, für X=sehr A folgt Y =B und für X = mehr oder weniger A ergibt sich Y = mehr oder weniger B mit einem Unsicherheitsmaß > 0.

- Gödel-Implikation in Verbindung mit dem Minimum-Operator. Diese Kombination liefert für X = A das Ergebnis Y = A, für X = nicht A das Ergebnis Y = Unbekannt, für X = sehr A folgt Y = B und für X=mehr oder weniger A resultiert Y = mehr oder weniger B.

- Kleene-Dienes-Implikation in Verbindung mit dem Bounded-Difference-Operator. Diese Kombination liefert für X = A das Resultat Y =B, für X = nicht A das Ergebnis Y = Unbekannt, für X = sehr A folgt Y = B und für X = mehr oder weniger A ergibt sich Y = B mit einem Unsicherheitsmaß > 0.

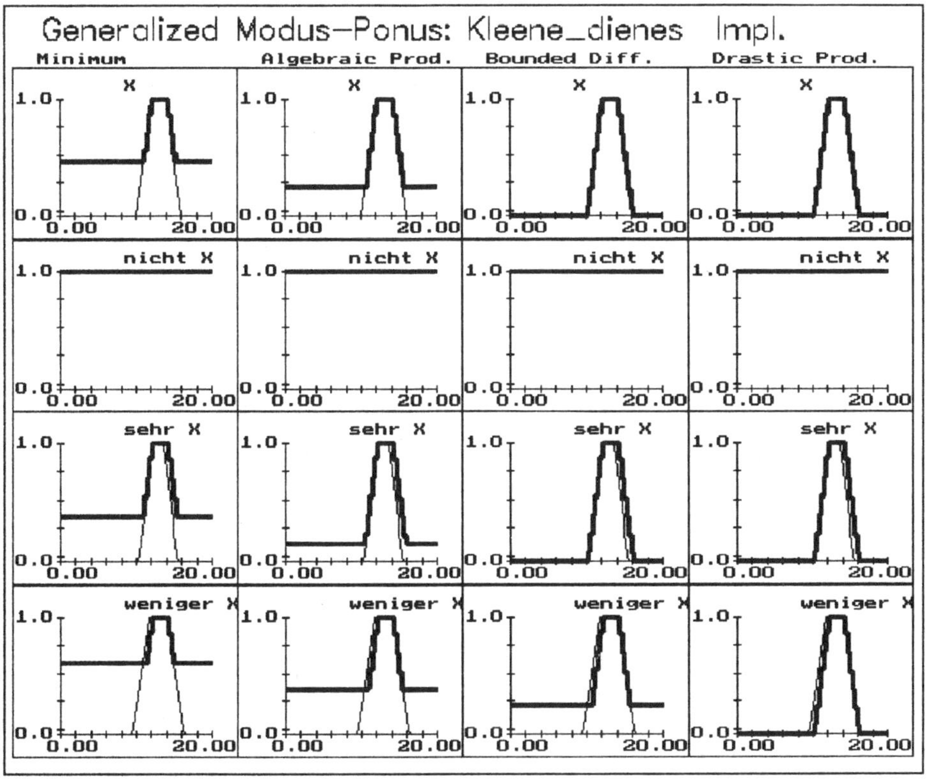

Bild 7.38: Schlußfolgerungen bei Verwendung des Kleene-Dienes-Implikationsoperators

- Gaines-Implikation in Verbindung mit dem Minimum-Operator. Diese Kombination liefert für X=A den Schluß Y=B, für X=nicht A ergibt sich Y = Unbekannt, für X = sehr B resultiert Y = B und für X = mehr oder weniger A führt zu Y = B mit einer Unsicherheit > 0.
- Kleene-Dienes-Lukasiewicz-Implikation in Verbindung mit dem Bounded-Differenz-Operator. Diese Kombination liefert für X = A das Resultat Y = B, für X = nicht A das Ergebnis Y = Unbekannt, für X = sehr B folgt Y = B und für X = mehr oder weniger A ergibt sich Y = B mit einer Unsicherheit > 0.

Wenn wir diese Implikationen nach den Ergebnissen sortieren, so ist der einzige Unterschied das Ergebnis für X= mehr oder weniger A, da für alle anderen untersuchten Fakten dieselben Ergebnisse erzielt werden. Wir können folgende Einteilung machen:

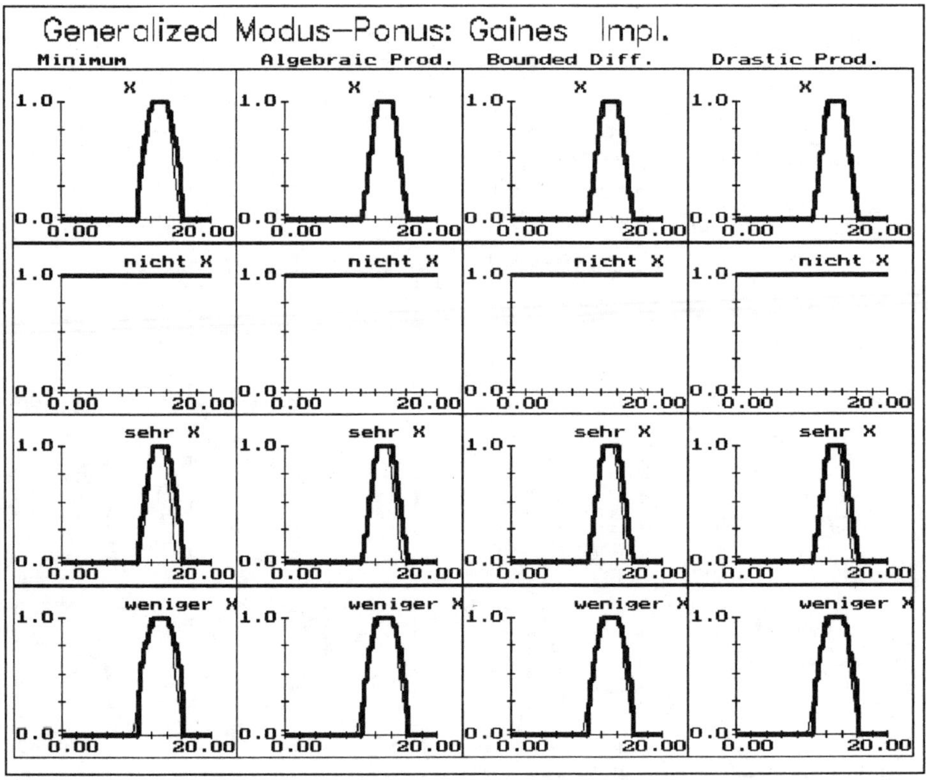

Bild 7.39: Schlußfolgerungen bei Verwendung des Gaines-Implikationsoperators

- Ergebnis Y = mehr oder weniger B für X = mehr oder weniger A: Gödel-Implikation und Gaines-Implikation.
- Ergebnis Y = B mit Unsicherheit > 0 (ymin ist > 0) für X = mehr oder weniger A: Kleene-Dienes-Implikation und Kleene-Dienes-Lukasiwiecz-Implikation.
- Ergebnis Y = mehr oder weniger B mit Unsicherheit > 0 für X = mehr oder weniger A: Lukasiewicz-Implikation.

Wir erkennen, daß es offenbar drei Typen von Implikationen gibt:

- Der erste Typ gibt eine größere Unschärfe bei der Prämisse als größere Unschärfe an die Schlußfolgerung weiter. Dazu gehören die Gödel-Implikation und die Gaines-Implikation und auch die Implikationen, die größere Schärfe (sehr) als größere Schärfe weitergeben. In der Literatur wird dieses Verhalten als 'Truth-Qualification' bezeichnet, da sich Modifikationen von A wie 'mehr oder weniger A' bzw. 'sehr A' als 'A ist mehr oder weniger wahr'

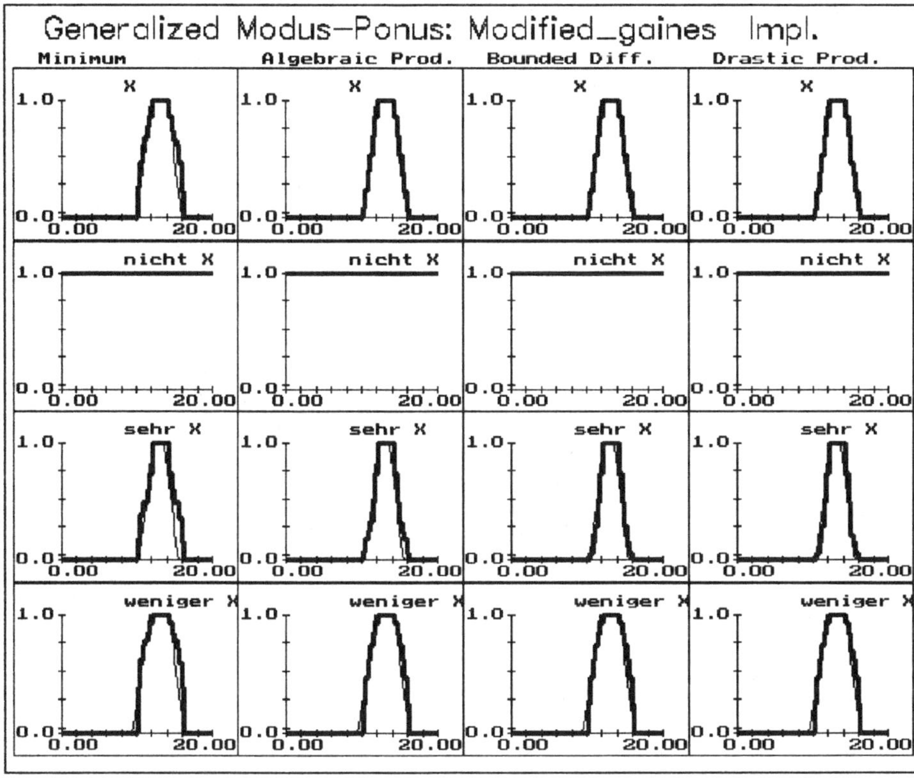

Bild 7.40: Schlußfolgerungen bei Verwendung des Modified-Gaines-Implikationsoperators

bzw. 'A ist sehr wahr' auffassen lassen. Gibt die Implikation nun diese Grade der Wahrheit weiter, wird dann die Schlußfolgerung 'B ist mehr oder weniger wahr' bzw. 'B ist wahr' (oder auch 'B ist sehr wahr') gezogen. Diese Art der Schlußfolgerung ist somit korrekt, wenn unsere Regel ausdrücken soll: Je wahrer X ist, desto wahrer ist Y.

– Der zweite Typ gibt eine größere Unschärfe offensichtlich dadurch an die Schlußfolgerung weiter, daß alle Zugehörigkeitswerte der Schlußfolgerung einen Mindestwert > 0 aufweisen, der als Unsicherheit aufgefaßt werden kann. Je weniger also ein gegebener Fakt mit der Prämisse der Regel übereinstimmt, desto größer wird dieses Unsicherheitsmaß bei der Schlußfolgerung. Dieses Verhalten wird als 'Certainty-Qualification' bezeichnet, weil offensichtlich das Maß an Übereinstimmung der Fakten mit den Prämissen an die Schlußfol-

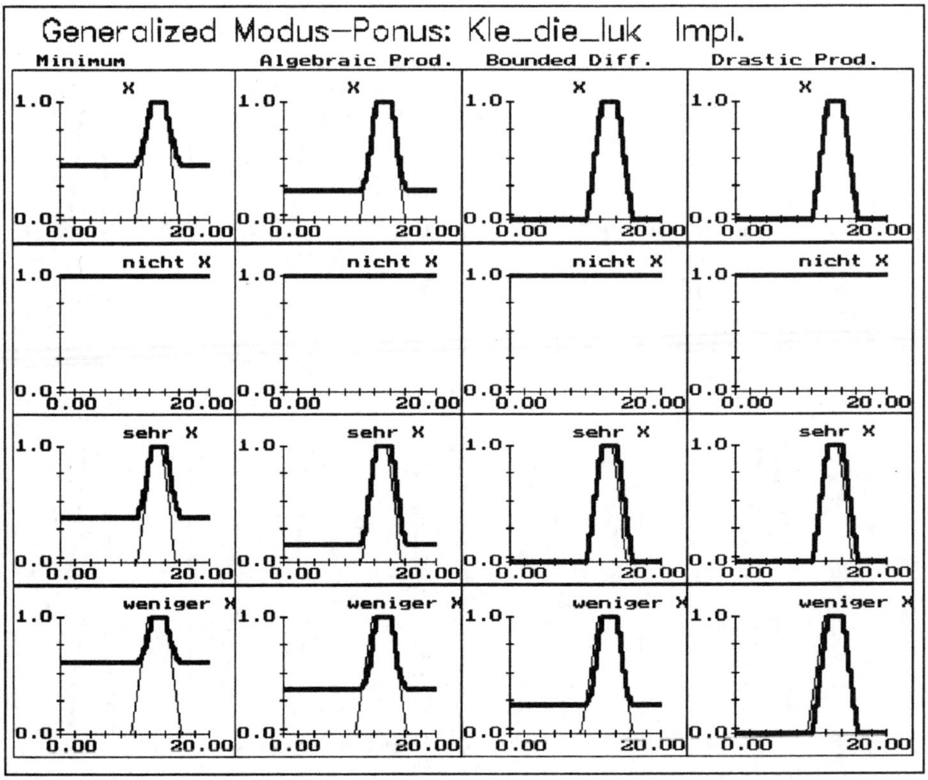

Bild 7.41: Schlußfolgerungen bei Verwendung des Kleene-Dienes-Lukasiewicz-Implikationsoperators

gerung als Anhebung des Nullniveaus weitergegeben wird. Diese Art der Schlußfolgerung ist korrekt, wenn unsere Regel ausdrücken soll: Je mehr der Fakt mit der Prämisse übereinstimmt, desto sicherer ist es, daß Y = B ist.

– Der dritte Typ ist einfach eine Kombination der beiden ersten Typen. Dieser Typ wird durch die Lukasiewicz-Implikation realisiert und gibt die unsichersten Schlußfolgerungen, wenn der Fakt nicht mit der Prämisse übereinstimmt, da die Schlußfolgerung sowohl unschärfer, als auch unsicherer ist (siehe Bild 7.30).

Sie sehen - die Angelegenheit ist kompliziert. Sie können jedoch erkennen, daß es möglich ist, den zu der Bedeutung einer Regel passenden Implikationsoperator zumindestens im Prinzip auszuwählen.

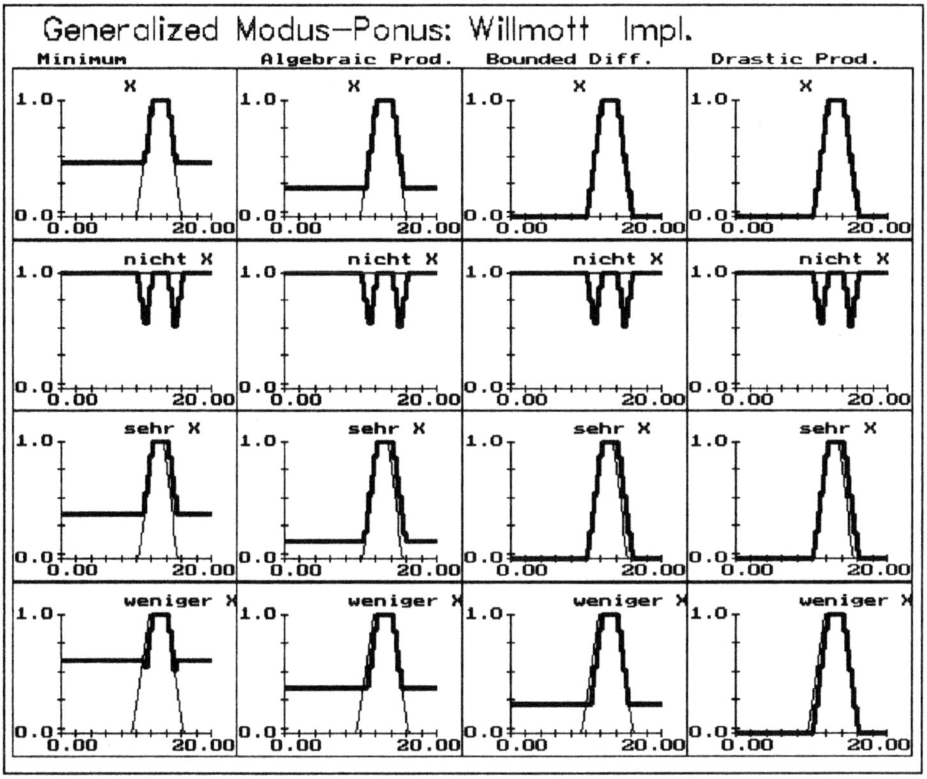

Bild 7.42: Schlußfolgerungen bei Verwendung des Willmott-Implikationsoperators

Bisher haben wir nur den Fall einer einzelnen Regel mit einer einzigen Prämisse betrachtet. Dies ist natürlich für praktische Anwendungen zu wenig. Ein weiterer Punkt ist der hohe Rechenaufwand, der einfach nicht zu tolerieren ist. Es ist daher erforderlich, daß wir sowohl über effizientere Verfahren als auch über Erweiterungen auf mehr als eine Regel mit mehr als einer Prämisse nachdenken.

Um die Abarbeitung effizienter zu machen, müssen wir uns von der diskreten Darstellung der Fuzzy-Sets, wie sie die Methode **modus_ponens** erfordert, lösen und zu einer parametrisierten Darstellung von Fuzzy-Sets übergehen und Näherungsformeln für das plausible Schließen herleiten.

Dies ist am einfachsten bei trapezförmigen Fuzzy-Sets der Fall. Daher werden uns im folgenden ausschließlich mit trapezförmigen Fuzzy-Sets befassen. Das bedeutet, daß alle Fakten, Prämissen und Schlußfolgerungen als trapezförmige Fuzzy-Sets dargestellt werden.

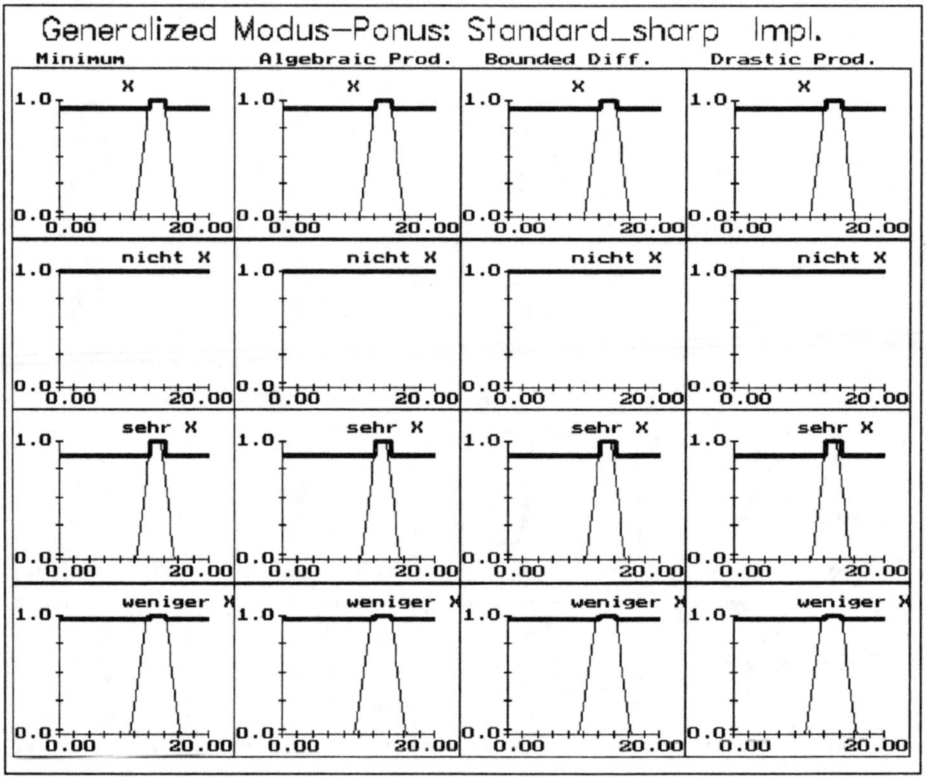

Bild 7.43: Schlußfolgerungen bei Verwendung des Standard-Sharp-Implikationsoperators

Der nächste Punkt ist die Wahl des Implikationsoperators. Es wäre natürlich schön, wenn wir je einen Implikations-Operator für 'Truth-Qualification', für 'Certainty-Qualification' und für die Kombination von beidem in ein effizientes Verfahren für plausibles Schließen einbringen würden. Dazu würde sich dann z.B. die Gödel-, die Kleene-Dienes- und die Lukasiewicz-Implikation anbieten.

Aus Übersichtlichkeitsgründen möchte ich jedoch darauf verzichten und Ihnen nur eine effiziente Implementierung des plausiblen Schließens auf der Basis der Gödel-Implikation (Minimum-Operator als T-Norm) anbieten, deren Details ich teilweise bei [Dubois, Prade und Martin-Clouarie, 1988] entnommen habe. Damit haben wir dann ein plausibles Schließen auf der Basis der 'Truth-Qualifikation'.

Der erste Schritt hin zu einer effizienten Implementierung ist die Beschränkung auf standardisierte Zugehörigkeitsfunktionen für alle Fuzzy-Sets. Wir wählen dazu trapezförmige Zugehörigkeitsfunktionen, d.h. daß alle verwendeten Fuzzy-Sets Instanzen der Klasse **fuzzy_trapez** sind. Eine weitere Einschränkung ist, daß

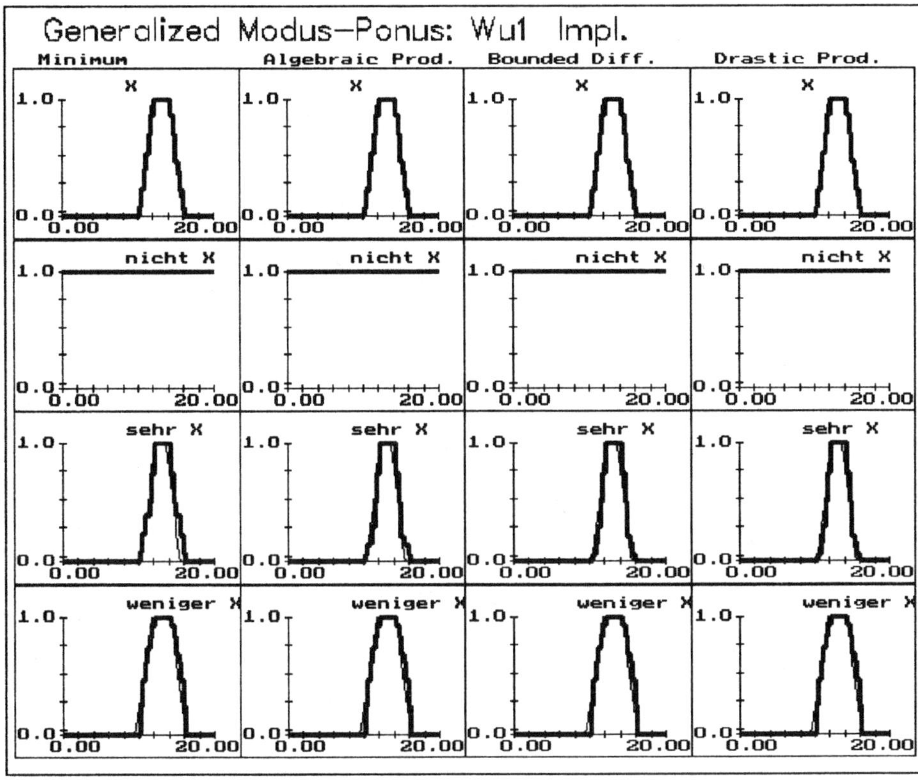

Bild 7.44: Schlußfolgerungen bei Verwendung des Wu1-Implikationsoperators

alle Fuzzy-Sets normalisiert sein müssen, d.h. $y_{max} = 1.0$! Außerdem müssen alle Fuzzy-Sets A_{ij} und B_j in den Regeln einen endlichen Support haben, d.h. $y_{min} = 0.0$! Die aktuellen Fakten A_i* und Schlußfolgerungen B_j* können dagegen einen Wert ymin = $\lambda > 0.0$ aufweisen, der als Unsicherheitsmaß interpretiert wird. Dabei bedeutet $\lambda = 0.0$ keinerlei Unsicherheit und $\lambda = 1.0$ totale Unsicherheit. Bild 7.46 zeigt alle für das plausible Schließen verwendeten Fuzzy-Sets. Achten Sie beim Aufbau Ihrer Regelbasen darauf, daß Ihre Fuzzy-Sets diese Bedingungen erfüllen!

Der nächste Schritt besteht in einer effizienten Implementierung der Inferenz. Für die Gödel-Implikation in Verbindung mit dem Minimum-Operator als T-Norm und den oben definierten Fuzzy-Sets können Näherungsformeln für die Inferenz hergeleitet werden, die nur sehr wenig Rechenoperationen erfordern. Bild 7.47 zeigt die Details anhand einer Regel mit einer Prämisse A, einem aktuellen Fakt A*, der vorgegebenen Schlußfolgerung B und der aktuellen Schlußfolgerung B*. Zuerst werden zwei Zahlenwerte ω_0 und ω_1 bestimmt, die den Grad der Übereinstimmung der Prämisse mit dem aktuellen Fakt widerspiegeln. Der Zahlenwert

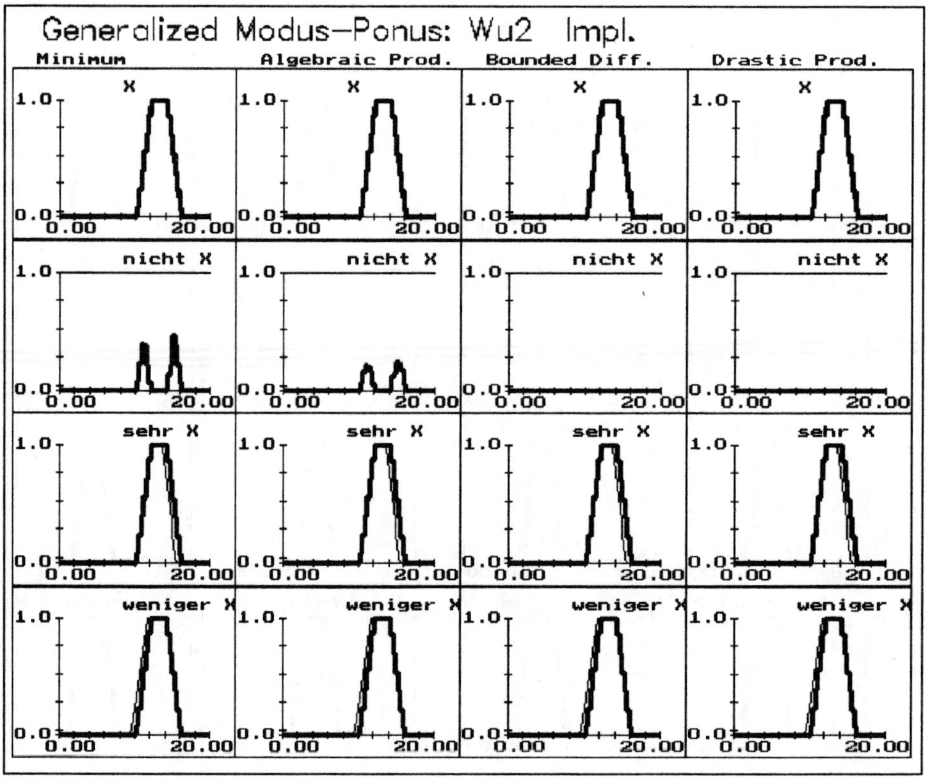

Bild 7.45: Schlußfolgerungen bei Verwendung des Wu2-Implikationsoperators

$\omega_0 = \max(\omega_0^-, \omega_0^+)$ ist ein Maß für die Verschiebung von A* gegenüber A und stellt ein Unsicherheitsmaß dar . Dieses Maß bedingt eine entsprechende Vergrößerung der Unsicherheit in der Schlußfolgerung B*. Der Zahlenwert $\omega_1 = \min(\omega_1^-, \omega_1^+)$ ist ein Maß für die Unschärfe von A* im Vergleich zu A. Dieses Maß bedingt eine entsprechende Aufweitung von B* im Vergleich zu B. Formelmäßig sieht die Inferenz wie folgt aus:

- Bestimmung von ω_0 und ω_1 (Matching):
  $\omega_0 = \max(\mu_{A*}(a1), \mu_{A*}(a4))$
  if (a4 < a2*) or (a1 > a3*) then $\omega_0 = 1.0$!
  $\omega_1 = \min(\mu_A(a2^*), \mu_A(a3^*))$
- Bestimmung der Schlußfolgerung B* (Inferenz):
  $b1^* = b1$
  $b2^* = b2 - (1-\omega_1)(b2-b1)$

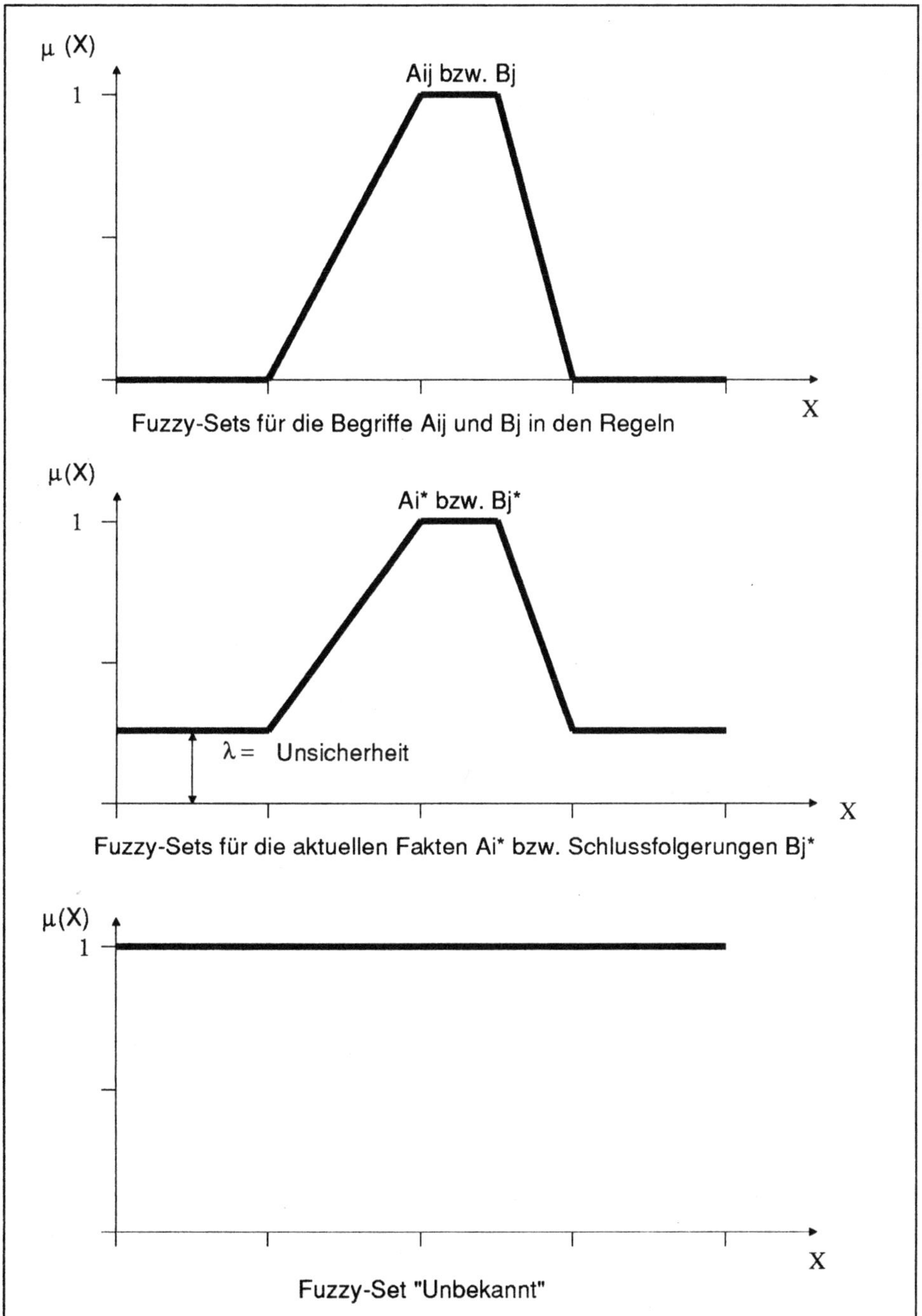

Bild 7.46: Fuzzy-Sets für das plausible Schließen

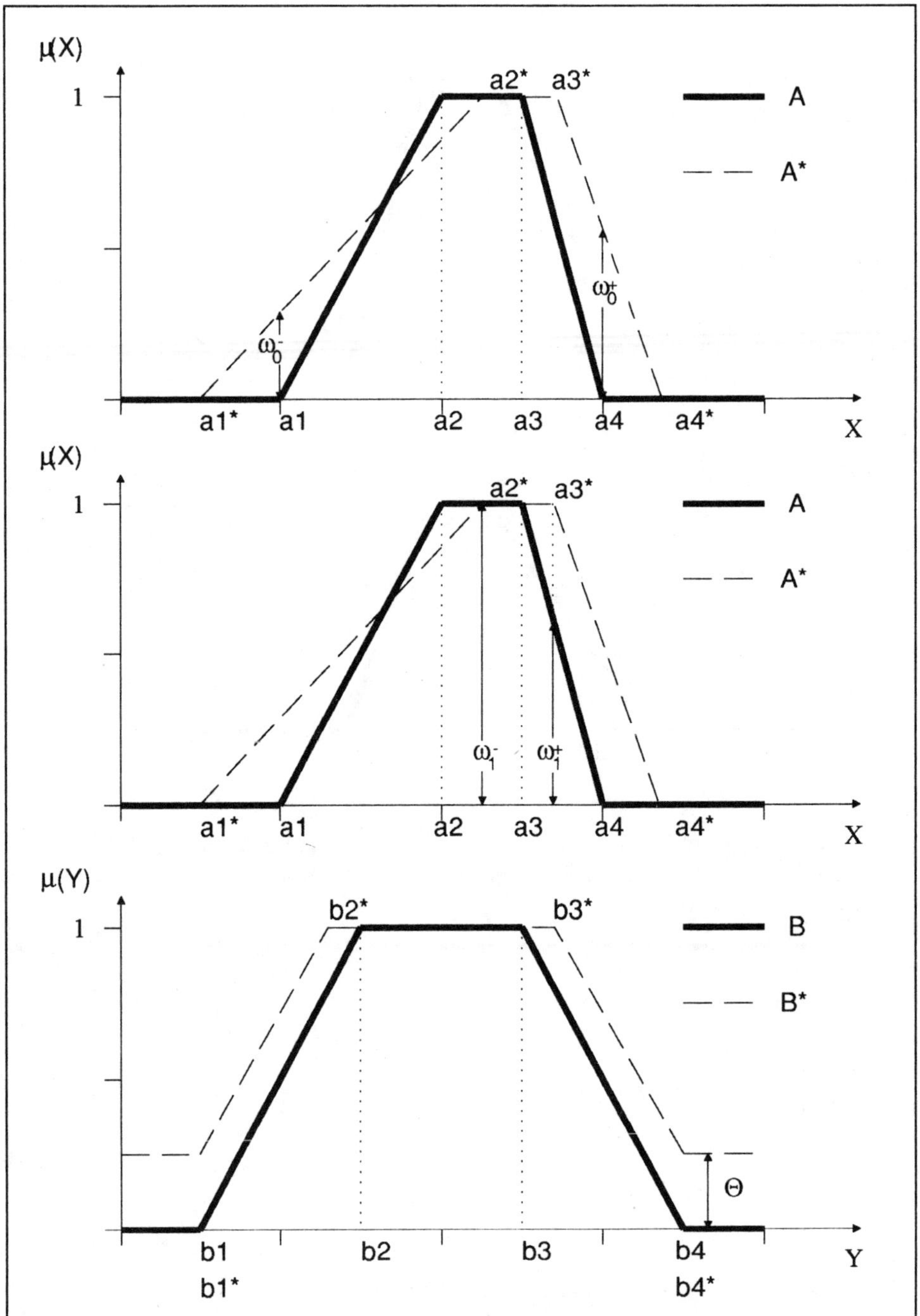

Bild 7.47: Bestimmung der Schlußfolgerung beim plausiblen Schließen

$b3^* = b3 + (1-\omega_1)(b4-b3)$

$b4^* = b4$

$y_{min} = \omega_0$

Diese Formeln für das Matching und für die Inferenz können wir nun sehr leicht als zwei Methoden in unserer Klasse **fuzzy_trapez** implementieren:

```
function fuzzy_trapez.match(var fist:fuzzy_trapez):matchtype;
var a1,a2,a3,a4,d1,d2,y1,y2:real;
    w0,w1:real;
begin
    fist.getparam(a2,a3,d1,d2,y1,y2);
    a1:=a2-d1;
    a4:=a3+d2;
    w1:=min(self.u(a2),self.u(a3));
    w0:=max(fist.u(m1-alpha),fist.u(m2+beta));
    if (m2+beta <= a2) or (m1-alpha >= a3) then w0:=1.0;
    match:=code(w0,w1);
end;

procedure fuzzy_trapez.inferenz(m:matchtype;var b:fuzzy_trapez);
var a1,a2,a3,a4,d1,d2,y1,y2:real;
    w0,w1:real;
begin
    w0:=decodeu0(m);
    w1:=decodeu1(m);
    b.getparam(a2,a3,d1,d2,y1,y2);
    ymin:=w0;
    ymax:=y2;
    m1:=a2-(1.0-w1)*d1;
    m2:=a3+(1.0-w1)*d2;
    alpha:=d1;
    beta:=d2;
end;
```

Diese beiden Methoden stellen praktisch eine genaue Umsetzung der oben angegebenen Formeln dar und benötigen daher wohl keine weitere Erläuterung. Die Funktionen **code** und **decode** sind in der Unit **cmatch.pas** definiert. Sie haben keine weitere Aufgabe als zwei Real-Zahlen zwischen Null und Eins in eine Long-Integer-Größe zu packen bzw. auszupacken. Der Grund dafür ist, daß Pascal bei Funktionen nur ordinale Typen als Resultat zuläßt.

Wie Sie sehen, sind die Schlußfolgerungen ebenfalls trapezförmige Fuzzy-Sets. Daher können Regeln problemlos hintereinandergehängt werden (Chaining).

Der nächste Schritt ist der Aufbau einer Klasse **pruleset** für das plausible Schließen, die der Klasse **ruleset** möglichst ähnlich ist. Dazu sind jedoch noch einige Dinge zu klären, da wir bisher nur den Fall einer einzelnen Regel mit einer einzigen Prämisse untersucht haben. Als erstes erweitern wir diese eine Regel auf mehr als eine Prämisse. Sind alle Prämissen mittels "Und" zu verküpfen, so kann das mit den folgenden Formeln gemacht werden:

$$\omega_0 = \mathbf{max}\ (\omega_0^1, \omega_0^2, ..., \omega_0^i, ..., \omega_0^n)$$
$$\omega_1 = \mathbf{min}\ (\omega_1^1, \mathbf{w}_1^2, ..., \mathbf{w}_1^i, ..., \omega_1^n)$$

Die einzelnen Werte, die mittels Maximum- bzw. Minimum-Operator verknüpft werden, stellen das Matching der einzelnen Fakten A_i* mit den Prämissen A_i dar. Wir können diese Aggregation der einzelnen Werte auch mit anderen Aggregationsoperatoren machen, sollten dabei jedoch darauf achten, daß sie zueinander komplementär sind, d.h. es ist der passende Intersection-Operator zum Union-Operator zu wählen. Sollen also die Prämissen 'Und'-verknüpft werden, werden die ω_0-Werte mittels Maximum-Operator (oder Algebraic-Product-, oder Bounded-Difference-Operator usw.) und die ω_1-Werte mittels Minimum-Operator (oder Algebraic-Sum-, oder Bounded-Sum-Operator usw.) aggregiert. Bei einer 'Oder'-Verknüpfung werden diese Operatoren vertauscht. Unsichere Regeln können berücksichtigt werden, indem der Sicherheitsgrad einer Regel durch die Operation (1.0-Sicherheitsgrad) zu einem Unsicherheitsgrad gemacht wird und dann der endgültige Wert ω_0' für die Inferenz mittels des Maximum-Operators aus ω_0 und dem Unsicherheitsgrad der Regel bestimmt wird.

Der nächste Schritt besteht in der Erweiterung auf mehr als eine Regel. Bei der simplen Form des unscharfen Schließens haben wir die Schlußfolgerungen B_j* aller Regeln einfach akkumuliert und zwar in der Regel mittels eines 'Oder'-Operators, wie z.B. dem Maximum-Operator. Diese Akkumulation können wir auch hier durchführen, es muß jedoch statt dessen der Minimum-Operator verwendet werden, d.h. wir akkumulieren die Ergebnisse mit einem 'Und'-Operator statt einem 'Oder'-Operator. Allerdings ist es so, daß bei sehr unscharfen Fakten A_j*, (d.h. viel unschärfer als die A_{ij}) diese Methode unzureichend ist, da dann sehr unsichere Ergebnisse (mehr oder weniger 'Unbekannt' als Resultat) erzielt werden. Man kann zeigen, daß es allgemein besser ist, die Regeln vorher zu akkumulieren, und dann für die gegebenen Fakten die Schlußfolgerung zu bestimmen. Diese Methode ist aber um einiges aufwendiger, so daß wir hier aus didaktischen Gründen darauf verzichten, sie zu implementieren.

An die Regelbasis gibt es nun mehrere Anforderungen , die sicherstellen sollen, daß möglichst spezifische Ergebnisse erzielt werden (d.h. daß nicht "B=Unbekannt" geschlossen wird). Die erste Forderung ist, daß die Fuzzy-Sets, die die Werte einer linguistischen Variablen definieren, sich so überlappen, wie es Bild 7.48 zeigt (= proper coverage in der Literatur). Die zweite Forderung ist, daß die Überlappung nicht so sein darf, daß ein Fuzzy-Set komplett in dem anderen enthalten ist (= separatedness). Die dritte Forderung ist, daß die Regelbasis

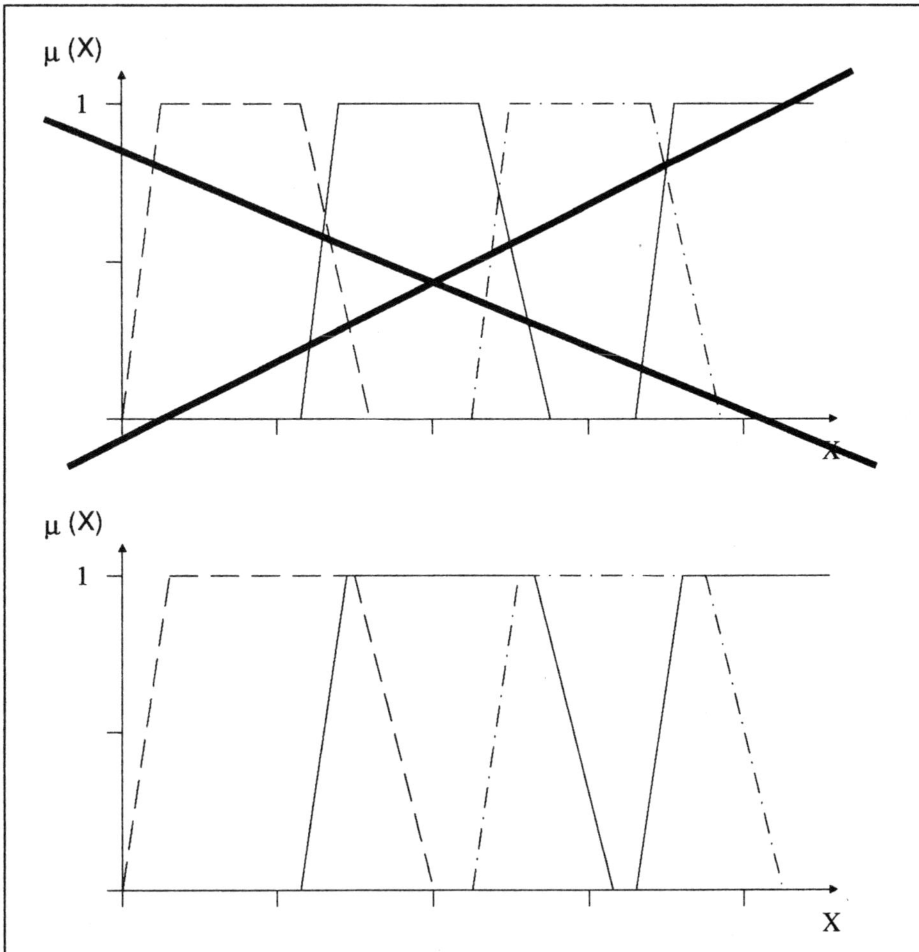

Bild 7.48: Falsche (oben) und richtige (unten) Überlappung der Fuzzy-Sets einer linguistischen Variablen für eine Regelbasis mit plausiblem Schließen

konsistent ist, d.h. sie soll nicht Regeln enthalten, die sich widersprechen. Dies ist beispielsweise der Fall, wenn zwei Regeln mit identischen Prämissen zwei unterschiedliche Schlußfolgerungen liefern sollen.

Mit diesen Randbedingungen im Hinterkopf, die beim Aufbau von Regelbasen beachtet werden müssen, können wir nun die Klasse **pruleset** implementieren. Dabei kann ich mir eine ausführliche Erläuterung sparen, da diese Klasse nur an wenigen Stellen von der Klasse **ruleset** abweicht. Daher möchte ich hier nur die Klassendefinition bringen, die Implementation können Sie auf der beiliegenden Diskette finden. Studieren und vergleichen Sie sie mit der Klasse **ruleset**!

```
unit prules;

interface
uses graph,operator,parops,impl,cmatch,fuzzy,f_array,f_Lr;
const maxrules = 500;

type
   lhstype = array[1..8] of pointer;
   rhstype = fuzzy_trapez;
   ruletype = record
                 uncertainty:real;
                 lhs:lhstype;
                 rhs:^rhstype;
              end;

   pruleset = object
                 rules : array[1..maxrules] of ruletype;
                 lhsist: lhstype;
                 anzrules:integer;
                 anzvars:integer;
                 infres:^fuzzy_trapez;
                 aggunion:fuzzyop8;
                 agginter:fuzzyop8;
                 paragg:real;     { fuer LHS }
                 paracc:real;     { fuer RHS  }
                 accund:fuzzyop;     { fuer RHS }
                 accoder:fuzzyop;    { fuer RHS }
                 constructor init(anzlhs:integer;
                    var result:fuzzy_trapez);
                 procedure setoperatoren(aunion,ainter:fuzzyop8;
                    accundop,accoderop:fuzzyop);
                 procedure setaggpar(x:real);
                 procedure setaccpar(x:real);
                 procedure xist(x1,x2,x3,x4,x5,x6,x7,x8:pointer);
                 procedure adduncertainrule(cer:real;var erg:
                    fuzzy_trapez;f1,f2,f3,f4,f5,f6,f7,f8:pointer);
                 procedure addrule(var erg:fuzzy_trapez;
                    f1,f2,f3,f4,f5,f6,f7,f8:pointer);
                 procedure eval;
                 function aggregate(var rule:ruletype):matchtype;
              end;

implementation {Siehe Diskette }
```

Die meisten Methoden sind weitgehend identisch mit denen der Klasse **ruleset.** Der wesentliche Unterschied ist, daß jetzt alle Fuzzy-Sets Instanzen der Klasse **fuzzy_trapez** sein müssen. Ein weiterer Unterschied ist, daß für die Aggregation zwei Operatoren definiert werden müssen, da wir die Größen ω_1 und ω_0 durch verschiedene Operatoren aggregieren müssen (siehe weiter oben).

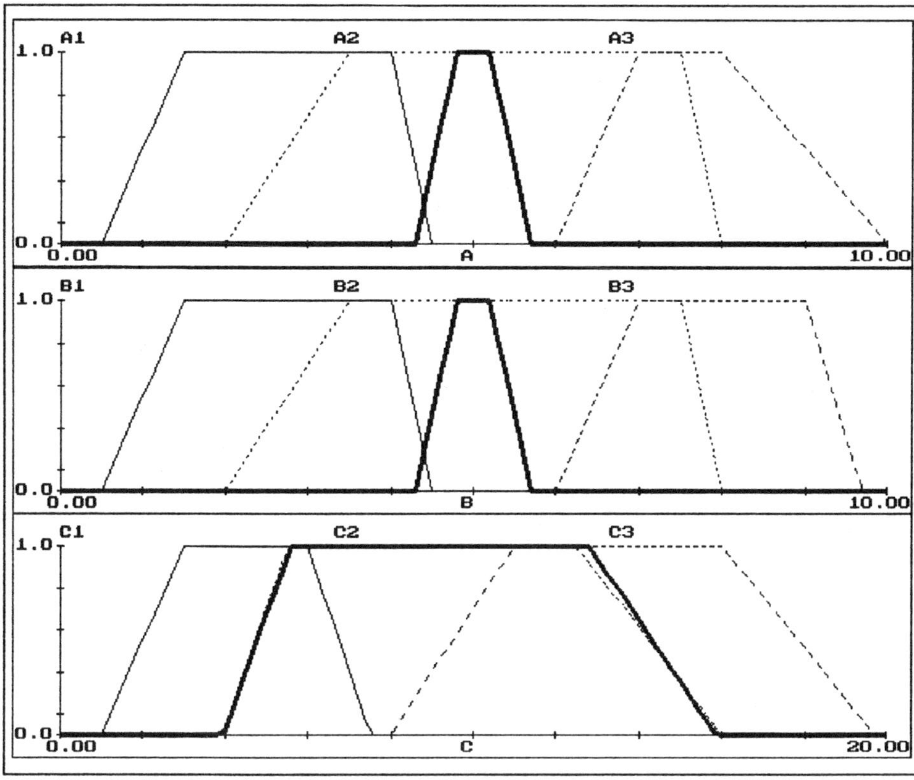

Bild 7.49: Plausibles Schließen, Ausgabe des Programms **prules**, Regelbasis wie bei dem Programm **tregeln**, aktuelle Fakten und Schlußfolgerungen sind fett gezeichnet.

Kommen wir nun zum Abschluß zu einigen Beispielen! Als erstes Beispiel greifen wir die Regelbasis des Programms **tregeln.pas** wieder auf. Um sie für das plausible Schließen zu verwenden, sind lediglich einige Änderungen am Programm **tregeln.pas** notwendig. Als erstes ist die Unit **prules.pas** anstelle **rules.pas** einzubinden. Der zweite Schritt ist die Deklaration der Regelbasis als **pruleset.** Dann ist das Ergebnis der Schlußfolgerungen als ein trapezförmiges Fuzzy-Set zu deklarieren. Zum Schluß müssen die Fuzzy-Sets der linguistischen Variablen so umdefiniert werden, daß sie sich richtig überlappen. Als Ergebnis erhalten Sie dann das Programm **trules.pas.** Um die Sache zu erschweren, sind die Fakten jetzt nicht mehr scharfe Werte, sondern Fuzzy-Sets. Sie können nun eine Menge Experimente mit diesem Programm und zum Vergleich mit dem Programm **tregeln.pas** durchführen und die Ergebnisse vergleichen. Sie werden feststellen, daß die Ergebnisse des plausiblen Schließens wesentlich spezifischer sind und auch viel leichter zu interpretieren. Außerdem sind die Schlußfolgerungen wesentlich

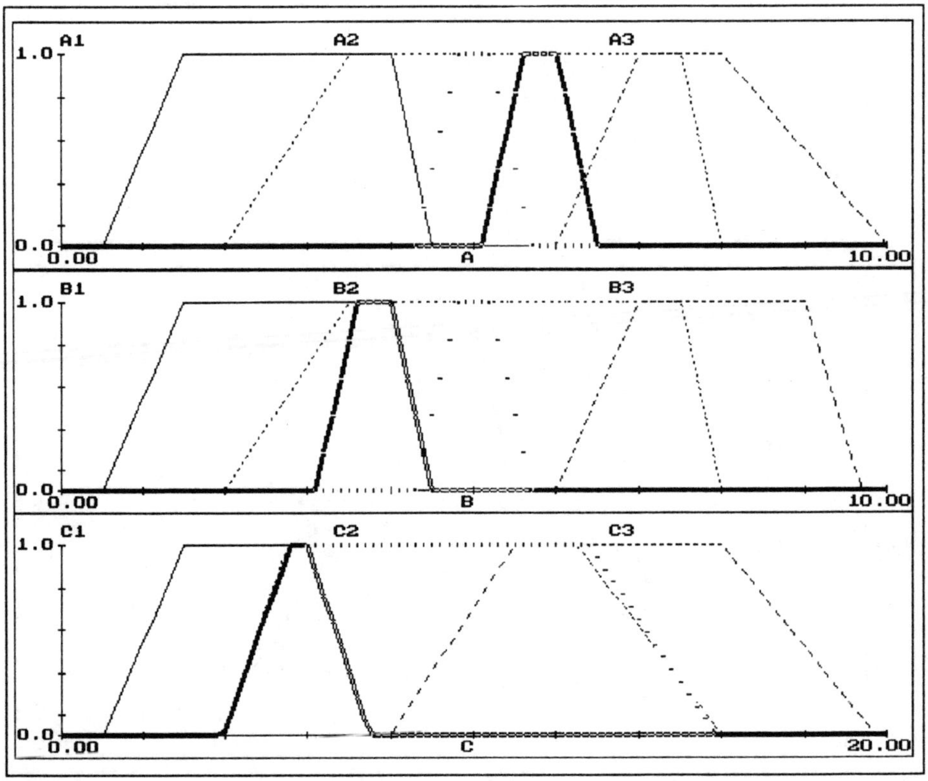

Bild 7.50: Plausibles Schließen, Ausgabe des Programms **prules**, Regelbasis wie bei dem Programm **tregeln**, aktuelle Fakten und Schlußfolgerungen sind fett gezeichnet.

informativer, da sie ein zusätzliches Maß für die Sicherheit der Schlußfolgerung erhalten. Die Bilder 7.49 bis 7.53 vermitteln Ihnen einen kleinen Eindruck der möglichen Experimente.

Bild 7.49 zeigt die Schlußfolgerung, wenn die relativ scharfen Fakten voll in den Prämissen A2 und B2 enthalten sind. Als Schlußfolgerung ergibt sich erwartungsgemäß C2.

Bild 7.50 zeigt die Schlußfolgerung, wenn der Fakt A voll in der Prämisse A2 enthalten ist und der Fakt B in dem Überlappungsbereich zwischen den Prämissen B1 und B2 liegt und als Und-Verknüpfung von B1 und B2 aufgefaßt werden kann. Als Schlußfolgerung ergibt sich ein Fuzzy-Set, das mit der Und-Verknüpfung von C1 und C2 in etwa übereinstimmt. Dieses Ergebnis ist überraschend, da in der Regelbasis keine Regel der Art:

Wenn X = A2 und Y = (B1 und B2) dann Z = (C1 und C2)

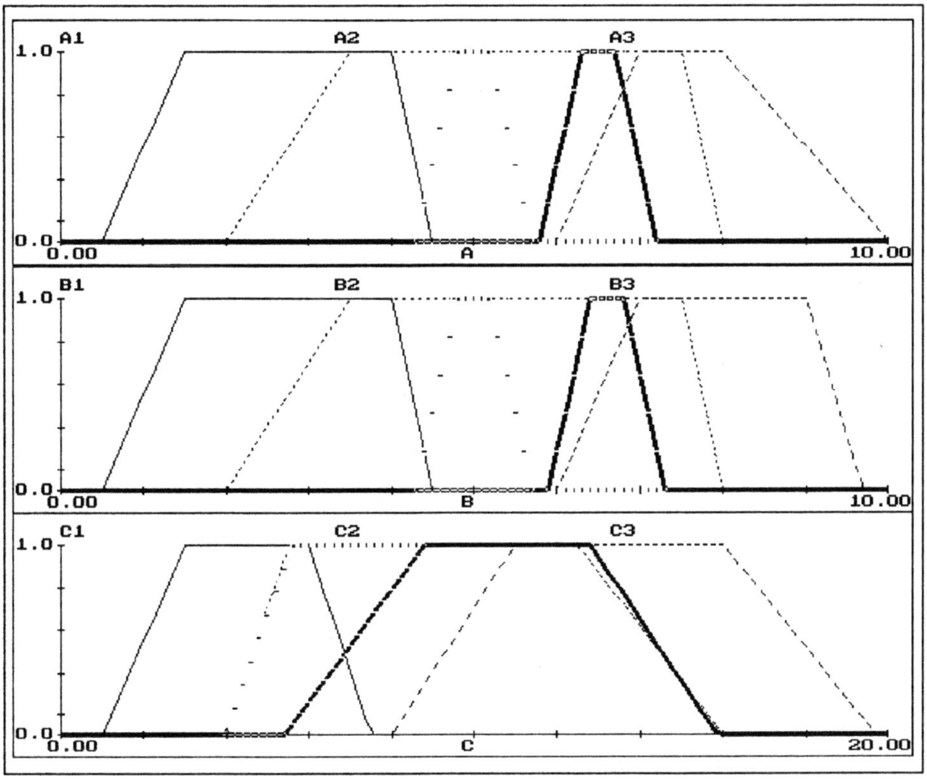

Bild 7.51: Plausibles Schließen, Ausgabe des Programms **prules**, Regelbasis wie bei dem Programm **tregeln**, aktuelle Fakten und Schlußfolgerungen sind fett gezeichnet.

enthalten ist. Trotzdem ist das Programm in der Lage, diesen Schluß aufgrund der vorhandenen Regelbasis zu ziehen. Daran können Sie das Potential des plausiblen Schließens erkennen.

Bild 7.51 zeigt eine ähnliche Situation, allerdings stimmen die Fakten A und B nicht ganz mit dem Fuzzy-Set (A2 und A3) bzw. (B2 und B3) überein, sondern sind etwas mehr zu A2 bzw. B2 hin verschoben, so daß diese mehr Gewicht haben. Die Schlußfolgerung kann entweder als 'mehr oder weniger C2 und C3' oder 'zwischen C2 und (C2 und C3)' oder so ähnlich interpretiert werden. Sie sehen, daß das plausible Schließen doch sehr eindrucksvolle Ergebnisse liefert.

Bild 7.52 zeigt in etwa dieselbe Situation, allerdings sind die Fakten jetzt wesentlich unschärfer, so daß sie breiter als die Fuzzy-Sets (A1 und A2) bzw. (B2 und B3) sind. Trotzdem wird ein ähnliches Ergebnis geliefert, allerdings stellt das Programm fest, daß die ganze Sache doch etwas unsicher ist und die Schlußfol-

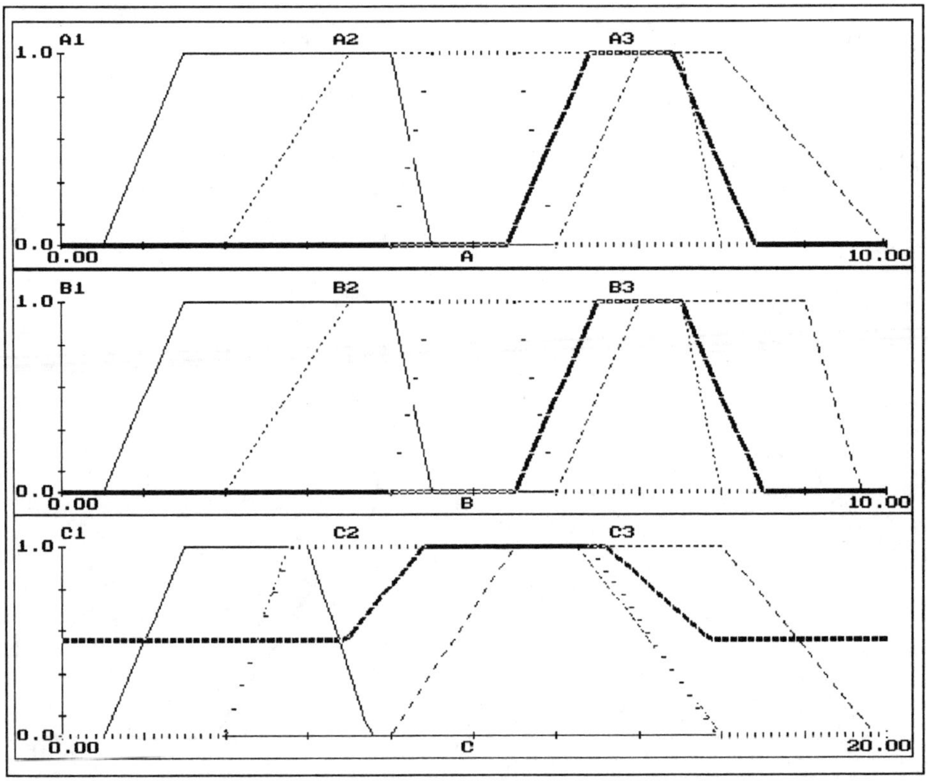

Bild 7.52: Plausibles Schließen, Ausgabe des Programms **prules**, Regelbasis wie bei dem Programm **tregeln**, aktuelle Fakten und Schlußfolgerungen sind fett gezeichnet.

gerung für die Fakten X= 'mehr oder weniger A2 und A3' und Y = 'mehr oder weniger B2 und B3' kann etwa mit Z= 'ungefähr mehr oder weniger C2 und C3, aber ich bin mir nur zu etwa 60% sicher', interpretiert werden.

Nun zu Bild 7.53. Dieses Bild entspricht in etwa Bild 7.49, nur mit dem Unterschied, daß jetzt die Fakten nicht als sicher bewertet werden. Sie erkennen, daß diese Unsicherheit mit in die Schlußfolgerung einfließt. Dabei wird die Unschärfe des Ergebnisses nicht vergrößert, sondern nur die Unsicherheit!

Ich hoffe, daß Sie durch diese Bilder und hoffentlich auch durch eigene Experimente mit diesem Programm und zum Vergleich mit dem Programm **tregeln** das wesentlich größere Potential des plausiblen Schließens erkennen können. Falls Sie bei sehr unscharfen Fakten das Ergebnis 'Unbekannt' erhalten, so möchte ich Sie daran erinneren, daß durch eine leistungsfähigere Version der Regelkombination in vielen Fällen auch in solchen Situationen Ergebnisse erzielt werden können, die besser als 'Unbekannt' sind.

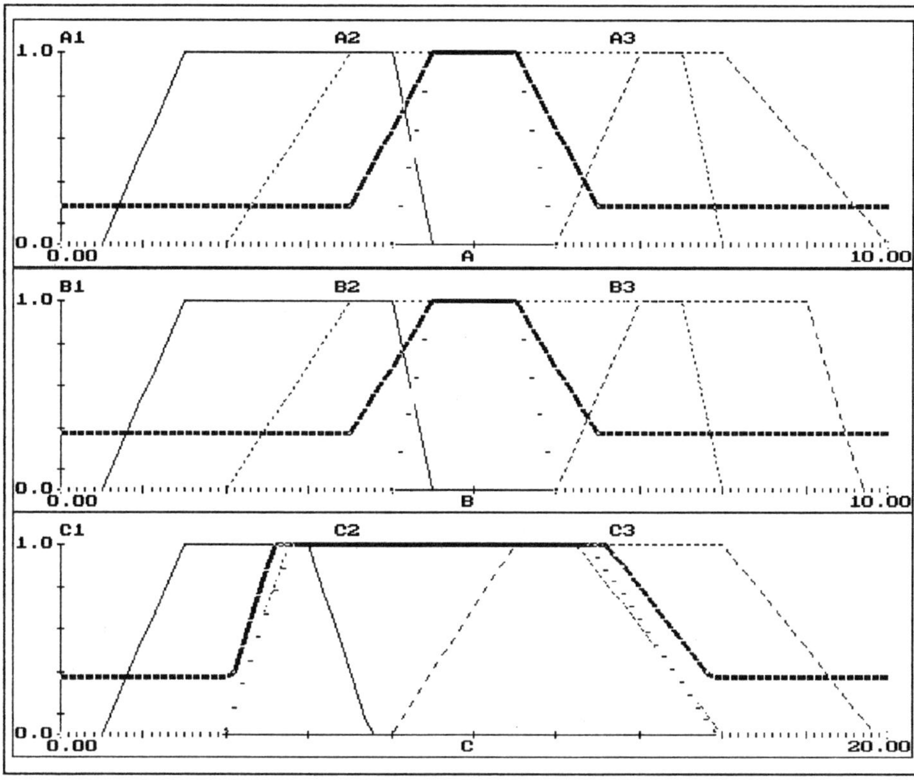

Bild 7.53: Plausibles Schließen, Ausgabe des Programms **prules**, Regelbasis wie bei dem Programm **tregeln**, aktuelle Fakten und Schlußfolgerungen sind fett gezeichnet.

Sie sollten Ihre Experimente mit dem Programm **trules** auch einmal in die Richtung anderer Operatoren anstelle der Defaultoperatoren bewegen, um auch davon ein Bild zu bekommen. Wenn Sie zum Beispiel für die Aggregation mittels logisch 'UND' den Algebraic-Product-Operator für die linke Seite der Regeln verwenden möchten, setzen Sie diese Programmzeile nach der Initialisierung der Regelbasis ein:

```
regeln.setoperatoren(0.0,algebraic_sum8, algebraic_prod8, min,max);
```

Haben Sie auch daran gedacht, den Algebraic-Sum-Operator für die Aggregation der ω_0's zu übergeben?! Die letzten beiden Operatoren sind für die Akkumulation der Teilergebnisse notwendig und stimmen mit den defaultmäßigen Akkumulationsoperatoren überein.

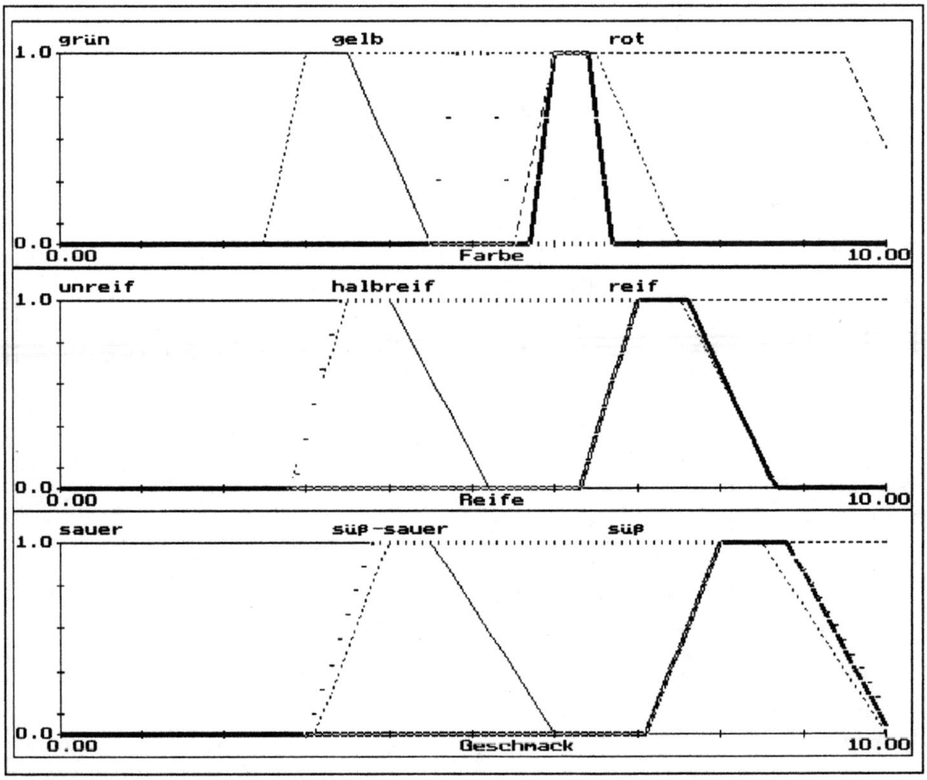

Bild 7.54: Plausibles Schließen, Ausgabe des Programms **preife**, Regelbasis wie bei dem Programm **treife**, aktuelle Fakten und Schlußfolgerungen sind fett gezeichnet.

Zum Schluß sollte natürlich das Beispiel mit den Früchten nicht fehlen, bei dem die simple Form des unscharfen Schließens so kläglich abschnitt. Bild 7.54 zeigt, daß unsere neue Klasse **pruleset** damit keine Probleme hat und recht intuitive Ergebnisse liefert, obwohl die aktuelle Farbe wesentlich unschärfer als bei dem Programm treife ist.

Bild 7.54 zeigt die Schlußfolgerung für eine Farbe, die als 'gelb und rot' (= 'orange'?) aufgefaßt werden kann. Es ergibt sich für den Reifegrad der Schluß 'halbreif und reif', was als 'fast reif' bezeichnet werden kann, und für den Geschmack 'süß-sauer und süß', also fast ganz süß. Vergleichen Sie dieses Ergebnis mit Bild 7.11!

Und nun viel Erfolg bei dem Aufbau Ihrer eigenen Regelsysteme!

8 Expertensysteme

8.1 Einführung

Eines der nahcliegendsten und interessantesten Anwendungen einer Theorie, die den Anspruch erhebt, menschliche Begriffe und Schlußfolgerungen adäquat zu modellieren, sind sicherlich Expertensysteme.

Da Expertensysteme ein sehr komplexes Thema sind, muß ich auf eine diesbezügliche Einführung verzichten, da es praktisch unmöglich ist, auf ca. 20 bis 30 Seiten Aufbau, Wirkungsweise, Wissensrepräsentationsformen, Inferenzstrategien, Anwendungsmöglichkeiten usw. darzustellen. Eine vernünftige Einführung erfordert einfach ein ganzes Buch und daher möchte ich die Leser, die mit der Expertensystemtechnik nicht vertraut sind, auf folgende Literatur verweisen:

- Jackson, F.: Expertensysteme, Eine Einführung, Addison-Wesley, 2. Auflage 1989
- Kurbel, K.: Entwicklung und Einsatz von Expertensystemen, Springer Verlag 1989
- Harmon, P., Maus, R., Morrisey, W.: Expert Systems, Tools and Applications, John Wiley and Sons, 1988
- Watermann, D.A. : A Guide to Expert Systems, Reading Mass . 1986

8.2 Fuzzy-Set-Theorie und Expertensysteme

Bei einem Studium dieser als auch anderer Literatur zu Expertensystemen wird Ihnen sicher auffallen, daß die Fuzzy-Set-Theorie darin nicht vorkommt - ein überraschender Befund. Untersucht man realisierte Expertensysteme und die kleinen und großen kommerziellen Expertensystemshells, so macht man dieselbe Feststellung. Als praktisch einzige Methode zur Modellierung von Unsicherheiten werden Certainty-Faktoren verwendet, die ausschließlich heuristisch begründet sind. Die ganz großen hybriden Expertensystementwicklungssysteme wie ART, KEE, KNOWLEDGE-CRAFT und BABYLON implementieren selbst diese Methode nur rudimentär oder gar nicht.

Ursache dafür ist, daß die Artificial-Intelligence-Gemeinde die Fuzzy-Set-Theorie und auch die Methoden der Wahrscheinlichkeitstheorie, wie die Bayes'sche Theorie oder die Dempster-Shafes'sche Evidenztheorie, praktisch vollständig ignorierte. Die Gründe dafür sind vielfältig. Zum Teil scheinen die Anhänger der Artificial Intelligence (AI) eine ausgeprägte Abneigung gegenüber jeder Art von mathematischen Methoden zu pflegen, die wohl darauf zurückzuführen ist, daß die sogenannte Symbolverarbeitung lange Zeit das zentrale und auschließliche Paradigma der Artificial Intelligence gewesen ist. Diese Abneigung führte dazu, daß in einigen realisierten Expertensystemen herkömmliche mathematische Methoden nicht verwendet werden, so z.B. in Systemen zur Portfolioanalyse. Als Argumente wurden dabei regelmäßig angeführt, daß die mathematischen Methoden nicht effizient genug seien, daß die Modellierung kaum möglich sei, usw. Viele dieser Argumente haben mittlerweile an Gewicht verloren, da die mathematischen Methoden des Operations Research in den letzten zehn Jahren aufgrund zahlreicher theoretischer Arbeiten gewaltig verbessert werden konnten und heute viele Probleme optimal auf PC's gelöst werden können, die vor zehn Jahren als unlösbar galten. Ironischerweise basieren die jüngsten Kinder der AI, die neuronalen Netzwerke, ausschließlich auf numerischer Mathematik und man verspricht sich von ihnen die Lösung vieler mit herkömmlicher AI-Technolgie nicht lösbarer Probleme im Bereich der Mustererkennung, der Spracherkennung, des Bildverstehens, des maschinellen Lernens usw. Ein weiterer Grund ist, daß die Anwendung der Bayes'schen Theorie und der Theorie von Dempster-Shafe sehr leicht zur kombinatorischen Explosion führt, sobald man mehr als ein paar Symptome und Diagnosen hat. Um dies zu vermeiden, muß man sehr restriktive Annahmen bezüglich der statistischen Unabhängigkeit der einzelnen beteiligten Variablen machen. Dies führt dann zu der paradoxen Situation, daß die Anwendung dieser Methoden um so ungenauer wird, je größer der Detaillierungsgrad ist, da die Abhängigkeit der Symptome untereinander zunimmt. Weitere Kritikpunkte sind, daß eine verständliche Erklärung der Ergebnisse unmöglich.ist und daß sich nicht alle Arten von Unsicherheiten mit wahrscheinlichkeitstheoretischen Ansätzen erklären lassen.

Fuzzy-Set-Methoden haben bisher so gut wie keinen Eingang in die Artificial Intelligence gefunden, da die Fuzzy-Set-Theorie etwa zeitgleich mit den Expertensystemtechniken entwickelt wurde und die AI'ler zudem der Ansicht waren (und größtenteils noch sind), daß es auch ohne Fuzzy-Set-Theorie möglich ist, unsicheres Wissen zu modellieren und zu verarbeiten. Ein weiterer Grund ist sicherlich, daß Expertensysteme äußerst komplex sind und immer noch viele Dinge unzureichend geklärt sind, so die richtige Modellierung und Strukturierung von Wissen, leistungsfähige und flexible Inferenzstrategien, leistungsfähige Wissensakquisitionsmethoden, automatisches Lernen, vernünftige Erklärungsmethoden, intelligente und leicht zu handhabbare Benutzerschnittstellen, Modellierung und Verarbeitung von Allerweltswissen, Schließen über Zeit und Raum, Integration von Expertensystemen, Datenbanktechniken und mathematischen Methoden, Anwendbarkeit nicht nur auf äußerst schmale Wissensbereiche, Fähigkeit zum Erkennen der eigenen Nichtkompetenz usw., um nur einige Dinge beim Namen zu nennen.

Die Hauptenergie wird zur Zeit in die Verbesserung dieser Schwachstellen gesteckt, so daß der Modellierung von Unsicherheiten wie z.B. mittels der Fuzzy-Set-Theorie kaum Beachtung geschenkt wird. Dazu kommt noch, daß die Integration von Methoden des unscharfen Schließens in bestehende Expertensystemwerkzeuge alles andere als eine triviale Aufgabe ist und die Neuentwicklung von großen hybriden Expertensystem-Entwicklungsumgebungen mit ausgefeilten und differenzierten Methoden zu Modellierung und Verarbeitung von Unsicherheiten sehr viel Aufwand erfordert. Außerdem ist aus der herkömmlichen EDV bekannt, welch große Trägheitskräfte zu überwinden sind, um irgend etwas Neues einzuführen - selbst dann, wenn es nachweisbar große Vorteile hat (dieser Nachweis ist allerdings in der EDV meistens sehr schwer zu führen).

Nichtsdestoweniger gibt es bereits eine ganze Reihe bereits realisierter Expertensysteme auf Fuzzy-Logik-Basis und man kann zu Recht vermuten, daß in Zukunft mehr und mehr solcher Systeme realisiert werden, da von japanischer Seite ganz enorme Anstrengungen in dieser Hinsicht unternommen werden. Das Potential der Fuzzy-Set-Theorie für den Einsatz in Expertensystemen muß außerdem als hoch eingestuft werden, da die Fuzzy-Set-Theorie das leistungsfähigste und flexibelste Werkzeug zur Modellierung und Verarbeitung menschlicher Begriffe und Schlußfolgerungen darstellt.

Als Hauptgründe für die Verwendung der Fuzzy-Set-Theorie in Expertensystemen können aufgeführt werden [Zimmermann 1991]:

- Für die Benutzerschnittstellen eines Expertensystems erscheint eine Kommunikation auf 'natürliche Weise' am angemessensten. 'Natürlich' bedeutet dabei allgemein in der Sprache des Experten oder des Endanwenders. Dies legt die Verwendung linguistischer Variablen (vgl. Kapiteln 7) nahe.
- Die Wissensbasis eines Expertensystems ist eine Ansammlung menschlichen Wissens. Da menschliches Wissen von Natur aus unscharf und unpräzise ist, enthält die Wissensbasis eines Expertensystems eine Ansammlung von Regeln

und Fakten, die größtenteils weder absolut sicher noch absolut konsistent sind. Daher erscheint es logisch, diesen Teil des Wissens nicht durch scharfe Symbole und Konzepte darzustellen, sondern durch Fuzzy-Sets.

– Als Konsequenz ergibt sich, daß dem Management von Unsicherheiten eine außerordentlich bedeutsame Rolle zukommt. Unsicherheit in der Wissensbasis induziert Unsicherheit in den Schlußfolgerungen und es ist daher erforderlich, daß die Inferenzmaschine eines Expertensystems über die Fähigkeit verfügt, die Umsetzung der Unsicherheit von den Prämissen zu den Schlußfolgerungen zu analysieren und die Ergebnisse dem Benutzer verständlich mitzuteilen.

Als Hauptansätze kommen in Frage: Fuzzy-Sets in Form von linguistischen Variablen für die Modellierung von Prämissen, Schlußfolgerungen, Fakten usw; Methoden des unscharfen Schließens für die Inferenzmaschine; Kombination der Fuzzy-Set-Theorie mit anderen Ansätzen; unscharfe Zahlen usw. Die meisten dieser Ansätze sind in den ersten sieben Kapiteln dieses Buches eingehend beschrieben worden. Als einfache Inferenzmaschinen können die Klassen **ruleset** und **pruleset** (siehe Kapitel 7) aufgefaßt werden, da sie die Definition und Verarbeitung unscharfen Wissens in Form von Regeln ermöglichen. Die Abarbeitungsstrategie ist dabei Forward-Chaining, da von den gegebenen Fakten ausgehend Schlußfolgerungen gezogen werden. Komplexere Systeme lassen sich aufbauen, wenn solche Regelbasen in Form eines hierarchischen Netzwerkes miteinander verknüpft werden. Ist eine solche Struktur erst einmal definiert, lassen sich für gegebene Fakten leicht die Schlußfolgerungen ermitteln. Dabei bietet sich vor allem das plausible Schließen für die Bestimmung der Schlußfolgerungen an.

8.3 Realisierte Systeme

Die Zahl der realisierten Expertensysteme auf Basis der Fuzzy-Set-Theorie ist im Vergleich zu der Anzahl insgesamt realisierter Systeme noch relativ klein. Die meisten von ihnen verwenden linguistische Variablen, unscharfe Zahlen undMethoden des unscharfen Schließens. Einige Beispiele sind:

– CADIAC. Das medizinische Expertensystem CADIAC-2 ist ein medizinisches Expertensystem für die Diagnose in verschiedenen Bereichen. Es ist regelbasiert und verwendet Fuzzy-Sets, um Symptome S_i (der Zugehörigkeitsgrad dieser Fuzzy-Sets drückt die Intensität des jeweiligen Symptoms aus), Krankheiten D_j (der Zugehörigkeitsgrad drückt aus, zu welchem Grad ein Patient eine Krankheit hat) und Patienten P_k (der Zugehörigkeitswert weist jedem

Patienten einen Grad an Zugehörigkeit zu einer bestimmten Diagnose zu) darzustellen. Für die Diagnose wurden dann empirisch mit Hilfe medizinischer Experten binäre unscharfe Relationen (vgl. Kapitel 5) aufgestellt. Diese Relationen umfassen Relationen für das Auftreten bestimmter Symptome beim Vorliegen einer Krankheit, für die Bestätigung einer Krankheit durch vorliegende Symptome, zwischen verschiedenen Symptomen und zwischen verschiedenen Krankheiten. Ausgehend von einem bestimmten Satz von Symptomen eines Patienten können dann mit diesen Relationen unscharfe diagnostische Indikationen berechnet werden, die die Basis für bestätigte oder ausgeschlossene Diagnosen oder diagnostische Hypothesen darstellen. Details dieses Systems sind in [Adlassnig et al. 1982, 1985] zu finden.

- EMERGE [Hudson, Cohen 1988] und EXPERT [Weiss, Kulikowski] sind weitere medizinische regelbasierte Expertensysteme.

- SPERIL-II [Ogawa et al. 1985] ist ein regelbasiertes Expertensystem, das strukturelle Beschädigungen an Gebäuden aufgrund von Erdbeben beurteilt. Als Eingangsdaten werden visuelle Inspektionen und Meßschriebe, die während eines Erdbebens aufgenommen wurden, verwendet. Neben der Fuzzy-Set-Theorie zur Modellierung unscharfer Daten wird die Theorie von Dempster und Shafe verwendet, um Wahrscheinlichkeitsaussagen bei den Schlußfolgerungen zu berücksichtigen.

- ESP [Zimmermann 1989] ist ein Expertensystem zur strategischen Planung. Es verwendet Regeln und Baumstrukturen zur Wissensrepräsentation. Basis sind verschiedene mehrdimensionale Portfolio-Matrizen. Die Dimensionen sind z.B. technische Attraktivität, technische Position, Marktattraktivität und Wettbewerbsposition. Jede Dimension einer Portfolio-Matrix wird durch eine Baumstruktur von Subkriterien und Kategorien definiert. Die am weitesten unten liegenden Kriterien eines jeden Baumes werden in Form von jeweils einer linguistischen Variablen definiert und stellen den Input von Seiten des Benutzers dar. Die Werte jeder linguistischen Variablen werden durch trapezförmige Fuzzy-Sets repräsentiert und der Benutzer kann einen Wert auswählen. Die ausgewählten Fuzzy-Sets werden nun in Richtung auf die Wurzel des Baumes mit Hilfe des γ-Operators (siehe Kapitel 3) hin aggregiert. Dies muß für jede Dimension der Portfolio-Matrix durchgeführt werden, und man erhält so für jedes Kriterium einer Portfolio-Matrix ein aggregiertes trapezförmiges Fuzzy-Set. Diese definieren eine unscharfe Positionierung in der Portfolio-Matrix, die Ausgangspunkt für Strategieempfehlungen ist. Diese Strategieempfehlungen sind als unscharfe Regeln in dem System definiert.

- OPAL [Bensana et. al. 1988] ist ein regelbasiertes Expertensystem zur Maschinenbelegungsplanung.
- ASK [Altrock und Zimmermann 1991] ist ein Expertensystem zur Beurteilung der Kreditwürdigkeit von Bankkunden. Es verwendet eine baumartige Struktur zur Wissensrepräsentation. Die unscharfen Eingangsdaten werden entsprechend der Baumstruktur aggregiert und der Wert an der Wurzel des Baumes stellt die Kreditwürdigkeit dar. Zur Aggregation wird der γ–Operator verwendet.

8.4 Werkzeuge und Shells

In den letzten Jahren wurden einige Werkzeuge entwickelt, die den Einsatz der Fuzzy-Set-Theorie für Expertensysteme ermöglichen sollen. Diese Werkzeuge unterscheiden sich sehr stark - einige sind mehr eine Art Planungs- oder Programmiersprache und haben keine eingebaute wirkliche Inferenzmaschine. Diese Systeme sind relativ leicht zu benutzen und erfordern keine Spezialkenntnisse in der Fuzzy-Set-Theorie. Andere Systeme konzentrieren sich mehr auf eine leistungsfähige Inferenzmaschine. Diese Systeme haben im allgemeinen kein sehr gutes Benutzerinterface. Allen Systemen ist gemeinsam, daß sie weit davon entfernt sind, wirkliche Hilfsmittel zum Erstellen großer komplexer Expertensysteme darzustellen - sie sind in keiner Weise mit Systemen wie ART, KEE, BABYLON, KNOWLEDGE-CRAFT, NEXPERT-OBJECT etc. vergleichbar. In dieser Hinsicht ist noch eine Menge Arbeit zu bewältigen. Insofern eignen sich diese Systeme mehr zum Erstellen kleiner bis mittelgroßer wissensbasierter Systeme, wobei zu beachten ist, daß bei den meisten Systemen eine Menge Arbeit in das Benutzerinterface sowie in das Interface zu Datenbanken und anderen Programmen hineinzustecken ist. Häufig reichen auch die Möglichkeiten der Systeme hinsichtlich der Modellierung und Verarbeitung von Wissen für die jeweilige Anwendung nicht aus, so daß ein Spezialist erforderlich ist, der fehlendes hinzuprogrammiert. In dem nächsten Kapitel stelle ich einige Werkzeuge vor, die primär für die Entwicklung von Fuzzy-Controllern geeignet sind - auch wenn sie den Anspruch erheben, für die Expertensystementwicklung geeignet zu sein. Dies ist aber größtenteils nicht richtig, da diesen Systemen die meisten Eigenschaften fehlen, die zur Entwicklung von Expertensystemen notwendig sind. Sie ermöglichen zwar die Einbettung von regelbasierten Systemen auf der Basis von Fuzzy-

Logik in andere Programme (in Form von generiertem C-Code), aber eine interaktive inkrementelle Entwicklung eines komplexen Gesamtsystems auf diese Weise ist nicht möglich.

Einige Systeme, die für die Entwicklung wissensbasierter Systeme auf Fuzzy-Logik-Basis kommerziell vertrieben werden, sind:

- *REVEAL* ist eine der wenigen kommerziell erhältlichen Sprachen, die die Verwendung der Fuzzy-Set-Theorie in wissensbasierten und Decision-Support-Systemen ermöglichen. *REVEAL* ist eine Art einfache Pascal-ähnliche Planungssprache und enthält übliche Elemente von Programmiersprachen und einige finanzmathematische Funktionen. Darüber hinaus enthält sie einige Möglichkeiten zur Definition von linguistischen Variablen und zum Aufstellen von Regelsystemen (in *REVEAL policy* genannt). Als Aggregationsoperatoren können nur der Maximum- und der Minimumoperator verwendet werden. Die Möglichkeiten zum unscharfen Schließen entsprechen in etwa den Möglichkeiten der Klasse **ruleset** (vgl. Kapitel 7), mit der Einschränkung, daß nur diese beiden Operatoren verwendet werden können (Operatoren können auch nicht zwischen Und- und Oder eingestellt werden). *REVEAL* wird von Tymshare U.K. vermarktet und ist für Minicomputer und Mainframes erhältlich. Mit *REVEAL* wurden Finanzplanungssysteme, Diagnose- und Tuning-Systeme für Minicomputer und Mainframes, Netzwerkwartung sowie weitere Anwendungen erstellt.

- *FLOPS* ist ein PC-basiertes System des Kemp-Carraway Heert Instituts in Birmingham. Es wurde für eine spezielle Applikation entwickelt - der Interpretation von Echokardiogrammen des Herzens. Es basiert auf der AI-Sprache OPS 5 und verwendet Produktionsregeln für die Wissensrepräsentation. Als Input können Fuzzy-Sets und unscharfe Zahlen verwendet werden, die Regeln verarbeiten Fuzzy-Sets und die Outputs sind ebenfalls Fuzzy-Sets.

- *CubiCalc* der Firma Hyperlogic, Escondido Kalifornien, ist eine Art Fuzzy-Logik-Spreadsheet und eignet sich vor allem zur Simulation von Fuzzy-Logik-Systemen. Der Funktionsumfang entspricht etwa dem einer Tabellenkalkulation. Es wird in Deutschland durch die Firma GTS Trautzel GmbH, 2358 Kaltenkirchen für ca. 1300.-DM vertrieben.

- *NETlink+* der Firma Norrad, Nashua New Hampshire, ist ein Werkzeugsatz um die Produkte Nexpert-Object (ein leistungsfähiges herkömmliches Expertensystemwerkzeug), Neural Works Professional (ein Werkzeug zur Entwicklung von Applikationen auf der Basis neuronaler Netzwerke) und TILshell (siehe Kapitel 9.3, eine Entwicklungsumgebung zum Erstellen von regelbasierten Fuzzy-Logik-Systemen) miteinander zu verbinden.

Neben diesen Systemen gibt es noch eine Reihe von Systemen, die das Forschungsstadium noch nicht verlassen haben. Auf ihre Beschreibung möchte ich hier verzichten. Abschließend möchte ich noch bemerken, daß diese Werkzeuge zwar nicht das Niveau und die Leistungsfähigkeit herkömmlicher Expertensystemwerkzeuge aufweisen, aber das bedeutet nicht, daß sie unbrauchbar sind. Im Gegenteil - es lassen sich eine Menge sinnvoller Systeme damit entwickeln. In dem einen oder anderen Fall mögen diese Systeme auch Expertenniveau aufweisen, wenn die Problemdomäne klein genug ist. Aber für die Entwicklung großer Expertensysteme (die diesen Namen wirklich verdienen !) sind sie einfach nicht mächtig genug.

9 Fuzzy-Control - Regeln mit unscharfer Logik

9.1 Einführung

'Fuzzy-Control' ist derzeit eines der heißesten Themen der angewandten Informatik. Dieses Schlagwort umfaßt neben Regelungen auf Fuzzy-Logik-Basis auch alle möglichen anderen Anwendungen der Fuzzy-Set-Theorie in der Automatisierungstechnik. Auf den ersten Blick wirkt es außerordentlich überraschend, daß ausgerechnet die Fuzzy-Set-Theorie (hauptsächlich die Unterabteilung "Unscharfes Schließen") in der Technik so große Triumphe feiert - ja sogar dadurch in den feinsten Tageszeitungen (z.B. New York Times, FAZ usw.) und technischen Edelmagazinen (wie z.B. high-tech) Eingang gefunden hat.

Mehr noch - die Angst scheint in so manchen Vorstandsetagen umzugehen - die Angst vor der japanischen Macht in der Informationstechnik. Der Grund dafür ist, daß den Japanern der Hauptverdienst zukommt, die Fuzzy-Set-Theorie aus dem wohlbehüteten Elfenbeinturm der Wissenschaft in die rauhe Welt der Technik hinausgeführt zu haben und sie nun einen so großen Vorsprung an Patenten, Produkten, Know-how und ausgebildeten Ingenieuren aufweisen. Darüber hinaus haben sie ein Forschungsinstitut namens LIFE (Laboratories of International Fuzzy Engineering) gegründet, das mit einem Budget von ca. 40 Millionen Dollar ausgestattet ist und an dem alle führenden japanischen Konzerne beteiligt sind. Aufgabe dieses Instituts ist neben der Grundlagenforschung in der Fuzzy-Set-Theorie die anwendungsbezogene Forschung im Bereich Expertensysteme und Fuzzy-Control.

Der Grund für den großen Vorsprung der Japaner in der praktischen Umsetzung der Fuzzy-Set-Theorie im Vergleich zu den Amerikanern und Europäern ist - wie so oft - nicht darin zu suchen, daß die Japaner diese Theorie oder ihre Anwendung in der Technik erfunden haben, sondern daß die meisten Amerikaner und Europäer die Fuzzy-Set-Theorie entweder milde belächelten, auslachten oder sogar für blanken Unsinn hielten - falls sie sie überhaupt kannten. Ein Teil der Schuld ist allerdings auch bei den Fuzzy-Set-Theoretikern zu suchen, da ein Großteil der von Ihnen verfaßten Publikationen bestenfalls Mathematiker ansprechen (man hat außerdem den Eindruck, daß es den meisten von ihnen gar nicht um praktische Anwendbarkeit geht).

Bei den japanischen Regelungstechnikern fiel die Fuzzy-Set-Theorie jedenfalls auf offensichtlich fruchtbaren Boden (möglicherweise aus reinem Zufall), nicht jedoch bei ihren amerikanischen und europäischen Kollegen. Ob die fernöstliche Philosophie dieses bewirkte oder der japanische Spieltrieb dabei eine große Rolle spielt ist ein dankbares Thema für Diskussionen. Allerdings ist das Thema 'Fuzzy-Control' in dieser Hinsicht kein Einzelfall - denken Sie an FAX-Geräte, LCD-Anzeigen, Taschenrechner, Walkmans, Videogeräte, Laptops usw. - die auch nicht von Japanern erfunden wurden, dort aber auf so fruchtbaren Boden gefallen sind, daß sie nun den Weltmarkt beherrschen.

Wie Sie nachfolgend feststellen werden, gibt es erstaunlich viele funktionierende technische Anwendungen der Fuzzy-Set-Theorie, so viel, daß ich Ihnen nur einen kleinen Eindruck davon vermitteln kann. Der größte Teil davon ist japanisch und reichlich mit Patenten verziert. Der zum Teil prognostizierte Marktanteil von Fuzzy-Produkten allein in der Automatisierungstechnik bis zum Jahr 2000 beträgt bis zu 30% des gesamten Automatisierungstechnikmarktes - eine erschreckende Perspektive für viele Entscheidungsträger in Anbetracht der ohnehin sehr starken japanischen Position und der Größe dieses Marktes. Selbst wenn diese Prognose zu optimistisch ist - für Aufregung ist sie allemal gut. Zur Beruhigung trägt auch nur bedingt die Tatsache bei, daß die Japaner bisher nur einen sehr kleinen Bruchteil der Fuzzy-Set-Theorie praktisch nutzen. Sie werden sicherlich nicht auf diesem Niveau halt machen und außerdem können sie mit der 'primitiven' Umsetzung mehr als genug Geld verdienen, um tiefergehende Forschungsprojekte (denken Sie an das LIFE-Institut) im großen Stil zu betreiben. Außerdem wird Fuzzy-Logik zur Zeit als die Schlüsseltechnologie für das nächste Jahrtausend angesehen - daher werden sich die Japaner nicht so leicht die Butter vom Brot nehmen lassen.

Der Technologieführer auf diesem Gebiet - der japanische Elektronikkonzern OMRON - hat zur Zeit etwa 700 angemeldete und etwa 150 genehmigte Patente für Fuzzy-Logik-Produkte und einen großen Stab von Ingenieuren, die sich damit befassen. Demgegenüber stehen bei deutschen Großkonzernen neu gegründete Arbeitsgruppen von ca. 10 Personen und ungefähr Null Patenten ... Interessant dürfte das Jahr 1992 werden, wenn die Fuzzy-Logik-Welle in Amerika hoch schwappt - die amerikanischen Ingenieure und Informatiker werden sicher nicht auf der faulen Haut liegen. Eine Prognose darüber, ob deutsche oder europäische Firmen überhaupt noch eine Chance haben, oder ob auch diese Technik wieder einmal aus Amerika und Japan (bzw. Fernost) importiert werden muß, möchte ich nicht abgeben, da Sie es mit Ihrer Kaffeetasse sicher genauso gut wie ich machen können.

Kommen wir nun zu den etwas seriöseren Aspekten des Fuzzy-Control.

Zunächst erscheint die Idee, mit Hilfe der Fuzzy-Set-Theorie Regelungstechnik betreiben zu wollen, etwas merkwürdig. Schließlich hat die Regelungstechnik das Odium des Exakten - was soll da eine Theorie, die zur Modellierung und Verarbeitung unscharfer Begriffe und Konzepte, wie sie Menschen verwenden, geschaffen wurde? Die Idee ist gar nicht so absurd, wenn Sie an Expertensystemen denken - Fuzzy Controller und Expertensysteme haben gemeinsam, daß sie menschliches Erfahrungswissen und Entscheidungsverhalten modellieren wollen. Die Idee der Erfinder des Fuzzy-Control war es, menschliches Erfahrungswissen bei der Regelung komplexer industrieller Prozesse in einen Regler zu übertragen:

Die grundlegende Idee dieses Ansatzes war, die 'Erfahrung' eines menschlichen Prozeßoperateurs in das Design des Reglers einfließen zu lassen. Ausgehend von einem Satz linguistischer Regeln, welche die Kontrollstrategie des Operateurs beschreiben, wird ein Regelungsalgorithmus konstruiert, bei dem die Worte als Fuzzy-Sets definiert sind. Die Hauptvorteile dieses Ansatzes scheinen die Möglichkeiten zu sein, 'Daumenregeln', Erfahrung, Intuition, Heuristiken zu implementieren und die Tatsache, daß kein Prozeßmodell benötigt wird. [Kickert und Mamdani 1978].

Bestimmte komplexe industrielle Anlagen, wie zum Beispiel Zementöfen, können mit besseren Ergebnissen durch einen Menschen als durch einen herkömmlichen Regler geregelt werden. Die Regelstrategien, die ein Mensch benutzt, können oft durch eine Anzahl von Regeln ausgedrückt werden, die einfach manuell ausgeführt werden können, aber schwierig mittels eines herkömmlichen Reglers implementiert werden können. Die Schwierigkeit rührt daher, daß Menschen eher qualitative als quantitative Begriffe benutzen, um verschiedene Entscheidungen zu beschreiben, die in Abhängkeit von den verschiedenen Prozeßzuständen zu treffen sind. Es ist diese qualitative oder unscharfe Natur des menschlichen Denkens beim Treffen von Entscheidungen, die engagierte Regelungstechniker bewogen hat, Fuzzy-Logik für die Prozeßregelung anzuwenden.[Ostergaard 1977].

Komplexe industrielle Prozesse wie chemische Batch-Reaktoren, Hochöfen, Zementöfen und Stahlöfen sind schwierig automatisch zu regeln. Diese Schwierigkeit rührt aus ihren nichtlinearen, zeitlich veränderlichem Verhalten und die schlechte Qualität von durchführbaren Messungen. In solchen Fällen können automatische Regelungen für untergeordnete Variablen, die gemessen und geregelt werden können, wie zum Beispiel Temperaturen, Drücke und Flüsse, angewendet werden. Die generellen Prozeßregelungsziele, wie Qualität und Quantität des produzierten Produkts, lagen in der Vergangenheit in den Händen von Menschen.

In einigen modernen Anlagen mit Prozeßrechnern werden Anlagenmodelle benutzt, um die erforderlichen Kontrollsollwerte zu berechnen, um die höheren Regelungsfunktionen zu automatisieren. Diese Anlagenmodelle, sei es, daß sie auf chemischen und physikalischen Beziehungen basieren, sei es, daß sie Parameterschätzmethoden sind, stellen Approximationen des wirklichen Prozesses dar und erfordern eine Menge Rechenzeit. Einige zufriedenstellende Anwendungen wurden berichtet, aber es wurde die Erfahrung gemacht, daß es Schwierigkeiten gibt, wenn Prozesse über einen großen Bereich von Vorgaben oder bei stochastischen Störungen arbeiten müssen.

Ein alternativer Ansatz für die Regelung komplexer Prozesse ist es, die Regelungsstrategien eines menschlichen Operateurs zu benutzen. In vielen Fällen kann dieser den Prozeß effektiver als ein automatischer Regler regeln; wenn er Schwierigkeiten feststellt, kann dies oft auf die Informationsrate oder die Tiefe, bis zu der er Entscheidungen evaluieren muß, zurückgeführt werden.[King und Mamdani 1977]

Es gibt allerdings deutliche Unterschiede zwischen Expertensystemen und Fuzzy-Controllern [Zimmermann 1991]:

- Die existierenden Fuzzy-Controller haben ihren Ursprung in der Regelungstechnik und nicht in der Artificial Intelligence.
- Fuzzy-Controller sind allesamt regelbasierte Systeme.
- Im Gegensatz zu Expertensystemen haben sie meistens ausschließlich die Aufgabe, technische Systeme zu regeln, das bedeutet, daß ihre Problemdomäne wesentlich kleiner und einfacher als die eines Expertensystems ist.
- Im allgemeinen werden die Regeln eines Fuzzy-Controllers nicht von einem Anwendungsexperten, sondern explizit durch den Designer des Fuzzy-Controllers festgelegt.
- Schließlich sind die Eingangsgrößen Meßwerte eines technischen Systems und die Ausgangsgrößen Stellgrößen.

Wie Sie später sehen werden, lassen sich Fuzzy-Controller nicht nur mit Erfolg bei komplexen technischen Großanlagen einsetzen, sondern auch bei einfachen Systemen, die im Prinzip mit herkömmlichen Reglern besser funktionieren sollten. Ein Grund dafür ist, daß die mathematische Exaktheit der herkömmlichen Regelungstechnik teilweise ein Mythos ist - eine Tatsache, die sicherlich vielen Praktikern bekannt ist.

9.2 Grundlagen

Lassen Sie uns die prinzipielle Funktionsweise eines Fuzzy-Controllers anhand des Bildes 9.1 studieren. Ein Fuzzy-Controller besteht aus einer Regelbasis, einer Inferenzmaschine und einem Prozeß-Interface für die Prämissen und einem Interface für die Schlußfolgerungen. Nach außen hin ist der Unterschied auf den ersten Blick nicht sehr groß im Vergleich mit einem herkömmlichen Regler, aber dieser Eindruck ist nicht ganz korrekt.

Bei einem klassischen Regler (z.B. PID-Regler, Zustandsregler) müssen alle Eingangsgrößen (x_{soll}, x_{ist}) scharfe Werte sein, bei einem Fuzzy-Controller können dies auch unscharfe Größen sein. Unscharfe Istwerte können z.B. bei billigen und

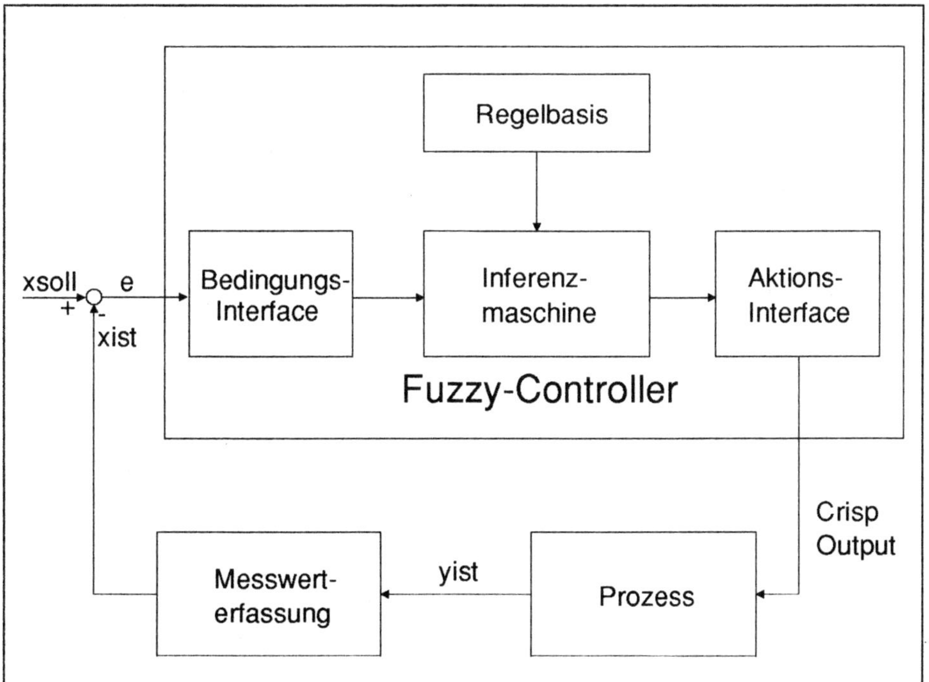

Bild 9.1: Regelkreis mit Fuzzy-Controller

ungenauen Sensoren vorliegen, ebenso kann es sein, daß die Sollwerte nur als unscharfe Größen vorgegeben werden können, da es bei komplexen Prozessen nicht immer möglich und notwendig ist, die Sollwerte genau vorzugeben (denken Sie z.B. an den Regelkreis, wenn Sie Auto fahren - Sie geben sich selbst vor 'schnell', 'langsam' oder 'vorsichtig' zu fahren - das sind unscharfe Sollwerte). Es gibt natürlich eine Menge Regelkreise in der Technik, bei denen es notwendig ist, Sollwerte mit sehr hoher Präzision vorzugeben und Istwerte mit sehr hoher Genauigkeit zu messen, z.B. bei den Vorschubachsen von Werkzeugmaschinen. Auf der anderen Seite ist eine hohe Genauigkeit bei vielen Regelkreisen wenig sinnvoll. Eine Heizungsregelung für Ihr Wohnzimmer muß wohl nicht auf Teufel komm raus versuchen, eine Temperatur von 20± 0,01°C einzuhalten, Sie parken Ihr Auto nicht auf ± 0,1 mm auf einem gelben Strich in Ihrer Garage, ein U-Bahn-Zug muß nicht 110 ± 0,1 km/h schnell fahren und auf 1mm genau an einem vorgegebenen Punkt am Bahnsteig anhalten. Bei vielen komplexen Regelkreisen ist eine solche Genauigkeit auch gar nicht möglich und man ist froh, wenn er sich überhaupt zufriedenstellend regeln läßt.

Nun versuchen Sie mal, einem herkömmlichen Regler beizubringen, daß es nicht so genau darauf ankommt oder daß man nichts Genaues über den Prozeß weiß und daß die Meßwerte und die Sollwerte ungenau und unscharf oder sogar nur qualitative Aussagen sind! In jedem dieser Fälle haben Sie Probleme, da die für herkömmliche Regler entwickelten Entwurfsverfahren dafür nicht gedacht sind. Die herkömmliche Regelungstechnik sieht für einen Reglerentwurf etwa folgendes Vorgehen vor:

– Erstelle ein mathematisches Modell für den Prozeß und die Meßwerterfassung

– Linearisiere dieses Modell im Arbeitspunkt

– Entwirf für dieses linearisierte Modell einen P, PD, PID oder einen Zustandsregler (alle diese Regler sind lineare Regler). Für diesen Entwurf stehen eine Reihe mathematischer Methoden zur Verfügung.

– Untersuche, ob dieser Regler den Prozeß stabil und zufriedenstellend regeln kann.

– Führe evtl. Computersimulationen mit dem entworfenen Regler und dem (linearisierten) Modell durch, um das Verhalten eingehend zu studieren.

– Erprobe den so entworfenen Regler am realen Prozeß. Mit etwas Glück funktioniert der Regler jetzt perfekt.

Bei diesem Vorgehen gibt es mehrere Pferdefüße:

– Das Aufstellen eines Modells ist aufwendig und erfordert einen Spezialisten.

- Das Linearisieren des Modells im Arbeitspunkt erfordert ebenfalls einen Spezialisten und ist nicht immer möglich, da es Systeme gibt, die sich nicht so einfach linearisieren lassen (z.B. Systeme mit Hysterese, Lose, zeitvariante Systeme, Totzeitsysteme etc.).

- Es kann außerdem sein, daß das linearisierte Modell für verschiedene Sollwerte stark unterschiedlich ist. Dann muß der Regler für jeden Arbeitspunkt anders entworfen werden, oder es muß ein adaptiver oder robuster Regler sein. In diesem Fall benötigen Sie erst recht einen Spezialisten.

- Der Regler benötigt Meßwerte, die unmöglich am laufenden Prozeß zu beschaffen sind (z.B. die chemische Zusammensetzung an einem bestimmten Ort in einem Zementdrehrohrofen). Dann müssen diese benötigten Istwerte online aus einem realistischen Prozeßmodell berechnet werden - was beliebig rechenaufwendig sein kann. Es erfordert sehr viel Aufwand von Spezialisten, ein solches Prozeßmodell zu erstellen (falls es überhaupt möglich ist), und der Rechner, der dieses Modell in Echtzeit ausführt, kann viel zu teuer sein. Außerdem müssen Sie dieses Modell mit dem dazugehörenden Regler am realen Prozeß austesten.

- Sie haben keine Ahnung, wie Ihr Prozeß aussieht und es gibt auch sonst keinen, der Ihnen ein hinreichend genaues Prozeßmodell geben kann.

- Sie haben keinen Spezialisten in Regelungstechnik.

- Sie finden, ein Regelungstechnikspezialist ist für die Lösung Ihres Problems zu teuer ("das kann ja ein Kind regeln!").

- Sie wollen nicht ewig warten, bis der Regler funktioniert.

- Der lehrbuchmäßig entworfene Regler funktioniert am realen Prozeß nicht zufriedenstellend. Es gibt mehrere mögliche Ursachen dafür: Ihr Spezialist hat einen Fehler gemacht und muß sich die Sache noch einmal in Ruhe überlegen, das Modell ist nicht genau genug und kann auch nicht genauer gemacht werden, die Meßwerterfassung ist nicht genau genug usw.

Fassen wir also zusammen, daß es eine Reihe von Gründen gibt, die gegen das Vorgehen nach dem Lehrbuch sprechen: es gibt kein Modell des Prozesses, das Modell ist nicht genau genug, genaues Modell erfordert Meßwerte, die nicht oder nur sehr schwer zu bekommen sind, Linearisierung des Modells nicht möglich oder andere Komplikationen, genaue Sensoren zu teuer, Regelungstechnikspezialist nicht vorhanden, zu teuer, Reglerentwurf dauert zu lange usw.

Diese Aufzählung erscheint erschreckend und vielleicht sind Sie der Meinung, daß das übertrieben ist. Natürlich lassen sich viele Regler mehr oder weniger nach dem Lehrbuch entwerfen, aber häufig gibt es aber doch Schwierigkeiten. Außerdem, wieviele Ingenieure können denn wirklich einen PID-Regler optimal einstellen oder gar einen Zustandsregler entwerfen? In der Praxis ist bei vielen zu regelnden Systemen doch intelligentes Trial and Error erforderlich.

Wenn daher empirisches Vorgehen erforderlich ist, oder wenn es für die herkömmliche Regelungstechnik nicht genau genug zugeht (Modell, Istwerte, Sollwerte) oder wenn Sie gerne verstehen möchten, wie Ihr Regler funktioniert, usw. - dann ist ein Fuzzy-Controller vermutlich eine gute Wahl.

Kommen wir daher zu den Details eines Fuzzy-Controllers (Bild 9.1). Sie kennen sie bereits - die Klasse **ruleset** aus Kapitel 7 enthält alles, was für einen Fuzzy-Controller benötigt wird. Im Grunde genommen kann sie sogar mehr, als bei den meisten realisierten Fuzzy-Controllern verwendet wird. Die meisten realisierten Fuzzy-Controller verwenden als Operatoren ausschließlich den Minimum-Operator für logisch 'Und' und den Maximum-Operator für logisch 'Oder'. Auch werden meistens keine Regelbasen hintereinander gehängt, das heißt, daß die Eingangs- und Ausgangsgrößen direkt miteinander verknüpft sind. Wenn mehr als ein Ausgang benötigt wird, wird pro Ausgang eine separate Regelbasis verwendet.

9.3 Hard- und Software-Produkte

Sie werden jetzt vermutlich einwenden, daß die Klasse **ruleset** zwar ganz nett ist, aber für Sie nicht in Frage kommt, da Ihr Lieblingsmikrocontroller erstens nichts von objektorientiertem Pascal hält, die Klasse **ruleset** zweitens zu langsam ist, drittens hat Ihr System keinen Hardware-Floatingpointprozessor, viertens hätten Sie es gerne in 'C', fünftens hätten Sie gerne eine interaktive Entwicklungsumgebung für die Definition der linguistischen Variablen und der Regeln und sechtens brauchen Sie sowieso eine schnelle Spezialhardware - und damit haben Sie vollkommen recht, da die Klasse **ruleset** ja für didaktische Zwecke konzipiert ist.

Es gibt aber einige kommerzielle Hilfsmittel, die Ihre Wünsche mehr oder weniger erfüllen können und es gibt sogar spezielle 'Fuzzy-Chips', die eine sehr schnelle Regelung ermöglichen (lesen Sie aber dazu noch einmal das Kapitel 3.2!).

Nachfolgend möchte ich Ihnen einige dieser Produkte kurz vorstellen - aber erwarten Sie von mir keine Hitliste. Schließlich ist es nicht möglich zu sagen, welches Tool am besten zu Ihren Problemen paßt und welchem Lieferanten Sie Ihr Vertrauen schenken möchten.

9.3.1 Produkte der Firma OMRON

Als erstes möchte ich kurz auf die Produkte der Firma OMRON (deutsche Adresse ist OMRON Electronics, Oberrather Straße 6, 4000 Düsseldorf 30) eingehen, da OMRON der Technologieführer in Sachen Fuzzy-Logik-Anwendungen ist. OMRON setzt seine Fuzzy-Chips vor allem in eigenen Produkten (für die Automatisierungstechnik) ein, hat sich aber aufgrund starker Nachfrage entschlossen, diese Chips mit der dazuhörenden Entwicklungssoftware anzubieten. Der Fuzzy-Chip, der zur Zeit erhältlich ist, hat den Namen *FP-3000*. Dieser Chip kann 100 einfache Regeln (eine Prämisse und eine Schlußfolgerung) in 650 µs abarbeiten. Die Zugehörigkeitsfunktionen und die Eingangs- und Ausgangsgrößen werden mit 12 Bit Auflösung dargestellt. Die Regeln werden in einem externen RAM abgelegt (eine ROM-Version ist erhältlich). Der Chip verfügt über eine Buskopplung zu einer Host-CPU. Er kann bis zu drei Regelgruppen à 128 Regeln mit bis zu 8 Prämissen und 2 Konsequenzen verarbeiten, falls ein externes RAM verwendet wird (die Größe des internen Regelspeichers ist 208 Bytes = 29 Regeln mit 5 Prämissen und zwei Konsequenzen). Die maximale Anzahl der Eingänge ist acht, die maximale Anzahl der Ausgänge ist vier. Jede Regel kann gewichtet werden (wie die Regeln in unserer Klasse **ruleset**, jedoch sind als Wichtungsfaktoren nur die Werte 1.0, 0.9, 0.8, 0.7, 0.6, 0.5 und 0.25 möglich). Die linguistischen Variablen der Prämissen und Konsequenzen haben sieben mögliche Werte. Die Fuzzy-Sets können dreieckig, trapezförmig, S-förmig und Z-förmig sein.

Als Inferenzoperator kann wahlweise der Minimum- oder der Produktoperator verwendet werden. Die Berechnung scharfer Ausgangswerte erfolgt auf dem Chip, wahlweise kann neben der Schwerpunktbildung auch eine andere Methode verwendet werden. Die Betriebsspannung beträgt 5V. Dieser Chip ist auch auf einem AT-Board mit der Bezeichnung *FB-30AT* zusammen mit einer Treiber-Bibliothek erhältlich. OMRON setzt diesen Chip in seinen eigenen Produkten ein, so sind z.B. entsprechende Fuzzy-Prozessor-Boards für die speicherprogrammierbaren Steuerungen von OMRON erhältlich, was interessante Möglichkeiten für den Einsatz dieser Systeme in der gesamten Automatisierungstechnik eröffnet. Von OMRON angekündigt ist der Chip *FP-5000*, der 10 Millionen einfache

Regeln pro Sekunde (!) abarbeiten kann. Dieser Chip kann bis zu 32000 Regeln gleichzeitig abarbeiten, und die Regeln können in bis zu 128 verschiedenen Gruppen zusammengefaßt werden. Die Auflösung aller Größen beträgt 8 Bit.

Zu diesen Chips ist eine Entwicklungsumgebung für PC's erhältlich (*FS-10AT* Fuzzy-Inference-Software). Die Regeln werden in Tabellenform eingegeben. Sie können im Einzelschritt ausgeführt werden. Diese Software kann nur Objekt-Code für die OMRON-Fuzzy-Chips erzeugen.

9.3.2 Produkte der Firma Togai-Infralogic

Ebenfalls Fuzzy-Chips plus Entwicklungssoftware bietet die Firma Togai-Infralogic (deutscher Distributor Fa. GTS Trautzel GmbH, Gottlieb-Daimler-Straße 9, 2358 Kaltenkirchen) an. Die Chip-Bezeichnung ist *FC110*. Er ist sowohl einzeln erhältlich als auch fertig auf Boards montiert. Angeboten wird ein kostengünstiges Standalone Development Modul, *FCD10A* (etwa wie ein Coprozessor zu benutzen, mit Regelbasis im EPROM), eine Einsteckkarte für AT's (*FCA10AT*), eine VME-Bus-Karte mit vier Prozessoren namens *FCA110VME* und ein Single-Board-Computer *FCS10SB* mit Analog-Eingängen (8 à 8 Bit) und Analogausgängen (4 à 8 Bit). Der Chip *FC110* kann 100000 einfache Regeln pro Sekunde abarbeiten. Die maximale Anzahl von Regeln ist 800, die Anzahl der Prämissen und Konsequenzen je Regel kann bis zu 256 betragen. On-Chip stehen 256 Byte RAM für die Regeln zur Verfügung, extern kann bis zu 128KByte verwaltet werden. Ein- und Ausgänge haben eine Auflösung von 8 Bit, ebenso weisen die Zugehörigkeitsfunktionen 256 Elemente à 8Bit auf. Als Operatoren können der Minimum- und der Maximum-Operator verwendet werden, für die Inferenz kommt wahlweise der Minimum- oder der Produktoperator zum Einsatz. Dieser Chip wird ebenso wie die Boards durch passende Entwicklungssoftware unterstützt.

Die Software *TILShell* (verfügbar für IBM-PC unter Windows oder Apple MacIntosh) erlaubt den Entwurf von regelbasierten Systemen mit grafischen Entwicklungswerkzeugen (Projekteditor zur Definition der Systemstruktur, Editor für die Zugehörigkeitsfunktionen, Regeleditor in Tabellenform, Source-Code-Editor für zusätzlichen C-Code) und weist Schnittstellen zu den nachfolgenden Compilern auf. Die *TILShell* speichert die eingegebenen Daten in einem Zwischencode (sogenannten FPL-Files). Aus diesen FPL-Files kann dann mit der *FC110DS*-Software (Compiler, Assembler, Codegenerator, Linker) Maschinencode für den Prozessor *FC110* erzeugt werden. Mit der Software *uFPL* kann ein Runtime-Kernel und ein Interpreter für die Mikrocontroller Mitsubishi MS37450, Hitachi H8/300 und Motorola MC68HC11 erzeugt werden. Als weitere Alternative steht die

Software *FCDS* zur Verfügung. Dieses Softwarepaket enthält einen Compiler, der aus einem FPL-File ein C-Programm erzeugt und einen Fuzzy-C-Debugger. Der C-Code-Generator hat zahlreiche Optionen, die eine Optimierung des erzeugten C-Codes nach verschiedenen Gesichtspunkten (Geschwindigkeit, Speicherplatz, Genauigkeit etc.) erlaubt.

Ein zusätzliches Softwarewerkzeug ist das System *TILGen*, das aus einem hinreichend großen Datensatz von Ein- und Ausgangswerten eines **funktionierenden** (!) Regelkreises und vordefinierten linguistischen Variablen eine arbeitsfähige Regelbasis generieren kann.

9.3.3 Produkte der Firma Inform

Als letztes Entwicklungswerkzeug möchte ich das Softwarewerkzeug *fuzzyTech* der Firma Inform (Inform GmbH, Pascalstr. 23, 5100 Aachen) für PC's vorstellen, das die meisten Möglichkeiten hinsichtlich Operatoren für die Aggregation und Inferenz bietet. Die Möglichkeiten entsprechen in etwa der Klasse **ruleset.** Für die Aggregations- und die Inferenzoperatoren können die Konvexkombination von Minimum- und Maximumoperator oder der Fuzzy-Oder- oder der γ-Operator verwendet werden. Jeder Regel kann ein Sicherheitwert zwischen Null und Eins zugeordnet werden. Die Regeln werden in Gruppen zusammengefaßt, Hintereinanderschalten von Regelgruppen ist wie bei unserer Klasse **ruleset** möglich. Jede Regelgruppe hat bis zu neun Eingänge und einen Ausgang. Die Definition der linguistischen Variablen, der Reglerstruktur und der Regeln erfolgt mit einem grafischen Entwicklungswerkzeug. Das entworfene System wird in einer dynamischen Datenstruktur abgespeichert und kann in ein ON-Line-Modul, das an den realen Prozeß angekoppelt ist, übertragen werden. Damit ist es möglich, den entworfenen Regler bei laufendem Prozeß zu beobachten und ihn dabei mit dem Entwicklungssystem laufend zu verändern ohne den Prozeß abzuändern. Ist der Regler auf diese Weise optimiert, kann wahlweise C-Code, oder Code für den OMRON-Prozessor FP-3000, oder für diverse Mikrocontroller oder Transputer erstellt werden.

9.4 Entwurf

Nachdem wir geklärt haben, weshalb Fuzzy-Controller sinnvoll sind, wie sie arbeiten und was für Entwicklungswerkzeuge und spezielle Hardware (außer normalen Prozessoren) es für Fuzzy-Controller gibt, stellt sich natürlich die Frage:

Wie entwirft man einen Fuzzy-Controller?

Anders ausgedrückt, wie kommen wir von dem Wunsch zur funktionierenden Realisierung? Diese Frage ist natürlich nicht auf ein paar Seiten allgemeingültig abzuhandeln (die herkömmliche Regelungstechnik braucht hunderte von Seiten voller Mathematik zur Beantwortung dieser Frage), aber ich will Ihnen einige Hinweise geben.

Grob läßt sich der Entwurf in folgenden Schritten vollziehen:

- Definition aller Eingangs- und Ausgangsvariablen
- Definition der unscharfen Mengen für die linguistischen Variablen, die die Ein- und Ausgangsgrößen repräsentieren.
- Aufstellen der Regeln
- Festlegung der Inferenzmaschine
- Definition der Berechnung der scharfen Ausgangsgrößen
- Optimierung

Lassen Sie mich dieses Vorgehen an einem einfachen Beispiel einer Klimaanlage näher erläutern. Die Aufgabe besteht darin, für die Temperaturregelung eines Raumes einen Regler zu entwerfen. Die Klimaanlage kann entweder kühlen oder heizen, wobei die Kühl- bzw. Heizleistung stufenlos einstellbar ist.

9.4.1 Definition der Ein- und Ausgangsvariablen

Die Temperatur wird mit einem einfachen Meßwertaufnehmer aufgenommen, der relativ ungenau ist (± 0,5°C). Daher stellen wir unsere Ist-Temperatur durch eine unscharfe Zahl dar (vgl. Kapitel 4), wie wir es schon einmal bei der Darstellung ungenauer Spannungs- und Strommessungen getan haben. Unsere Solltemperatur fassen wir ebenfalls als unscharfe Zahl auf, da unser Bedienelement (Drehknopf) an der Klimaanlage keine hochgenaue Temperatureinstellung erlaubt.

Aus der Soll- und Isttemperatur kann nun mit Hilfe unscharfer Subtraktion eine unscharfe Temperaturdifferenz DT berechnet werden, die wir als Eingangsvariable unseres Fuzzy-Controllers definieren. Als weitere Eingangsvariablen könnten wir zur Verbesserung des Reglerverhaltens noch die zeitliche Änderung des Temperaturfehlers (also d DT/dt) und das Integral des Temperaturfehlers nach der Zeit festlegen und bekämen dann eine Art Fuzzy-PID-Regler, aber ich möchte auf diese Erweiterung verzichten, da sie die Darstellung nur unübersichtlicher macht.

Als Ausgangsvariable definieren wir die Heiz- bzw. Kühlleistung P als scharfen Wert.

Damit haben wir nun einen recht einfachen Fuzzy-Controller mit nur einem Eingang und einem Ausgang definiert.

9.4.2 Definition der Fuzzy-Sets

Als nächstes müssen wir nun die Ein- und Ausgangsvariablen als linguistische Variablen definieren. Dabei ist im allgemeinen folgendes festzulegen:

- Der x-Wertebereich:
  Wir legen für die Temperaturabweichung DT einen Wertebereich von -10°C bis +10°C und für die Ausgangsleistung P einen Wertebereich von -100% bis +100% fest.
- Die Anzahl Werte pro Fuzzy-Set und die Auflösung der Zugehörigkeitswerte:
  Bei unser Klasse **ruleset** ist die Anzahl Werte pro Fuzzy-Set gleich **resx** und die Auflösung der Zugehörigkeitswerte ist durch die Stellenanzahl der gewählten Floatingpointdarstellung festgelegt. Bei dem OMRON-Chip FP-3000 sind beide Auflösungen 12 Bit, beim Togai-Chip 8 Bit. Bei dem Entwicklungssystem fuzzyTech der Firma Inform kann für jede linguistische Variable jede Auflösung getrennt festgelegt werden, bei dem Entwicklungssystem der Firma Togai kann die Anzahl Werte pro Fuzzy-Set festgelegt werden und für die Auflösung der Zugehörigkeitswerte entweder Floatingpoint oder Unsignde Byte gewählt werden. Die Wahl der Diskretisierung ist eine Entscheidung zwischen Genauigkeit und Geschwindigkeit. Bei unserem hypothetischen Beispiel ist die Entscheidung natürlich nicht so wichtig. Es ist jedoch nicht sinnvoll, die Auflösung wesentlich höher als die Meß- und Einstellgenauigkeit zu machen.
- Die Anzahl Werte (Fuzzy-Sets) für jede linguistische Variable:
  Diese Anzahl sollte in der Regel irgendwo zwischen 3 und 10 liegen. Ein kleinerer Wert als 3 ist wenig sinnvoll, da ja dann keine Differenzierung möglich ist. Ein Wert größer 10 ist kaum noch durch Menschen zu überblicken, da es hinreichend Studien gibt, die belegen, daß Menschen etwa 5 bis 9 verschiedene Konzepte gleichzeitig auseinanderhalten und im Kurzzeitgedächtnis speichern können. Für die Temperaturabweichung könnten wir zum Beispiel folgende Werte definieren: DT = {Negativ, Null, Positiv} oder DT = {Negativ, etwas Negativ, Null, etwas Positiv, Positiv} oder DT = {stark Negativ, Negativ, etwas Negativ, Null, etwas Positiv, Positiv, stark Positiv}.

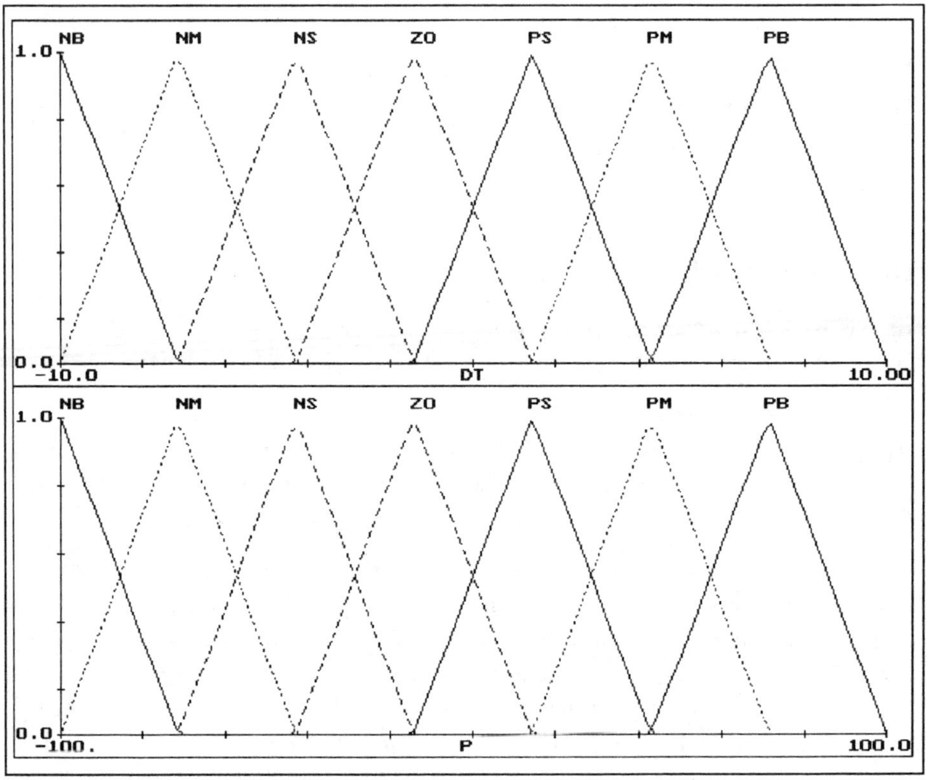

Bild 9.2: Linguistische Variablen DT und P

In der englischsprachigen Literatur werden diese Begriffe wie folgt abgekürzt: NB (Negativ Big), NM (Negativ Medium), NS (Negativ Small), ZO (Zero), PS (Postiv Small), PM (Positiv Medium) und PB (Positiv Big). Im folgenden werden wir diese Abkürzungen ebenfalls verwenden, da sie in der Literatur gebräuchlich sind. Wir wählen die letzte Darstellung für DT mit 7 Werten, also DT = {NB, NM, NS, ZO, PS, PM, PB} und für P = {NB, NM, NS, ZO, PS, PM, PB} dieselben Werte.

– Die Form der einzelnen Zugehörigkeitsfunktionen ist festzulegen:
  Dies ist ein sehr wichtiger Punkt, da die Zugehörigkeitsfunktionen einen sehr entscheidenden Einfluß auf das Reglerverhalten haben. Leider gibt es keinen anderen Rat, als von einer gewissen Form auszugehen und die Zugehörigkeitsfunktionen solange zu modifizieren, bis der Fuzzy-Controller zufriedenstellend arbeitet. Sinnvollerweise sollten sich die Fuzzy-Sets einer linguistischen Variablen überlappen, damit nicht Lücken im Reglerverhalten auftreten. Falls

für bestimmte Eingangswerte keine Prämisse einer Regel 'feuert', weil entweder keine passende Regel definiert wurde oder Lücken in der Definition der linguistischen Variablen vorhanden sind, kann der Regler keine Entscheidung treffen. Gleiches gilt für die Ausgangsvariablen. Trapezförmige Fuzzy-Sets mit geringem Überlappungsgrad sind aus ähnlichen Gründen im allgemeinen für Fuzzy-Controller ungünstig, da auch sie 'tote' Zonen im Reglerverhalten bewirken können. In seltenen Fällen kann es natürlich sinnvoll sein, daß sich die Ausgangsgröße eines Fuzzy-Controllers innerhalb gewisser Bereiche der Eingangsgrößen nicht ändert, so daß trapezförmige Fuzzy-Sets nicht immer eine schlechte Wahl sind. Diese Ausführungen gelten natürlich auch für die LR-Fuzzy-Sets in dem ersten Teil des Buches. Im allgemeinen sind für regelungstechnische Anwendungen Fuzzy-Sets zu bevorzugen, die nur für einen x-Wert einen Zugehörigkeitswert gleich Eins aufweisen. Für unser Beispiel wählen wir dreiecksförmige Fuzzy-Sets. Die in Bild 9.2 gewählte Definition wird häufiger verwendet.

9.4.3 Aufstellen der Regeln

Beim Aufstellen der Regeln ist zu beachten, daß die Umgebung um den Nullpunkt herum (d.h. bei unserem Beispiel für DT = ZO) lückenlos abgedeckt ist, da ansonsten Lücken im Reglerverhalten um den Arbeitspunkt herum auftreten und der Regler dann nicht ordnungsgemäß arbeitet. Bei nur einem Eingang und einem Ausgang ist die Sache einfach, da man ohne großen Aufwand alle Regeln zur Abdeckung des gesamten Ein- und Ausgangsbereichs angeben kann. Bei vielen Eingängen ist dies kaum noch möglich, da die entstehende Regelbasis sehr groß wird. Bei z.B. 5 Eingängen und 7 Werten je linguistischer Variablen gibt es 7^5 Regeln mit verschiedener linker Seite!

In unserem Beispiel können folgenden plausiblen Regeln aufgestellt werden:

Wenn DT = NB dann P = NB
Wenn DT = NM dann P = PM
Wenn DT = NS dann P = PS
Wenn DT = ZO dann P = ZO
Wenn DT = PS dann P = NS
Wenn DT = PM dann P = NM
Wenn DT = PB dann P = NB

Eine Erweiterung wäre die Festlegung von Sicherheitsfaktoren für jede Regel, die hier jedoch nicht erforderlich ist. Diese Möglichkeit wird bei komplexeren Regelbasen mit mehr als einer Prämisse pro Regel interessant, da man sich bei komplexen Systemen bei der Definition einer Regel nicht mehr unbedingt über ihre Korrektheit absolut im klaren ist.

9.4.4 Festlegung der Inferenzmaschine

Bis auf das Entwicklungssystem fuzzyTech der Firma Inform, das für die Inferenzmaschine den Min-Max-Operator, den Fuzzy-Und und den γ–Operator zuläßt, haben Sie bei den anderen kommerziellen Systemen nur die Wahl zwischen dem Minimum- oder dem Algebraic-Produkt-Operator. Die Wahl zwischen diesen beiden Operatoren ist nicht sehr kritisch und in einem ersten Schritt kann man sich für einen von ihnen entscheiden. Bei dem System der Firma Inform können Sie den gewählten Operator zwischen zwei Extrema einstellen. Beim Max-Min-Operator zwischen Minimum- und Maximum-Operator, beim Fuzzy-Und-Operator zwischen Minimumoperator und arithmetischem Mittel und beim γ–Operator zwischen Arithmetic-Sum- und Algebraic-Prod-Operator. Um nicht die Übersicht zu verlieren, sollten Sie einen dieser drei Operatoren auswählen und ihn erst einmal so einstellen, daß er einen reinen 'UND'-Operator darstellt.

Dieselbe Entscheidung muß bei dem fuzzyTech-System auch beim Aggregationsoperator getroffen werden. Falls Sie die Größen mit logisch 'UND' verküpfen wollen, stellen Sie den Parameter entsprechend zunächst auf seinen Extremwert. Gleiches gilt für logisch 'ODER'. Bei den anderen genannten kommerziellen Systemen ist diese Entscheidung einfach, da Sie keine Wahlmöglichkeit haben.

Das System der Firma Inform ermöglicht es Ihnen, wenn Sie den ersten vollständigen Reglerentwurf haben, nicht nur die Zugehörigkeitsfunktionen interaktiv im laufenden Prozeß zu verändern, sondern auch die Aggregations- und Inferenzoperatoren feinfühlig einzustellen. Um ein Gefühl für die Auswirkungen zu bekommen, sollten Sie am besten an einem Simulationsmodell eines realen Prozesses mit dem Entwicklungssystem längere Zeit spielen und versuchen, Ihren Regler auf diese Weise zu tunen.

Bei den anderen Systemen können Sie natürlich Ihren Regler ebenfalls tunen, aber nicht durch das Einstellen von Operatoren, sondern durch Modifizieren der Zugehörigkeitsfunktionen, durch Ändern der Regeln und der Anzahl Werte pro linguistischer Variablen.

9.4.5 Berechnung der scharfen Ausgangsgrößen

Für die Berechnung der scharfen Ausgangsgrößen wird meistens neben der Berechnung des Schwerpunktes auch noch die eine oder andere Methode angeboten. Die Wahl der Methode hat ebenfalls einen Einfluß auf das Regelverhalten. Die Berechnung der scharfen Ausgangsgröße mittels Schwerpunktbildung stellt jedoch in der Regel eine brauchbare Wahl dar.

9.4.6 Optimierung

Nach der Durchführung der oben beschriebenen Schritte ist eine erste Version eines Fuzzy-Controllers realisiert und kann an dem realen Prozeß oder an einem Simulationsmodell erprobt werden. Bei der Erprobung ist besonders darauf zu achten, ob für bestimmte Eingangswerte Lücken im Verhalten auftreten. Ursache dafür kann sein, daß das Gebiet um den Arbeitspunkt herum nicht vollständig mit Regeln abgedeckt ist, oder daß einige Regeln eine falsche Schlußfolgerung liefern. Eine weitere Möglichkeit ist, daß der Regler so instabil arbeitet, daß er zu weit vom Arbeitspunkt entfernt ist. In solchen Fällen sind zuerst die Regelbasen noch einmal kritisch zu untersuchen.

Falls Sie es geschafft haben, daß der Regler halbwegs stabil und ohne tote Zonen arbeitet, ist der nächste Schritt die Optimierung des Reglerverhaltens nach verschiedenen Gesichtspunkten.

Das Tuning erfolgt im wesentlichen durch Modifikation der Zugehörigkeitsfunktionen und im geringeren Maße durch Hinzufügen und Modifizieren von Regeln. In den meisten Fällen ist es vorteilhaft, wenn die Modifikationen online am laufenden Prozeß durchgeführt werden können, da man auf diese Weise das Ergebnis direkt sieht. In seltenen Fällen bei zeitvarianten Prozessen oder Systemen mit großer Totzeit sollte jede Änderung jedoch mit Bedacht erfolgen und die Auswirkungen genau studiert werden, mit anderen Worten: Gehen Sie Schritt für Schritt vor und protokollieren Sie alles. Eine Änderungsmöglichkeit am laufenden Prozeß ist in solchen Situationen nicht unbedingt vorteilhaft, da man zu leicht zum planlosen Experimentieren verführt wird.

9.5 Vor- und Nachteile von Fuzzy-Controllern

Herkömmliche Regler erfordern für den Systementwurf ein mathematisches Systemmodell. In vielen Fällen kann ein solches Modell nicht aufgebaut werden, weil entweder der Prozeß nur unzureichend erforscht, oder ein genaues Modell zu aufwendig oder nicht realisierbar ist. Außerdem kann es sein, daß das Modell nicht linearisierbar ist, da er zu stark nichtlinear und /oder zeitvariant ist. Große Probleme entstehen z.B. durch Hysterese oder große Totzeiten. In vielen Fällen werden auch Meßwerte benötigt, die nicht oder nur sehr schwer online zu beschaffen sind. Häufig sind die Meßwerte auch ungenau. In solchen Fällen kann ein Fuzzy-Controller große Vorteile bieten, da er kein Prozeßmodell erfordert, sondern es ermöglicht, das Erfahrungswissen des Anlagenbedieners oder Ingenieurs formal zu erfassen, in einen automatischen Regler zu übertragen und in verständlicher und nachvollziehbarer Art und Weise zu optimieren.

Vielleicht haben Sie jetzt den Eindruck, daß Fuzzy-Controller vor allem für die Regelung von komplexen Prozessen geeignet sind, wo andere herkömmliche Methoden versagen. Dieser Eindruck ist jedoch nicht korrekt, denn warum sollte eine Reglerentwurfsmethode, die für komplexe Systeme geeignet ist, bei einfacheren Systemen nicht auch anwendbar sein? Im Gegenteil, auch bei einfacheren Aufgabenstellungen können Fuzzy-Controller vorteilhaft eingesetzt werden. Die Tatsache, daß kein explizites mathematisches Systemmodell, sondern Erfahrungswissen für den Reglerentwurf benötigt wird, bedeutet doch, daß nicht ein Regelungstechnikspezialist für das Reglerdesign benötigt wird, sondern der eigentliche Fachmann für den zu regelnden Prozeß in die Lage versetzt wird, den passenden Regler dazu zu entwerfen!

Einer der großen Vorteile der Fuzzy-Controller ist ja, daß auch ein Laie die Regeln verstehen kann. Daher können Fuzzy-Controller in verständlicher und nachvollziehbarer Weise entworfen und optimiert werden. Im Gegensatz dazu erfordert ja der Entwurf herkömmlicher Regler sehr gute Kenntnisse in höherer Mathematik und die diesbezügliche Literatur ist nicht nur für Laien, sondern auch für die meisten Ingenieure und Naturwissenschaftler ein Buch mit sieben Siegeln!

Ein weiterer Vorteil von Fuzzy-Controllern ist, daß sie meistens ein wesentlich stabileres und robusteres Verhalten an den Tag legen, was auf ihr stark nichtlineares Verhalten zurückzuführen ist. Dies äußert sich zum Beispiel in der Tatsache, daß das Weglassen von Regeln eines funktionierenden Fuzzy-Controllers sich nur in einem graduellen Leistungsabfall äußert. Ändern sich die Eigenschaften des zu regelnden Systems, hat dies häufig keinen oder nur geringen Einfluß auf das Regelverhalten.

Eine häufig geäußerte Kritik an Fuzzy-Controllern ist, daß sie angeblich unsicher und ungenau arbeiten. Dies ist natürlich blanker Unsinn - durch die Festlegung von Zugehörigkeitsfunktionen, Operatoren für die Aggregation und Inferenz und Berechnungsmethode der scharfen Ausgangsgrößen wird eine mathematische absolut eindeutige Abbildung der Eingangsgrößen auf die Ausgangsgrößen definiert (das heißt Sie haben eine, wenn auch stark nichtlineare, Reglerkennlinie bzw. Reglerkennfläche festgelegt). Die Entwurfmethode von Fuzzy-Controllern ist ja nur eine Systembeschreibungsmethode, die dem menschlichen Denken in wesentlich höherem Maße entspricht als die Systembeschreibungsmethode der herkömmlichen Regelungstechnik - versuchen Sie mal jemandem die Funktionsweise eines Zustandsreglers zu erklären! Mit Hilfe der Fuzzy-Set-Theorie können Erfahrungswissen, Daumenregeln, Intuition etc. in verständlicher Weise formuliert und dann in einen Regler übertragen werden.

Ein weiterer großer Vorteil von Fuzzy-Controllern ist, daß die Regeln durch eine geeignete Hardware mit sehr großer Geschwindigkeit parallel abgearbeitet werden können - und dies bei wesentlich geringerem Hardwareaufwand als bei herkömmlichen Reglern, vorausgesetzt es werden nur der Maximum- und der Minimumoperator verwendet. Bei nicht zu hohen Anforderungen an die Auflösung können auch alle anderen Operationen mit sehr hoher Geschwindigkeit ausgeführt werdern, wenn alles Offline vorausberechnet wird. Diese Option wird von einigen Entwicklungssystemen ermöglicht.

Weitere Vorteile haben Fuzzy-Controller, wenn keine hohe Genauigkeit gefordert ist oder billige ungenaue Meßwertaufnehmer eingesetzt werden sollen, da es Fuzzy-Controller ermöglichen, diese Unsicherheit sauber zu formulieren und zu verarbeiten, da sie unscharfe Eingangssignale genauso gerne verarbeiten wie scharfe!

Ein Hauptnachteil von Fuzzy-Controllern ist zur Zeit die Tatsache, daß die erforderlichen Erfahrungen mit dieser Systementwurfsmethode fehlen (dieses Problem haben die Japaner natürlich in weit geringerem Maße). Sie sollten daher nicht gerade das Jahrhundertprojekt, das übernächsten Monat fertig sein soll, als erstes angehen, sondern erst einmal in Ruhe Erfahrungen sammeln und experimentieren.

Ein weiterer Nachteil ist, daß Fuzzy-Controller mit schon vorhandenen mathematischen Systemmodellen nichts anfangen können. Falls Sie also zufriedenstellende Systemmodelle haben, bleibt Ihnen nur die Möglichkeit, sie zur Simulation in Verbindung mit dem zu entwerfenden Fuzzy-Controller zu benutzen. Wahrscheinlich haben Sie dann aber schon einen herkömmlichen funktionierenden Regler. Falls dies der Fall ist, können Sie ja an diesem funktionierenden Regelkreis Meßdaten aufnehmen und möglicherweise mit dem Softwaresystem TILGen der Firma Togai (siehe Kapitel 9.3) zu einer ersten Regelbasis kommen.

9.6 Realisierte Anwendungen

Ich will Ihnen nun zur Anregung einen kleinen Überblick über bereits realisierte Fuzzy-Controller geben. Da zur Zeit die Entwicklung rasch fortschreitet und über die erfolgreichen kommerziellen Realisierungen aus naheliegenden Gründen selten Veröffentlichungen gemacht werden, ist die folgende Aufzählung nur exemplarisch zu verstehen. Neben den aufgezählten Anwendungsgebieten gibt es noch eine Vielzahl weiterer Möglichkeiten.

9.6.1 Prozeßregelungen

Dies ist das naheliegendste Anwendungsgebiet, da für viele komplexe Prozesse kein oder nur ein ungenaues Prozeßmodell erstellt werden kann. Die erste kommerzielle Anwendung von Fuzzy-Controllern überhaupt war die Steuerung eines Drehrohrofens für die Zementherstellung durch die dänische Firma F.L. Smith [King und Karonis 1988]. Diese Drehrohröfen haben eine Länge von ca. 100 bis 200m und einen Durchmesser von 4 bis 6m. Die Durchlaufzeit beträgt einige Stunden. Die Beziehungen zwischen den Meß- und Stellgrößen ist in hohem Maße komplex, nichtlinear, mit sehr großen Totzeiten behaftet und hängt außerdem sehr stark von früheren Brennbedinungen ab. Vor der Entwicklung eines Fuzzy-Controllers für diese Problemstellung konnte die Regelung nur manuell erfolgen.

Weitere Fuzzy-Controller-Applikationen für Prozeßregelungen sind:

- Regelung des Kühlvorgangs von Stadtgas bei der Verkokung von Steinkohle [Tobi, Hanafusa, Ito, Kashiwagei 1990].
- Regelung der Temperaturregelung einer Glasschmelze bei der Firma Nippon Electric Glass co. [Akoi, Kawachi, Sugeno 1990].
- Regelung einer Müllverbrennungsanlage, Firma Mitsubishi Heavy Industries [Ono, Ohnishi, Terada 1989].
- Wasserreinigung mittels Chemikalien, Toyoiwa Water Purification Plant in Akita City [Yagishita, Itoh, Sugeno 1985].
- Regelung von Klimaanlagen der Firma Mitsubishi Heavy Industries [Nihon Economics News 1989]

9.6.2 Fahrzeugtechnik

Ein weiteres interessantes Anwendungsgebiet ist die Fahrzeugtechnik. Ein schönes Demonstrationsobjekt ist das *Fuzzy-Auto* [v. Altrock 1991] (Abbildung vorne im Buch) des Lehrstuhls für Unternehmensforschung der RWTH Aachen (Prof. Zimmermann). Dieses Modellauto wird durch einen Elektromotor mit ca. 1PS angetrieben und mit Hilfe von Ultraschallsensoren werden auf dem Weg liegende Hindernisse erkannt. Die Geschwindigkeit und die Fahrtrichtung wird mit einem Fuzzy-Controller geregelt. Dieser wurde mit dem Entwicklungssystem FIT (wird unter dem Namen fuzzyTech von der Firma Inform vertrieben, siehe Kapitel 9.3) entwickelt und auf einem Transputernetz von 4 Transputer implementiert.

Neben diesem Experimentalfahrzeug gibt es auch kommerzielle Anwendungen. Ein Anwendungsgebiet bei Autos sind automatische *Antiblockiersysteme*, *Automatikgetriebe* und die *automatische Einstellung der Fahrgestelleigenschaften*. Die Firma Nissan hat einige solche Systeme mit Fuzzy-Controllern bereits patentiert [Automotive Electronic News 1989] und auch alle anderen japanischen Autohersteller arbeiten intensiv an Fuzzy-Controllern für diese Anwendungen.

Eines der japanischen Vorzeigeobjekte zum Thema Fuzzy-Control ist die *Fahrt- und Bremsregelung* der U-Bahn in Sendai, die mittels prediktiver Fuzzy-Controller realisiert wurde. Die Zustandsvariablen dieser Regler enthalten Variablen wie Sicherheitsindex, Komfortindex, Energiesparindex etc. [Miyamoto, Yasunobo, Ihara 1987]. Um den Fahrkomfort zu demonstrieren, wirbt man in einem Werbespot mit einem Herrn, der in der U-Bahn mit einem mit Wasser gefüllten Aquarium sitzt, ohne daß während der Fahrt Wasser herausschwappt. Zur Realisierung dieser Regelung waren auch erhebliche Konstruktionsänderungen an dem Bremssystem der U-Bahn notwendig. Tokio will im übrigen ab 1991 seine U-Bahnen mit einem ähnlichen System ausrüsten.

Eine weitere Anwendung ist die *Steuerung fahrerloser Transportsysteme* [FTS] in der automatisierten Fertigung, die zum Beispiel auf ähnliche Weise wie beim oben genannten Fuzzy-Auto erfolgen kann.

9.6.3 Robotertechnik

Auch auf diesem Gebiet sind schon Fuzzy-Controller realisiert worden. Ein Beispiel ist die automatische Nahtführung eines Roboterarms beim Schutzgasschweißen. Dabei werden die verschiedenen Sensorikdaten (Schweißspannung, Schweißstrom, Drahtgeschwindigkeit ...) erst mit einem Fuzzy-Filter von Störsignalen befreit und dann dem Fuzzy-Controller zugeführt [Murakami, Ide, Fujimura 1989, Firma Mitsubishi Heavy Industries].

Weitere mögliche Anwendungen sind die Regelung der einzelnen Roboterachsen, die Regelung von Montageoperationen (Eingangssignal kann zum Beispiel das Signal eines Kraft-Momenten-Sensors sein).

9.6.4 Konsumartikel

Die Konsumerelektronik ist im Augenblick eine der Hauptspielwiesen japanischer Fuzzy-Control-Enthusiasten.

Bei *Staubsaugern* mit Fuzzy-Controllern (siehe Abbildung vorne im Buch) werden die Staubmenge und -Art sowie Bodenbeschaffenheit mit Sensoren erfaßt und der Saugvorgang entsprechend gesteuert. Auf einem Display wird angezeigt, wie schmutzig der Boden ist. Ist der Staubsauger mit dem Ergebnis zufrieden, wird dies der/dem Hausfrau/mann mitgeteilt, zusammen mit einer Anzeige über den gesamten Verschmutzungsgrad und evtl. dem Vorschlag, doch demnächst häufiger staubzusaugen... Allein für solche Systeme wurden in Japan schon mehr als 40 Patente angemeldet.

Ein weiter Hit sind *Waschmaschinen* mit Fuzzy-Logik, wie z.B. die "Asagio Day Fuzzy Washing Machine", die man einfach lieben muß. Sie finden ebenfalls vorne im Buch ein Foto davon. Die Maschine erfaßt selbstständig die Wäschemenge, die Schmutzmenge und die Zusammensetzung des Schmutzes, die Wasserhärte, die Lösungsfähigkeit des Waschmittels im Wasser, den Waschpulvertyp und wählt dann selbständig das optimale Waschprogramm aus einer von 600 Varianten aus und steuert den Wasserstand, die Waschmittelmenge, die Waschzeit und die Waschzyklen. Eine Übertragung auf unsere Verhältnisse wird etwas durch den Tatbestand erschwert, daß in Japan alle Wäsche mit ca. 40°C gewaschen wird.

Der *Reiskocher* mit Fuzzy-Controll ist eher eine japanische Spezialität. Man kann die Zubereitungsart des Reises vorgeben, ohne die Wassermenge verändern zu müssen. Egal was gewünscht wird - weich, normal, hart, Sushi - der Reiskocher berücksichtigt Dauer und Temperatur des Einweichens, die richtige Wärmemenge vor der eigentlichen Kochperiode, den Ablauf des Kochvorgangs nach Zeit und Hitze sowie das Nachdünsten.

Ein weiterer Tummelplatz von Fuzzy-Controllern sind *Camcorder*. Eine ganze Reihe von solchen Geräten gibt es seit einiger Zeit mit Autofocussystemen, Blenden- und Belichtungszeitregelungen und elektronischer Bildstabilisierung auf Fuzzy-Controller-Basis. Die elektronische Bildstabilisierung sorgt für unverwackelte Bilder. Dazu wird laufend mittels einer Bewegungserkennungslogik Größe und Richtung der Bildverschiebung ermittelt und mittels eines Fuzzy-Logik-Systems zunächst ermittelt, ob sich das zu filmende Objekt bewegt oder ob die Kamera geschwenkt wird oder ob eine Verwacklung vorliegt. Außerdem muß eine mögliche Kombination aller dieser Möglichkeiten richtig auseinander gepflückt werden.

Die neuesten *Fernseher der Serie XBR* der Firma Sony verfügen über eine aktive Signalkorrektur zur Einstellung von Farbe, Kontrast und Helligkeit. Dazu ermittelt ein Fuzzy-Logik-System durch Vergleich von 248 Referenzpunkten, die über den gesamten Bildbereich verteilt sind, mit 40 abgespeicherten perfekten Szenen entsprechend Korrektursignale. Der Vergleich wird 80 mal pro Sekunde durchgeführt und die Szene ausgewählt, die dem augenblicklichen Fernsehbild am ähnlichsten ist und danach die Parametereinstellung optimiert.

Das letzte Beispiel gehört eigentlich mehr in das nächste Kapitel mit dem Thema Mustererkennung. Es handelt sich um den Hand-Held-Computer *Palm-Top PCT-550* der Firma Sony (siehe Abbildung vorne im Buch). Dieser Rechner hat die Besonderheit, daß das Display als Eingabeeinheit dient und keine Tastatur vorhanden ist. Mit einem Spezialstift wird auf das Display geschrieben und mit Hilfe eines regelbasierten Fuzzy-Logik-Systems wird das eingegebene Zeichen erkannt. Sony gibt an, daß der Rechner mehr als 3500 verschiedene japanische Kanji-Schriftzeichen sowie Zahlen, lateinische und arabische Buchstaben erkennt. Der Rechner selbst basiert auf einem 68000-Prozessor von Motorola, 320KByte batteriegepuffertes RAM, 2MByte ROM und ein Gewicht von etwa 1,3 kg. Er kann 110 Seiten Text mit japanischen Schriftzeichen speichern und hat als Softwareausstattung unter anderem einen Terminkalender, ein Telefonregister, und einen Notizblock.

10 Mustererkennung

10.1 Einführung

Das Thema Mustererkennung ist ein außerordentlich interessantes, aber auch äußerst komplexes Thema. Es umfaßt Anwendungen in der Articial Intelligence, in der interaktiven Computergrafik, CAD, Erkennung von gesprochener Sprache, Bilderkennung und Bildanalyse, Schrifterkennung, linguistisches Sprachverstehen, Erkennen von Muster in Massendaten z.B. aus statistischen Erhebungen usw. Da dieses Gebiet riesengroß ist und sehr unterschiedliche Dinge umfaßt, ist es absolut unmöglich, an dieser Stelle auch nur eine Einführung zu geben. Daher werde ich nur bei einigen Gebieten die Oberfläche ein wenig ankratzen.

10.2 Spracherkennung

Das Erkennen menschlicher Sprache ist eine große Herausforderung für die Informationstechnik, die schon früh angenommen wurde. Trotzdem sind die Ergebnisse, bei Licht besehen, ziemlich bescheiden. Es wurden sehr unterschiedliche Ansätze verfolgt, die zumeist eine statistische Basis haben. In jüngerer Zeit wurden auch Versuche auf der Basis der Fuzzy-Set-Theorie unternommen und seit einigen Jahren laufen Experimente mit neuronalen Netzwerken. Gleichgültig, welcher Ansatz für die eigentliche Spracherkennung verwendet wird, es ist in jedem Fall für die Signalerfassung und Signalvorverarbeitung (alles in Echtzeit!) ein erheblicher Aufwand zu treiben.

Käufliche Systeme basieren fast ausnahmslos auf statistischen Methoden. Zu differenzieren ist in jedem Fall zwischen sprecherabhängigen und sprecherunabhängigen Systemen. Die letzteren haben einen sehr kleinen Wortschatz (einige zehn Wörter), die sprecherabhängigen meistens maximal 500 bis 1000 Wörter. IBM arbeitet seit Anfang der sechziger Jahre an einem statistikbasierten System, das bald auf den Markt kommen soll. Es ist sprecherabhängig und soll einen Sprachschatz von etwa 30000 (!) Wörtern aufweisen, wobei nur ein Bruchteil davon eintrainiert werden muß. Ein Training ist bei allen Systemen erforderlich.

Probleme bereiten vor allem Störgeräusche und das Erkennen von kontinuierlicher Rede. Bei allen Systemen ist es notwendig, daß der Sprecher Wort für Wort einzeln ausspricht, was eher unnatürlich ist.

Vermutlich ist zur Erkennung normaler Umgangssprache (am besten auch noch sprecherunabhängig) wesentlich mehr nötig als eine Low-Level-Worterkennung, die keinerlei Wissen menschlicher Sprache aufweist. Die Hypothese ist nicht von der Hand zu weisen, daß die Erkennung normaler Sprache einen Großteil von dem erfordert, was als Intelligenz bezeichnet wird. Das bedeutet, daß ein solches System nicht nur einzelne Wörter erkennen, sondern die Sätze und ihren Sinn verstehen muß. Dies sind allerdings alles vollkommen ungeklärte Fragen.

Daher möchte ich auch nicht auf Vor- oder Nachteile der Fuzzy-Set-Theorie gegenüber statistischen Ansätzen oder neuronalen Netzen eingehen, da aus meiner Sicht die statistischen Methoden einen großen Vorsprung bei der praktischen Erprobung und in der Forschung aufweisen, denn sie stellten lange Zeit die einzigen Ansätze dar; zum anderen erscheint es fraglich, ob man die verschiedenen Theorien am grünen Tisch aufgrund irgendwelcher hübscher mathematischer Eigenschaften oder verführerisch klingender Namen klassifizieren kann. 'Neuronale Netze' suggerieren z.B. große Vorteilhaftigkeit aufgrund gewisser Ähnlichkeiten in der Namensgebung in bezug auf reale Nervensysteme, die aber etwas weit hergeholt erscheint angesichts der Tatsache, daß reale Neuronen ein ungleich komplexeres und noch nicht vollkommen verstandenes Verhalten zeigen. Inwieweit die stark vereinfachten Modelle der 'Neuronalen Netzwerke' die entscheidenden Eigenschaften realer Nervensysteme widerspiegeln, ist eine seriöse Forschungsaufgabe - die zum Teil reißerischen Versprechungen sind es nicht. Lassen Sie sich daher nicht durch übertriebene Versprechungen blenden - gleichgültig, aus welchem Lager sie kommen!

10.3 Bilderkennung

Die oben gemachten Aussagen gelten uneingeschränkt auch für die Bild- und Objekterkennung, sobald der Anspruch erhoben wird, zwei- und dreidimensionales 'Sehen' in komplexen Umgebungen mit komplexer Beleuchtung oder gar bewegten Objekten zu realisieren. Mir ist kein System bekannt, das in der Lage wäre, eine bestimmte Tasse aus dem Schrank im Nachbarzimmer zu holen! Das heißt natürlich nicht, daß es unmöglich ist, unter genau definierten Bedingungen wie konstanter, optimal eingestellter Beleuchtung, genau definierter Szenerie, möglichst unbewegte Objekte, deren Auswahl sehr klein ist, die alle bekannt sind und die sich möglichst stark voneinander unterscheiden, Objekte zu erkennen. Also nicht die eine Aufgabenstellung wie das Erkennen realer Bäume zu jeder Tages-, Nacht- und Jahreszeit in beliebiger Umgebung!

Trotz der vorzunehmenden Einschränkungen müssen Sie einigen Aufwand treiben (einige 10000 bis 100000.- DM), um in einer optimalen Umgebung, wie sie sich gelegentlich in der Industrie realisieren läßt, Objekterkennung zu betreiben. Erforderlich sind Fernsehkameras (mindestens eine), Beleuchtungseinrichtungen, Bilderfassungssysteme für den Rechner, Hard- und Software für die Bildvorverarbeitung (Tief/ Hochpaßfilterung, Kantendetektoren usw.) - und dieser Aufwand beeinhaltet noch nicht die eigentliche Musterkennung. Trotzdem sollten Sie keine Wunder erwarten, dazu ist die ganze Angelegenheit viel zu heikel.

Unter noch etwas restriktiveren Bedingungen können mit deutlich geringerem Aufwand auf Basis von Fuzzy-Methoden durchaus interessante Anwendungen realisiert werden.

Die Firma Micro Devices hat für Mustererkennungsaufgaben einen speziellen Chip *MD1210*, einen sogenannten '*Fuzzy Set Comparator*' entwickelt, der sowohl einzeln als auch als Experimentierkit preiswert (< 1000.- DM) erhältlich ist (Vertrieb in Deutschland erfolgt durch die Firma USP, Seidenstr. 65, 7000 Stuttgart 1). Das Evalutationskit umfaßt eine PC-Einsteckplatine mit NTSC-Eingang, einen einfachen Framegrabber, einen MD1210-Chip, 64KByte RAM und einigen anderen IC's, Software sowie einen Satz von Mustern zum Ausprobieren. Außerdem erhält man ausführliche Datenblätter, Schaltpläne und eine C- und Assemblerbibliothek zum Ansteuern des Chips.

Dieser Chip hat ingesamt neun serielle Eingänge: einen für das aktuelle Muster, die anderen sind für bis zu acht Referenzmuster. Aus den seriellen Bitströmen bilden die Komparatoren jedes Kanals Wörter mit einstellbarer Breite von 1 bis 8 Bit (1 Bit ist bei Binärbildern zu empfehlen, 2 Bit bei Bildern mit 4 Graustufen (8 Bit z.B. bei Anwendungen im Bereich des Stringmatchings). Diese Breite wird über Register im Chip festgelegt. Die Komparatoren summieren nun die Differenz des aktuellen Musters und der Referenzmuster auf. Da der interne Akkumulator jedes Komparators 16 Bit groß ist, bedeutet das, daß bei einer Wortlänge von 1Bit maximal 64KBits im Worst-Case verglichen werden können, bei einer Wortlänge von 8 Bit kann dieser Overflow schon nach 256 Wörtern auftreten.

Die summierten Ergebnisse jedes Komparators werden nun mit einem extern vorgegebenen Schwellwert verglichen. Muster, die eine größere Fehlersumme als diese Schwelle liefern, werden als Verlierer gebrandmarkt und die anderen werden nach ihren Werten sortiert. Das Referenzmuster, das den kleinsten Wert liefert, wird als erkannt betrachtet. Diese Aufgabe übernimmt ein kleines neuronales

Netzwerk. Der 'Fuzzy'-Aspekt ist in dem justierbaren Schwellwert zu sehen. Wird der Schwellwert auf Null gesetzt, werden nur Muster mit exakter Übereinstimmung erkannt.

Interessant wird dieser Chip durch die Tatsache, daß er mit sehr hoher Geschwindigkeit arbeitet und daß er auf bis zu 256 Referenzmuster durch Hinzufügen von bis zu 32 Schwestern erweitert werden kann. Die maximale Datenrate ist 20 MBit/s, das heißt, daß ein Muster, das z.B. von einer Fernsehkamera geliefert wird und maximal 64KBit lang ist, gleichzeitig mit bis zu 256 verschiedenen, früher aufgenommenen ('eingelernten') Szenen in weniger als 4 ms (!) verglichen werden kann - vorausgesetzt, die übrige Hardware spielt mit. Dies sind ziemlich beeindruckende Werte, es gibt aber einige Haken. Da die Akkumulatoren jedes Komparators bei mehr als 64KBit überlaufen, ist Sorge zu tragen, daß der Unterschied zwischen dem aktuellen Muster und dem passenden Referenzmuster nicht zu groß ist, das heißt, es sollte keine zu große Verschiebung vorliegen. Daher ist möglichst ein Binärbild zu wählen und eine exakte Positionierung zu erkennender Objekte und eine gleichbleibende Beleuchtung. Außerdem wird eine Host-CPU benötigt, die den Chip steuert und das Muster vorverarbeitet.

Trotz dieser Einschränkung sind eine Menge interessanter Anwendungen denkbar - Micro Devices nennt als mögliche Anwendungen Objekterkennung, Zeichenerkennung (OCR-Systeme), Spracherkennung, Erkennen von Fingerabdrücken, Datenbanksuche u.a. Es ist auf jeden Fall ein hochinteresanter Chip, der zudem relativ preiswert ist.

Mit Hilfe regelbasierter Systeme, wie wir sie in Kapitel 7 besprochen haben, bzw. den Fuzzy-Controller aus Kapitel 9 lassen sich für Spezialanwendungen sehr einfache, sicher funktionierende Mustererkennungsgsysteme aufbauen.

Zur Bildaufnahme wird keine Kamera verwendet, sondern ein paar binäre oder analoge Fotosensoren. Die zu erkennenden Teile werden in bestimmter Position an diesen Sensoren vorbeigeführt und je nach Objekt ist die zeitliche Intensitätsverteilung, die die einzelnen Fotoelemente aufnehmen, verschieden. Der nächste Schritt besteht in der Definition linguistischer Variablen für jeden Fotosensor. Dann stellt man Regeln auf, z.B. in der Form "Wenn die Intensität am Sensor 2 mittelhoch ist und ... dann handelt es sich möglicherweise um das Teil A". Auf diese oder ähnliche Weise lassen sich mit Hilfe einfacher Fotosensoren und einem Fuzzy-Controller (Hard- oder Software) einfache, schnelle und billige Objekterkennungssysteme aufbauen. Dieser Ansatz funktioniert natürlich nur bei einfachen Problemstellungen, die aber durchaus praxisrelevant sind. Die Idee der regelbasierten Mustererkennung ist natürlich nicht nur bei der Objekterkennung anwendbar, auch Handschrifterkennung ist auf diese Weise möglich, wie z.B. der Palmtop der Firma Sony beweist. Auch für eine Reihe von Signalanalyseaufgaben ist sie einsetzbar.

10.4 Mathematische Mustererkennung

Zum Abschluß möchte ich noch kurz auf die unscharfe Clusteranalyse eingehen, die sich von den vorhergehenden Ausführungen wesentlich unterscheidet. Aufgabe der Clusteranalyse ist es, aus den Objekten eines Datensatzes nach irgendwelchen sinnvollen Kriterien Gruppen (Cluster) zu bilden. Die Objekte innerhalb solcher Cluster sollen einander möglichst ähnlich sein und die aus verschiedenen Cluster möglichst unähnlich. Es gibt eine Menge verschiedener Clusteranalyseverfahren in der multivariaten Statistik, wie deskriptive Clusterverfahren (hierarchische Verfahren, 'optimale' Verfahren, Mischverteilungsverfahren) und stochastische Verfahren. Die Vielfalt ist auf die Vagheit der Begriffe 'möglichst ähnlich' und 'möglichst unähnlich' zurückzuführen. Eine Klassifikation kann nicht als 'richtig' oder 'falsch' bezeichnet werden, sondern nur als 'brauchbar' oder 'unbrauchbar' im Hinblick auf einen bestimmten Zweck. Daher können die verschiedenen Verfahren nur im Hinblick auf die Ergebnisse bei einer konkreten Anwendung bewertet werden, bei bestimmten Anwendungen kann ein Verfahren sehr gut sein, bei einer anderen Anwendung total versagen. Die meisten statistischen Verfahren weisen nun die Eigenschaft auf, daß ein Objekt entweder vollständig zu einem bestimmten Cluster gehört ($\mu = 1$) oder gar nicht ($\mu = 0$). Dies kann problematisch sein. Beispielsweise tritt in der Praxis häufig die Situation ein, daß bestimmte Objekte nicht eindeutig einem bestimmten Cluster zugeordnet werden können. In solchen Fällen kann es daher sinnvoll sein, daß ein Objekt zu verschiedenen Clustern graduell zugeordnet wird, also mehreren Clustern zu unterschiedlichen Graden angehört. Diese Idee führt dann direkt zur unscharfen Clusteranalyse, die verschiedene Verfahren entwickelt hat. Eines der populärsten Verfahren ist der *fuzzy-c-means*-Algorithmus, bei dem versucht wird, eine gewichtete Distanzfunktion zu minimieren. Dabei wird in der Regel nur ein lokales Optimum erreicht. Eine detaillierte Beschreibung dieses Algorithmus ist z.B. bei Zimmermann [Zimmermann 1991] zu finden.

11 Zukünftige Perspektiven

Wir sind nun an das Ende dieses Buches angelangt. Manche Themen konnten wegen ihrer Komplexität nur oberflächlich behandelt werden, manche, wie z.B. die Anwendung der Fuzzy-Set-Theorie in der mathematischen Optimierung oder in der Entscheidungstheorie wurden gar nicht behandelt (interessierten Lesern sei das Buch von Prof. Zimmermann, 1991, empfohlen). Dies bedeutet nicht, daß diese Anwendungsgebiete in Zukunft nicht auch in zunehmenden Maße von der Fuzzy-Set-Theorie profitieren werden.

Für die Zunkunft kann eine zunehmende Verbreitung von Konzepten der Fuzzy-Set-Theorie in zahlreichen Anwendungen, wie technische Systeme, Computersysteme, Software etc. prognostiziert werden. Die Japaner treiben zur Zeit viel Aufwand und die Europäer und Amerikaner werden nicht umhin kommen, die Fuzzy-Ideen populärer zu machen, um den Anschluß nicht zu verpassen. Die Fuzzy-Set-Theorie ist sicher nicht das Allheilmittel schlechthin, noch ist sie für alle Anwendungen anderen Ansätzen vorzuziehen - es gibt sehr viele Dinge, die mit den bisherigen Methoden und Theorien besser gelöst werden können. Die Fuzzy-Set-Theorie ist aber in jedem Fall eine gute Ergänzung und ermöglicht in vielen Fällen eine einfachere, intuitivere und verständlichere Modellierung und Realisierung, die in vielen Fällen auch effizienter hinsichtlich der Nutzung von Computerressourcen und materiellen Resourcen, wie Energieverbrauch ist. Daß eine verständlichere Modellierung auch große Vorteile hinsichlich Wartung, Sicherheit und Korrektheit aufweist, liegt auf der Hand. Außerdem läßt sich ein verständliches System auch von anderen Personen als den sogenanten "Experten" überprüfen.

Deshalb wird dieses Jahrzehnt sicher nicht nur in Japan zur 'Fuzzy Decade' werden und ich hoffe, daß ich mit diesem Buch dazu beitragen konnte, daß Sie daran aktiv teilnehmen können.

Literaturverzeichnis

Zimmermann, H.-J. [1991]: Fuzzy Set Theory and its Applications, Kluwer Academic Publishers, Second Edition

Literatur zu Kapitel 2:

Werners, B. [1984]: Interaktive Entscheidungsunterstützung durch ein flexibles mathematisches Programmiersystem, München.

Zimmermann, H.-J., Zysno, P. [1982]: Zugehörigkeitsfunktionen unscharfer Mengen (DFG-Forschungsbereich)

Literatur zu Kapitel 4:

Zadeh, L.A [1973]: Outline of a new approach to the analysis of complex system and decision processes, IEEE Trans. syst. Man., Cybern. 3, S. 28-44

Literatur zu Kapitel 7 (plausibles Schließen, nur für Experten):

Dubois, D., Martin-Clouaires, R., Prade, H. [1988]: Practical Computing in Fuzzy Logic, in Gupta. M. M., Yamakawa, T., eds :Fuzzy Computing Theory, Hardware and Applications, S. 11- 34, Amsterdam.

Dubois, D., Prade, H. [1991]: Fuzzy Sets in approximate reasoning, Part 1: Inference with possibility distributions, Fuzzy Set and Systems 40, 1991, S. 143-202

Mizumoto, M., Zimmermann, H.-J. [1982]: Comparison of Fuzzy Reasoning Methods, Fuzzy Set and Systems 8, 1982, S. 253-283

Literatur zu Kapitel 8

Adlassnig, K.-P., Kolarz, G. [1982]: CADIAG-2: Computer assisted medical diagnosis with fuzzy subsets. In Gupta, M. M., Sanchez, E. eds : Approximate Reasoning in Decision Analysis, S. 141-148,, Amsterdam, New York, Oxford, 1982

Adlassnig, K.-P., Kolarz, G., Scheihauer, W. [1985]: Present State of the medical expert system CADIAG-2, Medical Information 24, S. 13-20, 1985

Hudson, G.E., Cohen, M.E. [1988]: Fuzzy Logic in a medical expert system, in Gupta. M. M., Yamakawa, T., eds. :Fuzzy Computing Theory, Hardware and Applications, S. 273-284, Amsterdam 1988

Weiss, S. M., Kukikowski, C.A. [1981]: Expert consultation systems: The EXPERT and CASNET projects. Machine Intelligence, Infotech State of the Art Report 9, No. 3

Ogawa, H., Fu, K.S., Yao, J.T.P. [1985]: Sperill II: An Expert System to damage assesment of existing structure, in Gupta, M.M., Kandel, A., Bandler, W., Kiszka, J.B. eds.[1985]: Approximate Reasoning in Expert Systems, S. 731-744, Amsterdam, New York, Oxford

Zimmermann, H.-J. [1989]: Strategic Planing, Operations Research and Knowledge based Systems, in Verdegay, J.-L., Delgado, M., eds. [1989]: The Interface between Artificial Intelligence and Operations Research in Fuzzy Environment, Köln.

Bensana, E., Bel, G., Dubois, D. [1988]: Opal: A multi-knowledged based system for industrial jog-shop sheduling. Inter. J. Product. Res. 26, S. 795 -819

v. Altrock, C., Zimmermann, H.-J. [1991]: Fuzzy Control dient als Basis für eine neue Rechnergeneration, Computerwoche 12, März 1991, S. 29-32

Literatur zu Kapitel 9:

Kickert, W.J.M., Mamdani, E.J. [1978]: Analysis of a fuzzy logic controller, Fuzzy Set and Systems 1, S. 29 - 44

Ostergaard, J.J, [1977]: Fuzzy logic control of a heat exchanger process, in Gupta, M.M., Saridis, G.N., Gaines, B.R., eds [1977]: Fuzzy Automata and Decision Processes, S.285-320, Amsterdam, New York

King, P.Y., Mamdani, E.J. [1977]: The application of fuzzy control systems to industrial processes, in Gupta, M.M., Saridis, G.N., Gaines, B.R., eds [1977]: Fuzzy Automata and Decision Processes, S.321-330, Amsterdam, New York

King, R.E., Karonis, F. [1988]: Multilevel-Expert Control of a Large Scale Industrial Process, in Gupta. M. M., Yamakawa, T., eds :Fuzzy Computing Theory, Hardware and Applications, S. 323-340, Amsterdam 1988

Tobi, T., Hamafusa, T., Ito, S., Kashiwagi, N. [1990]: Application of Fuzzy Control to a Coke Oven Gas Cooling Plant, IFSA-Konferenz in Seattle 1990.

Akoi, S., Kawachi, S., Sugeno, M., [1990]: Application of Fuzzy Control Logic for Dead Time Processes in a Glass Melting Furnace, Fuzzy Set and Systems 38, 1990, S. 251-256

Ono, H., Ohnishi, T., Terada, Y. [1989]: Combustion Control of Refuse Incineration Plant by Fuzzy Logic, Fuzzy Sets and Systems 32, 1989, S. 193-206

Yagashita, O., Itoh, O., Sugeno, M. [1985]: Application of Fuzzy Reasoning to the Water Purification Process, in M. Sugeno: Industrial Applications of Fuzzy Control, 1985, S. 19-39, North-Holland

Miyamoto, M., Yasunobu, S., Ihara, H. [1987]: Predictive Fuzzy Control and its Application to Automatic Train Operation Systems, in Bezdek (ed.): Analysis of Fuzzy Information, Vol. II Artificial Intelligence and Decision Systems, 1987, Boca Raton

Murakami, S., Takemoto, F., Ide, E., Fujimura, H. [1989]: Weld-Line Tracking Control of Arc Welding Robot Using Fuzzy Logic Controller, Fuzzy Sets and Systems 32, 1989, S.221-237

Sachverzeichnis

G

H

I

V

W

Z